Reihe?

Lateinamerika-Studien

Herausgegeben von:

H. Kellenbenz, G. Siebenmann, H.-A. Steger, F. Tichy

Zuschriften an die Schriftleitung:

Diríjase la correspondencia al Jefe de redacción:

Dirija-se a correspondência ao chefe de redação:

Jürgen Schneider

Zentralinstitut 06

Sektion Lateinamerika

Findelgasse 7

D 8500 Nürnberg

Bundesrepublik Deutschland

República Federal de Alemania

República Federal da Alemanha

© Copyright 1977 by the Editors
ISBN 3-7705-1474-2
Gesamtherstellung: aku-Fotodruck GmbH, 8600 Bamberg

UNIVERSITÄT ERLANGEN-NÜRNBERG

Zentralinstitut 06: SEKTION LATEINAMERIKA

Lateinamerika Studien 2

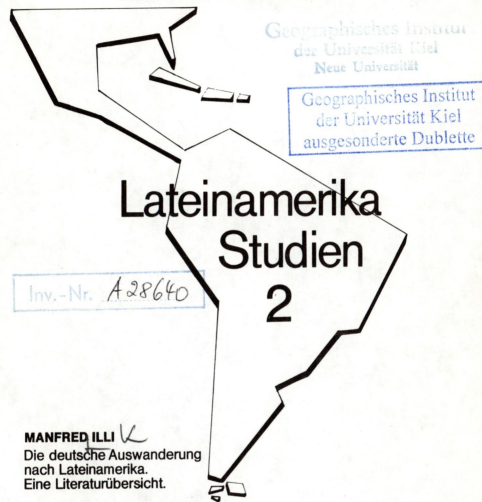

MANFRED ILLI
Die deutsche Auswanderung
nach Lateinamerika.
Eine Literaturübersicht.

Herausgeber: H. Kellenbenz, G. Siebenmann, H.-A. Steger, F. Tichy
Red.: J. Schneider

Wilhelm Fink Verlag
München

1977

	Seite
Inhaltsverzeichnis	I
Indice	

Zum Geleit	VI
Prefacio	
Prefácio	

1. Vorbemerkungen — 1
   Indicaciones preliminares
   Notas preliminares
   1.1. Grundlagen — 1
   1.2. Abgrenzung des Themas — 2
      1.2.1. Begriffliche Abgrenzung des Themas — 2
      1.2.2. Zeitliche Abgrenzung des Themas — 4
   1.3. Abgrenzung der rezensierten Literatur — 4
      1.3.1. Formale Abgrenzung der rezensierten Literatur — 4
      1.3.2. Inhaltliche Abgrenzung der rezensierten Literatur — 5
   1.4. Typologie der Literatur zur deutschen Auswanderung nach Lateinamerika — 7
      1.4.1. Formale Typologie — 7
      1.4.2. Inhaltliche Typologie — 7
   1.5. Aufbau und Begründung der Gliederung — 8
   1.6. Methode und Begründung der Rezension — 9
   1.7. Ziel der Arbeit — 10

2. Literatur zur deutschen Auswanderung nach Gesamt-Lateinamerika — 11
   Bibliografía sobre la emigración alemana a la América Latina en conjunto
   Bibliografia sobre a Emigração alemã para toda a América Latina
   2.1. Literatur, die sich ausschließlich mit Gesamt-Lateinamerika als Zielrichtung der deutschen Auswanderung beschäftigt — 11
   2.2. Literatur, die sich u. a. mit der deutschen Auswanderung nach Gesamt-Lateinamerika befaßt — 18
   2.3. Regionale Auswanderungsliteratur, die sich u. a. auf die deutsche Auswanderung nach Gesamt-Lateinamerika bezieht — 25

- II -

	Seite

3. Literatur zur deutschen Auswanderung nach einzelnen Zielländern und Zielgruppenländern Lateinamerikas — 28

Bibliografía sobre la emigración alemana a cada país determinado e a grupos de paises de América Latina

Bibliografia sobre a emigração alemã a cada país e a grupos de paises da América Latina

3.1. Mittelamerika (Mexiko, Zentralamerika und Westindien) — 28
   3.1.1. Mexiko — 29
      3.1.1.1. Reichsdeutsche in Mexiko — 29
      3.1.1.2. Russlanddeutsche und russlanddeutsche Mennoniten in Mexiko — 33
   3.1.2. Gesamt-Zentralamerika — 34
      3.1.2.1. Guatemala — 38
      3.1.2.2. Republik Honduras (Mosquitoküste) — 39
      3.1.2.3. Nicaragua — 40
      3.1.2.4. Costa Rica — 40
      3.1.2.5. Panama — 41
   3.1.3. Westindien — 41
3.2. Kolumbien, Venezuela und Guayana — 42
   3.2.1. Kolumbien — 42
   3.2.2. Venezuela — 42
   3.2.3. Guayana — 44
3.3. Brasilien — 44
   3.3.1. Gesamt-Brasilien — 44
   3.3.2. Einzelne Staaten (Provinzen) Brasiliens — 56
      3.3.2.1. Rio Grande do Sul — 56
      3.3.2.2. Santa Catarina — 71
      3.3.2.3. Paraná — 72
      3.3.2.4. Espírito Santo — 74
      3.3.2.5. Bahia — 75
      3.3.2.6. Rio de Janeiro — 75
      3.3.2.7. Pernambuco — 76
      3.3.2.8. Amazonas — 76

Seite

3.3.3. Regionale Auswanderungsliteratur, die sich ausschließlich oder u. a.
mit der deutschen Auswanderung nach Brasilien befaßt 76

    3.3.3.1. Rheinland (Eifel-, Mosel- und Hunsrückgebiet) 76

    3.3.3.2. Saargebiet 78

    3.3.3.3. Pommern 80

    3.3.3.4. Hessen 80

    3.3.3.5. Niedersachsen 81

    3.3.3.6. Baden 81

    3.3.3.7. Sachsen 82

3.3.4. Kolonienbeschreibungen Brasilien 82

    3.3.4.1. Rio Grande do Sul 83

    3.3.4.2. Santa Catarina 83

    3.3.4.3. São Paulo 85

3.3.5. Brasilianische Einwanderungsgesetzgebung und deutsche Auswanderungsgesetzgebung und -politik bezüglich Brasilien 86

3.3.6. Genealogie Brasilien 87

3.4. La-Plata-Staaten 87

    3.4.1. Argentinien 87

        3.4.1.1. Auswanderungsliteratur 87

        3.4.1.2. Kolonienbeschreibung Argentinien 94

        3.4.1.3. Argentinische Einwanderungsgesetzgebung und -politik 95

    3.4.2. Uruguay 96

    3.4.3. Paraguay 98

3.5. Westküste 106

    3.5.1. Chile 106

    3.5.2. Bolivien 127

    3.5.3. Peru 128

    3.5.4. Ecuador 132

	Seite
4. Literatur über die deutsche Auswanderungsgesetzgebung und -politik	133

Bibliografía sobre la política e a legislación emigratoria alemana
Bibliografia sobre a politien e a legislação emigratoria alemã

5. Bibliographien und Quellenführer 137
Bibliografías y guias de las fuentes
Bibliografias e guias de fontes

5.1. Auswanderungsbibliographien	137
5.2. Bibliographien über das Deutschtum im Ausland	138
5.3. Brasilienbibliographien (Deutschtum- und Auswanderungsbibliographien)	141
5.4. Argentinien-Bibliographie	142
5.5. Allgemeine Bibliographien	142
5.6. Bibliographien über auslanddeutsche Sippenkunde	144
5.7. Quellenführer	144

6. Statistischer Teil 146
Estadística
Estadística

6.1. Quellen zur deutschen Auswanderungsstatistik	146
6.2. Lateinamerika-Einwanderungsstatistik	147
6.3. Literatur zur deutschen und internationalen Wanderungsstatistik	148

Zusammenfassung 150
Resumen 157
Resumo 163

Abkürzungsverzeichnis 169
Abreviaturas
Índice de Abreviaturas

Anmerkungen zur Zitierweise 169
Indicaciones sobre las citas
Indicações sobre o método de citação

	Seite
Rezensionsnachweis (Verfasserregister) Indice de autores	170
Adressen / Direcciones / Endereçoes	177

Zum Geleit

Prefacio

Prefácio

Als der Verfasser der hier vorliegenden Veröffentlichung seine Untersuchungen vornahm, fand in San Francisco der 14. Internationale Historikerkongreß statt. Zu den großen Themen, über die dort diskutiert wurde, gehörten die "Wanderungen", und G. Dupeux von der Universität Bordeaux war beauftragt einen Rapport vorzulegen,[1] der sich auf die Unterlagen stützte, die die Verfasser von 32 "nationalen Rapports" beigesteuert hatten. Trotz der Existenz von UNO und UNESCO, in deren Diskussionen Bevölkerungs- und Wanderungsfragen einen so hervorragenden Platz einnehmen, ist der Rapport - ganz abgesehen von der wissenschaftlichen Leistung, die Dupeux mit der Analyse des vorgelegten Materials und der daraus gezogenen "Conclusion" erbracht hat - nur eine bescheidene Vorleistung dessen, was auf diesem Gebiet noch getan werden muß. Der Sektor Lateinamerika, der doch für die europäische Auswanderung (neben der Auswanderung nach den Vereinigten Staaten) von allergrößter Bedeutung war, war unter den nationalen Rapports nur ganz bescheiden vertreten. Nur für Brasilien lag ein Bericht vor, den Cecilia Maria Westphalen, Altiva Pilatti Balhana und Brasil Pinheiro Machado von der Universidade Federal do Paraná in Curitiba ausgearbeitet hatten.[2] Wie gerne hätte man dazu eine Ergänzung über Argentinien, Uruguay und Chile gesehen! Drastisch äußerte sich in diesem Fehlen die Notlage, in die die Geschichtswissenschaft Lateinamerikas nach der erfreulichen Entwicklung der fünfziger und beginnenden sechziger Jahre durch wirtschaftliche und politische Schwierigkeiten geraten ist. Wie bezeichnend, daß die Rapports über Mexiko und Haiti die Auswanderung nach den USA zum Thema hatten![3] Sie stammten übrigens von französischen Historikern wie auch der Rapport über Peru, der die chinesische Einwanderung in dieses Land behandelte.[4]

---

1) G. Dupeux, Les migrations, Commission Internationale pour l'Etude des Mouvements sociaux et des Structures sociales, XIVth International Congress of Historical Sciences, San Francisco, August 22-29, 1975, 59 S., dazu (61) bis (121): Zusammenfassungen der nationalen Rapports.

2) Cecilia Maria Westphalen, Altiva Pilatti Balhana u. Brasil Pinheiro Machado, L'immigration au Brésil de la fin du XVIIIe siècle á nos jours, Résumé, in: Dupeux, Les migrations, S. (69) bis (70).

3) Jean A. Meyer, Les migrations mexicaines vers les Etats-Unis, áu XXe siècle. Résumé, in: Dupeux, Les migrations, S. 95; Maurice A. Lubin, L'émigration haitienne aux Etats-Unis, Résumé, ebenda, S. (86)-(87).

4) Jean Piel, Immigration chinoise et démarrage agricole au Pérou au XIXe siècle, Résumé, in: Dupeux, Les migrations, S. (96)-(97).

"L'Allemagne" legte zwei Berichte vor. Karl Obermann (DDR) schrieb über die großen Auswanderungsbewegungen nach USA im 19. Jahrhundert und Wolfgang Köllmann sowie Peter Marschalck (Bundesrepublik - Univ. Bochum) behandelten die deutschen Wanderungen nach Übersee nach 1815, wobei das Schwergewicht bei einer Typisierung der Auswandernden lag. Vom Kongreß in San Francisco her gesehen war das Feld für eine eingehende Diskussion der Auswanderung nach Lateinamerika also offen, und diese Gelegenheit benützte die europäische Historikergruppe, die sich seit einigen Jahren zur Förderung der Lateinamerikaforschung zusammengeschlossen hat, um zu ihrer 4. Arbeitstagung, die im Oktober 1975 an der Universität Köln stattfand, über das Thema der europäischen Auswanderung nach Lateinamerika im 19. und 20. Jahrhundert im besonderen Referate ausarbeiten zu lassen und darüber zu diskutieren. Den Bericht über die deutsche Auswanderung erstellten der Unterzeichnete und Dr. Jürgen Schneider in seiner Eigenschaft als Assistent am Lehrstuhl für Wirtschafts- und Sozialgeschichte der Universität Erlangen-Nürnberg.[1] Das Referat wurde in nützlicher Weise ergänzt durch Beiträge von Altiva Pilatti Balhana und Cecilia Westphalen[2] sowie Dietrich von Delhaes-Guenther (Univ. Essen).[3]

Die im Beitrag der Kolleginnen Pilatti und Westphalen zum Ausdruck kommende Zusammenarbeit wird noch verstärkt durch die Bemühungen der deutsch-brasilianischen Kolloquien, deren letztes im Oktober 1974 in Porto Alegre stattfand. Brasilianische und deutsche Kollegen berichteten dabei über Einzelaspekte der deutschen Auswanderung nach Südbrasilien.[4]

Im Rahmen der hier skizzierten Forschungslage lieferte die Arbeit von Herrn Manfred Illi eine nützliche Orientierungshilfe. Die großen Spezialbibliotheken dreier deutscher Institute, des Instituts für Auslandsbeziehungen in Stuttgart, des Ibero-Amerikanischen Instituts in Berlin und des Instituts für Weltwirtschaft in Kiel dienten ihm als Grundlage für seine Arbeit. Das Ziel war eine fundierte

---

1) Hermann Kellenbenz und Jürgen Schneider, La emigración alemana a América Latina, 1820 - 1931, in: Jahrbuch für Geschichte von Staat, Wirtschaft und Gesellschaft Lateinamerikas 13, 1976, S. 386-403. Noch bevor das Referat ausgearbeitet war, wurde eine knappe Zusammenstellung über Quellen und Literatur zur Geschichte der deutschen Auswanderung erstellt, die zur Zeit im Druck ist.
2) Altiva Pilatti Balhana und Cecilia Maria Westphalen, O censo dos alemaes do Paraná em 1917, in: Jahrbuch 13, S. 404-419.
3) Dietrich von Delhaes-Guenther, La influencia de la inmigración en el desarollo y composición étnica de la población de Rio Grande do Sul, in: Jahrbuch 13, S. 420 - 439. Vgl. ders., La colonizzazione tedesca ed italiana del Rio Grande do Sul, in: Stuchi Emigrazione Centro Stuchi Emigrazione, Roma, XII, 38/39, 1975, S. 342 - 355.
4) III Colóquio de Estudos Teuto-Brasileiros, Porto Alegre 14 - 18 de outubro de 1974 (Im Druck).

Bestandsaufnahme der im deutschen Bereich vorhandenen Literatur. Von der ausländischen Literatur wurden allerdings nur die wichtigsten Werke herangezogen.

Herrn Lúcio Castello Branco (Rio de Janeiro) und Herrn Alejandro Losada (Lima) sei für ihre Hilfe bei der Erstellung der Zusammenfassungen in portugiesischer und spanischer Sprache gedankt.

Nürnberg, im Februar 1977   Hermann Kellenbenz

1. Vorbemerkung

Indicaciones preliminares

Notas preliminares

1.1. Grundlagen

Das Institut für Auslandsbeziehungen Stuttgart (ehemaliges Deutsches Auslandsinstitut Stuttgart) enthält die überwiegende Mehrheit der hier rezensierten Literatur. Das Deutsche Auslandsinstitut Stuttgart (im folgenden abgekürzt als DAI Stuttgart) wurde 1917 als Spezialinstitut für Grenz- und Auslandsdeutschtum gegründet. Aus dieser Aufgabenstellung heraus sammelte das DAI Stuttgart alle wichtigen Veröffentlichungen über Deutschtum im Ausland und über Auswanderung.[1] Das dem DAI Stuttgart nachfolgende Institut für Auslandsbeziehungen (im folgenden abgekürzt als IfA Stuttgart) legte seinen Sammelschwerpunkt auf den südosteuropäischen Raum und erweiterte den Sammelumfang auf Veröffentlichungen der allgemeinen Auslandskunde und der Kultur des Auslands. Das bedeutete jedoch keine Vernachlässigung der Auswanderungsliteratur.[2] Die neueren und neuesten Schriften über die deutsche Auswanderung nach Lateinamerika z.B. sind nahezu vollständig im IfA Stuttgart einzusehen. Im IfA Stuttgart wurde das gesamte Material der Bibliothek systematisch und relativ vollständig (mit Ausnahme der Auswandererzeitungen und der periodisch erschienenen Auswandererzeitschriften) bearbeitet. Bei der Erfassung der Auswanderungsliteratur leisteten neben den Katalogen des IfA Stuttgart auch die in Punkt 5 genannten Bibliographien eine wesentliche Hilfe. Außerdem wurden systematisch und für den ganzen Erscheinungszeitraum die folgenden periodisch erscheinenden (bzw. erschienenen) Veröffentlichungen berücksichtigt: "Ibero-Amerikanisches Archiv"[3], "Auslanddeutsche Volksforschung"[4], "Staden-Jahrbuch"[5] und das "Jahrbuch für Geschichte von Staat, Wirtschaft und Gesellschaft Lateinamerikas."[6]

---

1) vgl. Deutsches Auslandsinstitut Stuttgart. Stuttgart 1927, Nr. 12
2) Informationsgespräch mit Bibliothekarin Fr. Pflüger vom IfA Stuttgart
3) Ibero-Amerikanisches Archiv. Berlin-Bonn. Jg. 1.1924/25 bis Jg. 8.1934/35 und Jg. 1977
4) Auslanddeutsche Volksforschung. Vierteljahresschrift des Deutschen Auslandsinstituts Stuttgart. Bd. I.1937 bis Bd. VI. 1942/43
5) Staden-Jahrbuch. Beiträge zur Brasilkunde, hrsg. von Egon Schaden, São Paulo. Bd. 1. 1953 bis Bd. 20.1972 (zit. Staden-Jahrbuch)
6) Jahrbuch für Geschichte von Staat, Wirtschaft und Gesellschaft Lateinamerikas, hrsg. von R. Konetzke und H. Kellenbenz, Köln-Wien, Bd. 1.1964 bis Bd. 13.1976 (zit. Jahrbuch Lateinamerika)

Diese eben erwähnten Veröffentlichungen beinhalten außer den (im Verlauf dieser Arbeit noch) genannten wichtigen Aufsätzen eine Reihe weiterer Abhandlungen zur deutschen Auswanderung nach Lateinamerika. Die im Zusammenhang mit den Bibliographien und durch Literaturangaben der neueren Werke ermittelten Veröffentlichungen, die nicht im IfA Stuttgart vorhanden sind, konnten durch den Fernleihverkehr der deutschen Bibliotheken beschafft werden. Hierbei wurde hauptsächlich konsultiert die Literatur des Ibero-Amerikanischen Instituts in Berlin (im folgenden abgekürzt als IAI Berlin) und des Instituts für Weltwirtschaft in Kiel (im folgenden abgekürzt als IfW Kiel), deren Kataloge systematisch und nahezu vollständig (bezüglich Auswanderungsliteratur) durchgesehen wurden. Da das Institut für Ibero-Amerikakunde in Hamburg zwar auch eine Menge Auswanderungsliteratur beherbergt, aber sich vorwiegend mit aktuellen Vorgängen und Informationen aus Lateinamerika befasst, [1] kann man die drei erstgenannten Bibliotheken (IfA Stuttgart, IAI Berlin und IfW Kiel) als sich ergänzende Hauptfundstätten der Literatur zur deutschen Auswanderung nach Lateinamerika betrachten.

1.2. Abgrenzung des Themas

1.2.1. Begriffliche Abgrenzung des Themas

Diese Arbeit versucht den Forschungsstand aufzuzeigen. Unter Forschungsstand soll der aktuelle Stand der bis in die Gegenwart durch Forschung ermittelten wissenschaftlichen Erkenntnisse verstanden werden.

Auf die geschichtliche Entwicklung des Auswanderungsbegriffes wird hier nicht eingegangen.[2] Für den Zweck dieser Arbeit genügt eine Definition, die Auswanderung von der Binnenwanderung unterscheidet (für die Zeit der politischen Aufteilung Deutschlands). Um Überschneidungen zu vermeiden, wird die Definition Wiebe's verwandt. Er definiert als Auswanderung im Sinne des

---

1) briefliche Auskunft von J. Bugarth (Dokumentations-Leitstelle Lateinamerika des Instituts für Iberoamerika-Kunde Hamburg)
2) ausführliche Definitionen der geschichtlichen Entwicklung der Begriffe "Auswanderung" und "Auswanderer" finden sich in den juristischen und statistischen Arbeiten zur Auswanderung (vgl. dazu Punkt 4 und Punkt 6.3.)

deutschen Rechts das von oder über Deutschland erfolgte freiwillige Verlassen des Staatsgebiets des bisherigen Wohnsitzes in der Absicht, sich dauernd oder jedenfalls für längere unbestimmte Zeit in einem Staatsgebiet niederzulassen.[1] Zum Begriff der "deutschen Auswanderung" ist weiterhin zu sagen, daß hier (in Ergänzung zu der Definition von Wiebe) neben den direkt aus Deutschland Ausgewanderten auch in bestimmtem Umfang die aus anderen Ländern ausgewanderten Menschen deutscher Herkunft berücksichtigt werden (Russlanddeutsche und russlanddeutsche Mennoniten).

Die Bezeichnungen "Lateinamerika" bzw. "Iberoamerika" beziehen sich auf die von den Spaniern und den Portugiesen kolonisierten Teile Amerikas: Südamerika und Mittelamerika. Während Südamerika den Südteil des amerikanischen Doppelkontinents umfasst, gehören zu Mittelamerika: Mexiko, Zentralamerika (Guatemala, Honduras, Britisch Honduras, El Salvador, Nicaragua, Costa Rica und Panama) sowie die Inseln des Karibischen Meeres (Westindien). Der im Verlauf dieser Arbeit genannte Begriff "Spanisch-Amerika" (bzw. "Hispano-Amerika") bezeichnet den Teil Lateinamerikas, der durch die spanische Sprache und Kultur wesentlich beeinflusst wurde. Spanisch-Amerika umfasst die Gebiete zwischen Mexiko und Patagonien (ohne Brasilien und die europäischen Besitzungen).[2] Die im Thema genannten Länderbegriffe ("Deutschland", "Brasilien", "Uruguay" usw.) werden i.d. R. statisch gebraucht. Das bedeutet, daß nur die aus politischen Umwälzungen hervorgegangenen endgültigen Änderungen der Staatsformen (in den Überschriften, z. T. im Text) berücksichtigt werden. Für Brasilien heißt das z.B., daß nicht die jeweils exakten Begriffe "Portugiesische Kolonie", "Kaiserreich Brasilien" und "Republik Brasilien" verwendet werden, sondern vereinfachend für den ganzen Zeitraum von 1815 bis 1931 der Terminus "Brasilien".

Die im Thema nicht direkt enthaltenen Begriffe "Kolonisation" und "Kolonie", die mit der Auswanderung nach Lateinamerika auf's engste verbunden sind, sollen hier auch kurz erläutert werden.

---

1) vgl. F.K. Wiebe: Das deutsche Auswanderungsrecht. Göttingen 1932, S. 19
2) vgl. Westermann Lexikon der Geographie, hrsg. im Auftrag des Georg Westermann Verlages von Dr. Wolf Tietze, beraten von Prof. Dr. Ernst Weigt. Braunschweig 1970 Artikel "Südamerika", S. 1059

Diese Begriffe werden in der rezensierten Literatur und in der vorliegenden Arbeit im Sinne von Gustav Paul Bener [1] verwendet. Nach Bener bedeutet Kolonisation die Besiedlung unbebauter Böden und ihre Erschließung zum Zwecke der landwirtschaftlichen Produktion. Der Begriff "Kolonisation" ist demnach landwirtschaftlich verstanden und nicht machtpolitisch. Von "Kolonie" spricht Bener, wenn es sich um eine Gruppensiedlung handelt, bei der einzelne Siedler aufeinander angewiesen sind (infolge der Entfernung vom nächsten Markt). [2] Der Begriff "Kolonie" hat sich jedoch in der Literatur über die Definition von Bener hinaus ausgeweitet auf Einwandergruppen gleicher ethnischer Herkunft in einer Stadt.

1.2.2. Zeitliche Abgrenzung des Themas

Die Themenstellung erlaubt eine Berücksichtigung aller wesentlichen deutschen Auswanderungen nach Lateinamerika. Somit konnten sowohl die vereinzelten deutschen Auswanderer vor dem 19. Jahrhundert als auch die stärkeren Auswanderungsbewegungen des 19. und frühen 20. Jahrhunderts behandelt werden. Keine Berücksichtigung fand die Auswanderung der Donauschwaben von Jugoslawien nach Lateinamerika in den 50er Jahren dieses Jahrhunderts. [3] Die Hauptwerke zur deutschen Auswanderung nach Lateinamerika beschäftigen sich meistens auch mit den politischen Emigrationen in den 30er und 40er Jahren des 20. Jahrhunderts. Vielfach untersuchen die Hauptwerke einzelne Phänomene der Auswanderung bis in die Gegenwart hinein.

1.3. Abgrenzung der rezensierten Literatur

1.3.1. Formale Abgrenzung

Schwerpunktmäßig wird die deutschsprachige wissenschaftliche Literatur zur deutschen Auswanderung nach Lateinamerika behandelt. Sofern die Autoren der rezensierten Bücher Quellenmaterialien heranziehen, werden deren Ergebnisse berücksichtigt. Diese Arbeit stützt

---

1) vgl. Gustav Paul Bener: Landwirtschaftliche Kolonisation in Südamerika. Chur 1936
2) vgl. Bener: a.a.O., S. 9
3) hinzuweisen ist jedoch auf folgende Arbeiten über die Donauschwaben:
 - Max Frösch: Guarapuava, die donauschwäbische Flüchtlingssiedlung in Brasilien (Donauschwäbische Beiträge, Heft 28) Freilassing 1958, 63 S.
 - Albert Elfes: Donauschwaben in Paraná. Ein Rechenschaftsbericht. Curitiba 1971, 123 S.
 - Franz Hamm: Die Bauernsiedlung Entre Rios. In: Südostdeutsche Vierteljahresblätter. München. 21.1972, Folge 4, S. 220 - 225

sich jedenfalls auf Sekundärliteratur und nicht auf Primärquellenforschung. Die fremdsprachige Literatur wurde nur aufgenommen, wenn sie sehr bedeutsam und von der deutschen Literatur nicht oder nur ungenügend inhaltlich abgedeckt ist. Berücksichtigung fanden selbständig erschienene Schriften und Abhandlungen in Schriftenreihen. Aufsätze wurden verwendet, wenn sie wissenschaftlich geschrieben sind und wenn sie die Auswanderung direkt betreffen. Die regionale Auswanderungsliteratur wurde herangezogen, sofern u.a. ein entsprechender Bezug zur Lateinamerikaauswanderung erkennbar ist. Allgemeine (historische, soziologische, geographische, politische und wirtschaftliche) Literatur fand Aufnahme, wenn viele Angaben über Auswanderung zu finden sind. Nur ausnahmsweise bearbeitet wurden Beiträge in Auswandererkalendern und Auswandererzeitschriften bzw. Auswandererzeitungen. Dieser Bereich läßt sich aber leicht und schnell erschließen durch die Hauptwerke zur deutschen Auswanderung nach Lateinamerika (bzw. durch ihren bibliographischen Anhang). Die oben erwähnte allgemeine Literatur ist nicht berücksichtigt worden, wenn sie nur beiläufig und kurz auf die deutsche Auswanderung bzw. Einwanderung eingeht und kein selbständiges Kapitel zur deutschen Auswanderung nach Lateinamerika enthält. Die meisten frühen, häufig in belletristischem Stil gehaltenen unbedeutenderen Vorarbeiten zur deutschen Auswanderung nach Lateinamerika, die in der Zeit von ca. 1820 bis 1910 erschienen sind, wurden nicht aufgenommen.

1.3.2. Inhaltliche Abgrenzung der rezensierten Literatur

Verwendung fand Literatur, die sich ausschließlich oder u.a. mit der deutschen Auswanderung nach Gesamt-Lateinamerika oder einzelnen Zielländern Lateinamerikas befasst. Schwerpunktmäßig wurde dabei Literatur berücksichtigt, die direkte Bezüge zur Lateinamerikaauswanderung (Ursachen, Struktur, Zahl und Folgen der Auswanderung) aufweist. Literatur über die Kolonisation in Lateinamerika wurde nur dann herangezogen, wenn sie auch gute Angaben über Einwanderung, Bevölkerungsverteilung usw. enthält. Die wichtigsten Veröffentlichungen zur deutschen Auswanderungsgesetzgebung, -politik und -statistik fanden ebenfalls Beachtung. Kolonienbeschreibungen konnten vereinzelt aufgenommen werden, falls sie Angaben über Herkunft und Zahl der Siedler machen.

Nicht verwendet wurden Veröffentlichungen über folgende Bereiche der Deutschen in

Lateinamerika: Kirche[1], Schule, Vereinswesen [2], Presse [3]; linguistische Probleme der Spracherhaltung, Sprachmischung und Bilinguistik [4]; soziologische und anthropologische Probleme der Akkulturation, Integration und Assimilation der Auswanderer [5].

Ebenfalls unberücksichtigt blieben die vielen Reiseberichte, Erlebnisberichte, Werbeschriften, Streitschriften, Propagandaschriften und Kolonialpolitischen Abhandlungen über die deutsche Auswanderung nach Lateinamerika. Diese ebengenannten Schriften sind oft einseitig abgefasst, von Chauvinismus beherrscht und zudem meistens in belletristischem Stil geschrieben.

In den (eben erwähnten) Reiseberichten und sonstigen Veröffentlichungen (hauptsächlich des 19. Jahrhunderts) über die deutsche Auswanderung nach Lateinamerika finden sich jedoch zuweilen Hinweise zur Auswanderung (Schätzungen über Auswandererzahlen, Informationen über vereinzelte Kolonisationsunternehmungen und -bedingungen usw.), die in den neueren Werken nicht aufgenommen wurden. Wer an diesen Hinweisen interessiert ist, kann sich die entsprechende Literatur anhand der Bibliographien in Punkt 5 oder unter Zuhilfenahme des bibliographischen Anhangs der neueren Auswanderungswerke erschließen. Als letztes ist zu erwähnen, daß die Informationsliteratur für Auswanderer, die Auskunft gibt über Tropenkrankheiten, Geographie des Einwanderungslandes, Aussichten einzelner Berufe usw., hier keine Verwendung fand.

---

1) vgl. dazu für Brasilien
Christoph Jahn (Hrsg.): Es begann am Rio dos Sinos - Geschichte und Gegenwart der evangelischen Kirche lutherischen Bekenntnisses in Brasilien. Erlangen 1970
2) vgl. dazu
Deutsche Vereine, Schulen, Kirchengemeinden und sonstige Anstalten und Einrichtungen in Südamerika (Reichsstelle für das Auswanderungswesen. Merkblatt Nr. 46, 4. erweiterte Auflage) Berlin 1935, 48 S.
3) vgl. dazu für Brasilien
Hans Gehse: Die deutsche Presse in Brasilien von 1852 bis zur Gegenwart (Deutschtum und Ausland. Heft 43) Münster i. W. 1931
4) vgl. dazu für Brasilien 2 Veröffentlichungen von Baranow
- Ulf Gregor Baranow: Zur Literatur über das Deutsche als Einwanderungssprache in Brasilien. In: Staden-Jahrbuch, 20.1972, S. 127-143 (zit. U. G. Baranow 1)
- Ulf Gregor Baranow: Studien zum Deutsch-Portugiesischen Sprachkontakt in Brasilien. Diss. München 1973, 401 S. (zit. U. G. Baranow 2)
5) vgl. dazu für Brasilien 3 Arbeiten von E. Willems
- Emilio Willems: Assimilação e populações marginais no Brasil. Estudo sociológico dos imigrantes germânicos e seus descendentes (Brasiliana. 5. Serie da Biblioteca Pedagógica Brasileira. Vol. 186) São Paulo 1940, 343 S. (zit. E. Willems 1)
- Emilio Willems: A aculturação dos alemães no Brasil. Estudo antropológico dos imigrantes alemães e seus descendentes no Brasil (Brasiliana. Serie 5a. Vol. 250) São Paulo 1946, 609 S. (zit. E. Willems 2)
- Emilio Willems: Zur sozialen Anpassung der Deutschen in Brasilien. In: Kölner Zeitschrift für Soziologie und Sozialpsychologie. Opladen. N. F. 1.1948/49, S. 316-323 (zit. E. Willems 3)

1.4. Typologie der Literatur zur deutschen Auswanderung nach Lateinamerika

1.4.1. Formale Typologie

Zunächst kann man eine Art von Literatur feststellen, die sich mit der deutschen Auswanderung, Siedlung und Kolonisation in ihrem chronischen bzw. historischen Verlauf beschäftigt. Unter diese Kategorie fallen hauptsächlich die vielen Festschriften, Erinnerungsbücher, Jahrhundertbücher und die Arbeiten über das Deutschtum in Lateinamerika. Alle diese eben aufgezählten Veröffentlichungen haben außerdem gemeinsam, daß sie sich meistens an einen weiten Kreis der Öffentlichkeit wenden und aus diesem Grunde häufig in populärwissenschaftlichem bis belletristischem Stil abgefasst sind. Speziell für die "Deutschtumsliteratur" gilt, daß sie die Bereiche deutsche Einwanderung, Kolonisation, Schule, Kirche, Vereine, Sprache usw. in Lateinamerika i n t e g r a l behandelt, wobei der für diese Arbeit relevante Teil der Einwanderung meistens in einem selbständigen Kapitel erscheint. Neben der genannten Literatur gibt es auch Veröffentlichungen, die s p e z i e l l e Fragestellungen der Auswanderung und Kolonisation untersuchen. Meistens beinhalten die Hauptwerke zur deutschen Auswanderung und Kolonisation in Lateinamerika in ihrer inhaltlichen Ausgestaltung eine Mischform zwischen chronologischer Bearbeitung und Spezialuntersuchung.

Grundsätzlich kann bei der meisten in den 30er bis Mitte der 40er Jahren dieses Jahrhunderts in Deutschland erschienenen Literatur über deutsche Auswanderung und Kolonisation eine vom Nationalsozialismus bestimmte Geisteshaltung festgestellt werden. Das Vorhandensein dieser Ideologie wird aber bei den Einzelbesprechungen der betreffenden Schriften nicht nochmals erwähnt.

Die Literatur zur deutschen Auswanderung nach Lateinamerika läßt sich noch gliedern in solche Veröffentlichungen, die überwiegend vom Gesichtspunkt des Auswanderungslandes oder vom Blickwinkel des Einwanderungslandes aus geschrieben worden sind. Die letztgenannten Arbeiten sind i.d.R. in Lateinamerika erschienen, die erstgenannten in Deutschland.

1.4.2. Inhaltliche Typologie

Die Literatur zur deutschen Auswanderung ist vorwiegend aus einer jeweils historischen, soziologischen, politisch-wirtschaftlichen oder demographischen Perspektive entstanden. Besonders die (in Punkt 1.4.1.) als mit spezieller Fragestellung gekennzeichneten Literatur richtet sich vorwiegend nach einer einheitlichen Disziplin aus. Die allgemeine Literatur zur deutschen Auswanderung und Kolonisation, insbesondere die Hauptwerke, kann man als Mischformen verschiedener

Disziplinen betrachten. Diese interdisziplinären Arbeiten beinhalten auch die Anwendung verschiedener Forschungsmethoden.

Abschließend kann gesagt werden, daß die oben geschilderte Typologie aus Gründen der Vereinfachung und Vermeidung von Überschneidungen nicht zur Gliederung dieser Arbeit und der rezensierten Literatur verwendet wurde. In der Einzelrezension wird jedoch auf die formale oder inhaltliche Typologie des jeweiligen Buches eingegangen, falls sie stark ausgeprägt erscheint.

1.5. Aufbau und Begründung der Gliederung

Die Literatur zur deutschen Auswanderung nach Lateinamerika ist nach Zielländern (und Zielgruppenländern) Lateinamerikas ausgerichtet worden, da diese Vorgehensweise Überschneidungen bzw. Doppelbesprechungen bei der Rezension verhindert. Neben einer Gliederung nach der Typologie der Literatur (siehe Punkt 1.4.) wäre eine Anordnung nach funktionalen Gesichtspunkten (Ursachen, Strukturen, Folgen der Auswanderung usw.) denkbar gewesen. Die Einteilung nach funktionalen Gesichtspunkten weist jedoch die gleichen Schwächen auf wie die Gliederung nach der Typologie.

Die Anordnung der Literatur innerhalb der Zielländerkapiteln Lateinamerikas ist chronologisch gestaltet, weil dadurch der Entwicklung der Wissenschaft und Forschung bezüglich Auswanderungsfragen am besten Rechnung getragen wird. Das bedeutet, daß die Vorarbeiten zuerst, die Hauptwerke am Schluß des jeweiligen Kapitels behandelt werden. Auf eine explizite Untergliederung in Vorarbeiten und Hauptwerke wurde verzichtet, da diese strenge Einteilung Zuordnungsschwierigkeiten mit sich gebracht hätte.

Bei den Ländern Brasilien und Argentinien fanden die Kolonienbeschreibungen sowie die Schriften zur Einwanderungsgesetzgebung und -politik in einem gesonderten Kapitel Berücksichtigung, weil es für die ebengenannten Bereiche und Länder spezielle und selbständige Arbeiten gibt.

Die Einbeziehung der d e u t s c h e n Auswanderungsgesetzgebung und -politik als eigenständiges Kapitel (Punkt 4) ist deshalb berechtigt, weil dadurch die sporadische Behandlung dieses Themenkreises in der Auswanderungsliteratur ergänzt und zusammengefaßt wird. Außerdem betrafen viele gesetzgeberischen Regelungen zur allgemeinen deutschen Auswanderung auch speziell die Lateinamerikaauswanderung.

Da nicht sämtliche Vorarbeiten und nicht alle Veröffentlichungen zur deutschen Auswanderung nach Lateinamerika erwähnt und besprochen werden konnten, ist die Aufstellung über die verschiedenen Bibliographien (Punkt 5) hilfreich. Dort finden sich auch Angaben über die selbständigen Veröffentlichungen und Aufsätze, die sich i n d i r e k t mit der deutschen Auswanderung und Kolonisation befassen.

Die Bibliographien über Brasilien und Argentinien (Punkt 5.3. und Punkt 5.4.) wurden aus funktionalen Gründen nicht in die Länderkapitel genommen, sondern dem Kapitel über Bibliographien (Punkt 5) zugeordnet.

Der Statistik zur deutschen Auswanderung bzw. Einwanderung wurde ein eigenständiges Kapitel gegeben (Punkt 6), um ergänzend zur partiellen und sporadischen Behandlung bzw. Berücksichtigung der Statistik in der Sekundärliteratur zusätzliche Informationen über die statistischen Primärquellen zu vermitteln und eine Übersicht über die Quellen zu ermöglichen, die den gesamten Auswanderungszeitraum erfassen.

Anstelle eines Literaturverzeichnisses, das den Umfang übermäßig ausgedehnt hätte, ist ein Rezensionsnachweis angefertigt worden. Dieser Rezensionsnachweis ermöglicht ein rasches Auffinden gesuchter Veröffentlichungen und ihrer Rezension bzw. Erwähnung.

1.6. Methode und Begründung der Rezension

Die Rezension der Literatur erstreckt sich i.d.R. auf die direkten Gesichtspunkte der Auswanderung (Herkunft, Zahl, Struktur, Niederlassungsort, Wirkungen auf das Ein- und Auswanderungsland usw.), so daß andere Aspekte eines Buches (evtl. Kolonisationstechnik, Siedlungsform, Sprache, Kultur u.ä.), die vielleicht einen quantitativ großen Teil ausmachen, nur kurz gestreift werden. Vorarbeiten sind vor allem dann herangezogen worden, wenn sie nicht oder nur unvollständig in die Hauptwerke integriert worden sind oder wenn sie allgemein von Bedeutung sind. Zum Teil werden die Vorarbeiten sehr weitgehend berücksichtigt. Das ist damit zu begründen, daß die Hauptwerke nur Auszüge einzelner Vorarbeiten verwenden, wobei ein nicht übernommener Rest an Informationen und Quellenangaben zurückbleibt, der für spezielle Forschungen bedeutsam sein kann. Eine vollständige Auswertung aller vorhandenen Einzelquellen ist also erst gegeben, wenn der Forscher die Vorarbeiten zusätzlich heranzieht. Gerade für diesen Fall ist eine kurze Rezension mancher Vorarbeiten vorgesehen, damit man sich schon vor Konsultation ein Bild über Inhalt und Quellenstand der Vorarbeit machen kann. Durch dieses Verfahren wird auch die Entscheidung erleichtert, ob eine Vorarbeit endgültig herangezogen werden soll oder nicht.

H i n w e i s e auf Vorarbeiten oder ergänzende Literatur erfolgen ohne Rezension (insbesondere wird der Hinweis verwendet bei spanischsprachigen bzw. portugiesischsprachigen Werken und bei Veröffentlichungen, die nicht zugänglich waren.)

Für Vorarbeiten wie für Hauptwerke gilt, daß zuerst auf den Inhalt eingegangen wird und anschließend auf die Quellenlage. Der Umfang der Rezension richtet sich nach der Bedeutung des entsprechenden Werkes. Die Qualität eines Beitrages wird mit den als Wertungen zu verstehenden Attributen "sehr allgemein", "allgemein", "ausführlich" und "ausgezeichnet" versehen, die man als graduelle Wertschätzungen ansehen kann. Die Hauptwerke werden kapitelweise besprochen unter Angabe der Seitenzahl der entsprechenden Abschnitte. Diese Methode erlaubt ein schnelles Auffinden gesuchter Inhalte und ermöglicht zugleich eine Auskunft über die Quantität des entsprechenden Kapitels.

Für jedes Werk werden in den Fußnoten die Zahl der Seiten mit angegeben, um (besonders bei Veröffentlichungen mit kleinem oder großem Umfang) die graduelle Ausprägung der Quantität zu kennzeichnen. Der volle Titel einer Veröffentlichung erscheint (in den Fußnoten) nur an der Stelle der Rezension (bzw. Erwähnung); ansonsten ist der Titel indirekt über den Rezensionsnachweis zu ermitteln. Da kein Literaturverzeichnis angefertigt wurde, sind die Literaturangaben in den Fußnoten (bei der Rezension) ausführlich gestaltet (ausgeschriebener Vorname des Verfassers, meistens keine Abkürzung der Schriftenreihe oder Periodika).

Soweit es möglich war, ist versucht worden, Vergleiche oder Wechselbeziehungen zwischen den einzelnen sich ergänzenden Veröffentlichungen aufzuzeigen. Außerdem ist es bei manchen Arbeiten erforderlich gewesen, auf inhaltliche oder quellenmäßige Mängel bzw. Lücken hinzuweisen.

1.7. Ziel der Arbeit

Diese Arbeit soll die zahlreichen Veröffentlichungen zur deutschen Auswanderung nach Lateinamerika, die in ihrer Qualität recht unterschiedlich sind, ermitteln und strukturieren. Dabei mußte eine Auslese und Bewertung der vorhandenen Literatur vorgenommen werden, deren Ergebnisse dem Forscher einen Überblick über die w i s s e n s c h a f t l i c h e Literatur und ihre Inhalte geben.

2. Literatur zur deutschen Auswanderung nach Gesamt-Lateinamerika

Bibliografía sobre la emigración alemana a la América Latina en conjunto

Bibliografia sobre a Emigração alemã para toda a América Latina

Die in Punkt 2 besprochene Literatur kann infolge ihrer Ausrichtung auf Gesamt-Lateinamerika nur überblicksartige Informationen geben. Sie sollte unbedingt durch Literatur über die jeweiligen Zielländer ergänzt werden.

2.1. Literatur, die sich ausschließlich mit Gesamt-Lateinamerika als Zielrichtung der deutschen Auswanderung beschäftigt

Zuerst ist auf die Schrift von Hilda Rimann[1] hinzuweisen und der kurze Aufsatz von Karl Christian Thalheim [2] zu nennen. Thalheim befasst sich hauptsächlich mit den Problemen der agrarisch orientierten Einwanderung (Ursachen, Grundbesitzverteilung, Klima, Verkehrsverhältnisse, Lenkung der Auswanderung in bestehende Siedlungen, Nationalisierungspolitik usw.), wobei der Charakter der deutschen Einwanderung (Siedlungswanderung) besonders berücksichtigt wird. Der Bericht schließt die Zeit von 1800 - 1917 ein, enthält aber keine Quellenangaben. Ein weiterer Aufsatz von Otto Quelle[3] gibt einen kurzen Überblick über die bedeutendsten deutschen Siedlungen und Siedlungsgebiete in Lateinamerika und die Gründe für ihre jeweilige Entstehung.

Dabei behandelt Quelle auch kurz verschwundene deutsche Siedlungsgebiete und die Ursachen für ihr Scheitern. Der Aufsatz von Quelle basiert auf einigen Werken zur deutschen Auswanderung des frühen 20. Jahrhunderts. Als Beitrag zur russlanddeutschen Einwanderung in Lateinamerika ist

---

1) Hilda Rimann: Die Südamerika-Auswanderung und die deutsche Frau (Schriften des Instituts für Auslandkunde und Auslanddeutschtum, Heft 15) Berlin o. J. (1920)
2) Karl Christian Thalheim: Einwanderungsprobleme des Lateinischen Amerika. In: Koloniale Rundschau. Zeitschriften für koloniale Wirtschaft, Völker- und Länderkunde. Heft 2, Berlin 1928, S. 39-46 (zit. K. Ch. Thalheim 1)
3) Otto Quelle: Die Siedlungsgebiete der Deutschen in Südamerika. In: Iberoamerikanisches Archiv, Jg. 7, Heft 2, Bonn-Berlin 1933/34, S. 195-200 (zit. O. Quelle 1)

die umfangreiche Arbeit von Walter Quiring [1] zu sehen. Er beschreibt in Teil A seines Werkes die Geschichte der Einwanderung der aus Kanada kommenden ehemaligen Russlanddeutschen in Paraguay im Jahre 1927, die starke Rückwanderungsbewegung und die erfolgreiche Gründung der Siedlung Menno im Jahre 1928. Teil B enthält statistische Angaben über die von 1930 bis 1934 nach Brasilien (Hansa Hammonia und Kuss-Culmey), Argentinien, Mexiko und Paraguay ausgewanderten Russlanddeutschen und russlanddeutschen Mennoniten. Die Auswanderung nach dem paraguayischen Chaco wird ausführlich behandelt hinsichtlich Wanderweg und Siedlungsgründungen (Fernheim und Friesland). Die Entwicklung dieser Kolonien wird bis 1938 untersucht. Auf S. 178 bis 182 finden sich tabellarische Angaben über die russlanddeutschen Auswanderer (bezüglich Herkunftsgebieten, Geschlecht, Ort und Zeit der Abreise und Familiennamen). Quiring stützt sich bei der Arbeit auf seine früheren Untersuchungen und auf Beiträge von B.H. Unruh. Die statistischen Angaben nehmen Bezug auf amtliche Zählungen und auf Abwandererlisten der deutschen Aufnahmelager für russlanddeutsche Flüchtlinge. Hinzuweisen ist hier auch auf die Arbeit von August Buckeley. [2] Die Veröffentlichung von Carl Liesegang [3] enthält Beschreibungen der Leistungen einzelner deutscher Forscher, Berg- und Hüttenmänner in Lateinamerika von ca. 1500 bis 1920, wobei der Schwerpunkt auf den Ländern Brasilien, Mexiko und Kolumbien liegt. Liesegang stützt sich hauptsächlich auf Bergbauliteratur und nur wenig auf Auswanderungsliteratur. Über die Mennoniten in Südamerika ist noch die englischsprachige Arbeit von J. W. Fretz [4] zu erwähnen, die gegenüber der Veröffentlichung Quiring 1 neuere Untersuchungen über die mennonitischen Schulen, Kirchen sowie über die landwirtschaftlichen und ökonomischen Leistungen der Mennoniten in Paraguay enthält. Das soziologisch ausgerichtete Buch von Fretz beschreibt außerdem die Kolonisationsanstrengungen der Mennoniten von ca. 1928 bis in die 50er Jahre dieses Jahrhunderts, wobei neben den umfangreichen Ausführungen zu Paraguay auch kurze Berichte über Brasilien, Argentinien und Uruguay zu erwähnen sind. Die Auswanderungsursachen der Mennoniten werden gut und detailliert dargestellt, wohingegen statistische Angaben zur Auswanderung oder Namenslisten der Ausgewanderten fehlen. Für die Statistik sollte man deshalb die Arbeit Quiring 1 komplementär dazu heranziehen. Die Arbeit von Fretz stützt sich auf Veröffentlichungen von

---

1) Walter Quiring: Russlanddeutsche suchen eine Heimat. Die deutsche Einwanderung in den paraguayischen Chaco (Schriftenreihe des Deutschen Auslands-Instituts. N. Reihe 7) Karlsruhe 1938, 192 S. (zit. W. Quiring 1)
2) August Buckeley: Auswanderung nach Südamerika (Europäischen Dokumente. Heft 8) München 1947, 68 S.
3) Carl Liesegang: Deutsche Berg- und Hüttenleute in Süd- und Mittelamerika. Beiträge zur Frage des deutschen Einflusses auf die Entwicklung des Bergbaus in Lateinamerika (Hamburger romanistische Studien, hrsg. vom Romanischen Seminar der Universität Hamburg, B. Iberoamerikanische Reihe, Bd. 19) Hamburg 1949, 119 S.
4) J.W. Fretz: Piolgrims in Paraguay. The story of Mennonite colonization in South America. Scoltdale 1953 (zit. J. W. Fretz 1)

Quiring, F. Kliewer [1] und sonstige mennonitische Sekundärliteratur. Außerdem unternahm Fretz mehrmonatige Studienreisen in die verschiedenen mennonitischen Kolonien. Dadurch konnte er auch aktuelle Aspekte über die Mennoniten in Südamerika mit einbeziehen. Obwohl sie für eine Analyse der deutschen Einwanderung wenig geeignet sind, sollen im folgenden zwei neuere Veröffentlichungen besprochen werden, die sich mit der allgemeinen Einwanderung in Lateinamerika befassen. Die erste Arbeit wurde von Margaret Bates [2] herausgegeben und befaßt sich hauptsächlich mit den neueren demographischen Problemen, die aus der Einwanderung resultieren. Der Abschnitt über Brasilien enthält auch statistische Angaben zur deutschen Einwanderung. Die Veröffentlichung von F. B. de Avila [3] untersucht die ökonomischen, demographischen und soziokulturellen Wirkungen der Einwanderung auf die Länder Lateinamerikas und enthält Hypothesen, mit deren Hilfe die einzelnen Staaten eine vorteilhafte Einwanderungspolitik der Gegenwart betreiben sollen. Da in der oben genannten Studie von Avila die Wirkungen der Einwanderung und nicht die Einwanderung an sich (z.B. Herkunftsländer, Einwanderungsstatistik nach Nationen usw.) behandelt werden, ist diese Untersuchung für eine historische Betrachtung der deutschen Einwanderung nicht sehr geeignet. Die Bibliographie auf S. 285-299 dieses Buches gibt jedoch eine reiche Auskunft über die Literatur zu den allgemeinen Einwanderungsproblemen Lateinamerikas. Die Studie von Avila stützt sich schwerpunktmäßig auf umfangreiche ökonomische und soziologische Literatur und auf statistische Angaben aus den Bevölkerungsstudien der UNO und anderer internationalen Organisationen. Die von Johannes Schauff [4] herausgegebene Arbeit geht mehr auf die Zusammenhänge zwischen Einwanderung und Landerschließung ein als auf die Statistik oder geschichtliche Entwicklung der Einwanderung. Viel Raum nehmen die Schilderungen von Kolonisationsbemühungen und ihren geographischen Voraussetzungen ein. Außerdem wird hauptsächlich auf die europäischen Siedlungen und Siedlungsformen eingegangen. Kurz behandelt werden nur die in Brasilien befindlichen volksdeutschen und österreichischen Kolonien Porto Novo (Rio Grande do Sul), Terra Nova (Paraná), Guarapuava (Paraná), Dreizehnlinden (Santa Catarina), die deutschen Siedlungen in Misiones (Argentinien), die Siedlung Pozuzo (Peru) sowie das gescheiterte Siedlungsexperiment von Neukarlsruhe (Argentinien). Die 1964 erschienene Arbeit von

---

1) siehe Rezensionsnachweis
2) Margaret Bates (Hrsg.): The migrations of peoples to Latin America. Proceedings of the conference on the migration of peoples to Latin America held under the auspices of the Institute of Ibero-American Studies of the Catholic University of America. April 27 and 28, 1956 Washington 1957, 113 S.
3) Fernando Bastos de Avila (Hrsg.): Imigration in Latin America. A Study made under the direction of Fernando Bastos de Avila, with co-operation of the Intergovernmental commitee for European Migration. Pan American Union, Washington/D.C. 1964, 299 S. (zit. F. B. de Avila 1)
4) Johannes Schauff (Hrsg.): Landerschließung und Kolonisation in Lateinamerika (Schriftenreihe der Gesellschaft zur Förderung der inneren Kolonisation. Sonderveröffentlichung) Bonn 1959

Manfred Kossok [1] enthält vereinzelte Hinweise zur deutschen Auswanderung nach Lateinamerika, insbesondere zur Auswandererwerbung in Deutschland.

An dieser Stelle ist hinzuweisen auf die am Institut für Wirtschafts- und Sozialgeschichte der Universität Nürnberg geschriebenen Diplomarbeiten von Richard Puchta [2] und Günther Strössner [3], deren Ergebnisse hier mit Verwendung fanden. Während die Diplomarbeit von Puchta im wesentlichen eine Zusammenfassung der Inhalte bereits erschienener älterer und neuerer Veröffentlichungen zur Brasilienauswanderung darstellt, konnte Strössner durch eine systematische Bearbeitung verschiedener Periodika (die in Punkt 2.2. mit erwähnt werden) und durch eine gründliche Bearbeitung und Interpretation der Statistiken des Deutschen Reiches neue (und bisher unveröffentlichte) Ergebnisse ermitteln, insbesondere für die Statistik nach Spanisch-Amerika. Weitere Informationen (insbesondere in wanderungsstatistischer Hinsicht) liefern auch die Diplomarbeiten von Gundhard Racki [4] und Bernhard Banzhaf [5].

Die bisher in Punkt 2.1. genannte Literatur und selbst die in den folgenden Kapiteln behandelten Informationen der wichtigsten Werke bzw. Hauptwerke zur deutschen Auswanderung nach Lateinamerika dürften ergänzt werden um eine bereits in den Vorbemerkungen angedeutetes, von Hartmut Fröschle (Universität Toronto/Kanada), herausgegebenes Standardwerk "Die Deutschen in Lateinamerika. Schicksal und Leistungen". Durch eine umfangreiche Korrespondenz gelang es H. Fröschle, führende Sachkenner für die einzelnen Länder zu gewinnen, die schon seit Jahren, vielfach seit Jahrzehnten bestens mit dem Stoff vertraut sind.

Nach einer brieflichen Auskunft von Hartmut Fröschle (vom August 1976) sieht die Gliederung des Standardwerkes etwa folgendermaßen aus:

voraussichtl. Seitenzahl

Hartmut Fröschle, Vorwort   1

H. Fröschle, Einleitung. Bemerkungen zum Forschungsstand.   20

Werner Hoffmann, Die Deutschen in Argentinien   72

---

1) Manfred Kossok: Im Schatten der Heiligen Allianz - Deutschland und Lateinamerika 1815-1830. Berlin 1964
2) Richard Puchta: Die deutsche Auswanderung nach Brasilien bis 1870 - Mit einem Überblick über die deutsche Kolonisation. Diplomarbeit Nürnberg,SS 1975
3) Günther Strössner: Die deutsche Auswanderung nach Spanisch-Amerika in den Jahren 1914 bis 1931. Diplomarbeit Nürnberg, WS 1975/76
4) Gundhard Racki: Die deutsche Auswanderung nach Spanisch-Amerika in den Jahren 1815 bis 1914, SS. 1976
5) Bernhard Banzhaf: Die deutsche Auswanderung nach Brasilien in den Jahren 1870 bis 1929/31, WS 1976/77

	voraussichtl. Seitenzahl
Reinhart Wolff und H. Fröschle, Die Deutschen in Bolivien	15
Karl H. Oberacker und Karl Ilg, Die Deutschen in Brasilien	110
Christel Converse, die Deutschen in Chile	60
Arthur Weilbauer, die Deutschen in Ecuador	34
Hermann Kellenbenz, Die Deutschen in Guayana	17
Dieter Allgaier, Die Deutschen in Kolumbien	30
Jakob Warkentin, Die Deutschen in Paraguay	50
Georg Petersen und H. Fröschle, Die Deutschen in Peru	40
Hans Jürgen Hoyer, Die Deutschen in Uruguay	15
Helmut Fuchs, Die Deutschen in Venezuela	25
Goetz Freiherr von Houwald, Die Deutschen in Costa Rica	25
H. Fröschle und N.N., Die Deutschen in Guatemala	20
Hermann Kellenbenz, Die Deutschen in der Karibik	20
Marianne Oeste de Bopp, Die Deutschen in Mexiko	70
Goetz Frh. von Houwald, Die Deutschen in Nicaragua	20
H. Fröschle, Zusammenfassung	6
H. Fröschle und Manfred Illi, Bibliographie	20
H. Fröschle, Zeittafel	5
Index der Personennamen und geographischen Begriffe	30
	zus. 705

Im Kapitel "Bibliographie" werden auch Beiträge verwendet, die sich auf die vorliegende Arbeit und eigene zusätzliche Nachforschungen im IfA Stuttgart stützen.

Wie aus der Übersicht hervorgeht, erfolgt die Kapiteleinteilung des Standardwerkes nach Ländern. "Um das Werk einheitlich zu gestalten, halten sich die Mitarbeiter an ein Aufbauschema, das wie folgt aussieht:

I. Land und Leute. Ethnische Zusammensetzung der Bevölkerung
II. Deutsche in spanischen bzw. portugiesischen Diensten
III. Die deutsche Einwanderung
IV. Die Entwicklung der deutschen Siedlungen und Stadtkolonien
V. Wirtschaftliche Lage
VI. Kirchliches Leben

VII. Geistiges und politisches Leben

VIII. Künstlerisches Leben (Beiträge deutschstämmiger Menschen zu den Künsten des Landes und zum deutschsprachigen Schrifttum)

IX. Zusammenfassung und Ausblick

X. Bibliographie

XI. Zeittafel wichtiger Ereignisse

Diesem Buchprojekt kommt von verschiedenem Blickwinkel her große Bedeutung zu. Nicht nur wird es die erste wissenschaftlich fundierte historisch-systematische Zusammenfassung des bisherigen Wissens über das Thema sein (die wenigen vor mehr als einem halben Jahrhundert verfassten Darstellungen sind äußerst lückenhaft und unzureichend), sondern die Autoren werden auch versuchen, soweit wie möglich eine Bestandsaufnahme der heutigen deutschen Volksgruppen in Lateinamerika vorzunehmen. Dieses Buch wird also nicht nur ein eindrucksvolles Denkmal für die ausgewanderten Deutschen und ihre Nachkommen setzen, nicht nur ihren historischen Weg und ihre Leistungen nachzeichnen, sondern es wird auch einen Beitrag liefern zur Diskussion aktueller Fragen und Probleme. Eine vollständige Bibliographie sowie ein einleitender Literaturbericht werden sicher andere Wissenschaftler und Liebhaberforscher anregen, auf diesem Wege weiterzuarbeiten und damit der für das Zusammenleben der Völker so wichtigen Volks- und Minderheitsforschung auf diesem speziellen Gebiet neue Impulse vermitteln. Gewiss wird auch der Beitrag zur den ethnischen Studien im allgemeinen nicht klein sein, zur Erkenntnis von Grundtendenzen und Gesetzmäßigkeiten im Leben von Volksgruppen. Die Herausarbeitung aktueller Probleme mag deutschen Politikern behilflich sein bei ihrer Analyse der Probleme, Auffassungen, Wünsche und Hoffnungen der Sprach- und Kulturdeutschen in Lateinamerika und sie zu Lösungsversuchen und Hilfeleistungen anregen."[1]

Als Erscheinungstermin für das Buch ist die Frankfurter Herbstmesse 1977 vorgesehen.[2]

Bezüglich der deutschen Einwanderung sollen bei dem Standardwerk von H. Fröschle folgende Fragen beantwortet werden: Wann, in welchen Wellen, aus welchen Gründen, aus welchen Gegenden kamen die deutschen Einwanderer? Zu welchen sozialen Schichten gehörten sie? Wo ließen sie sich nieder und warum? Wie entwickelte sich die Bevölkerungszahl? Wann wurden Bevölkerungsstatistiken zusammengestellt? Wann gab es Volkszählungen? Wie wurden sie durchgeführt? Wurde

---

1) zitiert nach Materialien zum Buchprojekt (vom Oktober 1974)
2) nach brieflicher Auskunft von H. Fröschle vom Oktober 1976

nach der ethnischen Herkunft, der Muttersprache u. ä. gefragt? Welche sonstigen Mittel wurden angewandt, um das ethnische Mosaik der Bevölkerung zu erfassen? Wo siedelten die deutschen Einwanderer? Siedelten sie geschlossen oder zerstreut? [1]

Neben dem Standardwerk sind besonders erwähnenswert zwei von Hermann Kellenbenz und Jürgen Schneider verfasste Aufsätze, die in spanischer Sprache geschrieben wurden, um einen breiten lateinamerikanischen Interessentenkreis zu berücksichtigen.

Der erste Aufsatz [2] ist statistisch orientiert und beschreibt die deutsche Auswanderung nach Lateinamerika für den Zeitraum von 1821 bis 1930. In diesem Aufsatz konnten auch Teilergebnisse aus den bereits erwähnten Diplomarbeiten von Gundhard Racki und Günther Strössner verwendet werden. Am Ende des Aufsatzes befinden sich zahlreiche Statistiken zur deutschen Auswanderung nach Brasilien und Spanisch-Amerika. Die Leistung der Verfasser besteht darin, die bisher von der Forschung stark vernachlässigten Angaben der Statistik des Deutschen Reiches speziell für die deutsche Auswanderung nach Lateinamerika in systematischer Weise zusammengestellt zu haben, wobei der gesamte relevante Auswanderungszeitraum berücksichtigt wurde.

Der zweite von Kellenbenz und Schneider verfasste Aufsatz [3] beschäftigt sich mit den Quellen und dem Forschungsstand der deutschen Auswanderung nach Lateinamerika von 1815 bis 1929/31. In Teil A "Archivalien und gedruckte Statistiken zur deutschen Auswanderung" [4] berichten die Verfasser in Abschnitt I. über Auswanderungsakten des Bundesarchivs (Außenstelle Frankfurt) und zahlreicher deutscher Länderarchive auf der Basis des von Karl H. Schwebel herausgegebenen Lateinamerikaführers für die BRD. [5] In Punkt I.3. folgen Ausführungen über ausländische Quellen zur deutschen Auswanderung, die sich in belgischen, niederländischen und französischen Archiven befinden. Die Bemerkungen zu den ausländischen Archiven sind bedeutsam, da die bisherigen Veröffentlichungen zur deutschen Auswanderung nach Lateinamerika nicht oder nur ungenügend auf die erwähnten ausländischen Quellen eingegangen sind. Die Verfasser verweisen in Abschnitt II. auch kurz auf die gedruckten Statistiken, insbesondere auf die Quellen zur deutschen Reichsstatistik. In Teil B des Aufsatzes behandeln die Autoren den Forschungsstand der deutschen Auswanderung nach Lateinamerika. Dabei besprechen sie kurz einige Bibliographien und wichtige Sekundärliteratur.

---

1) vgl. Materialien zum Buchprojekt
2) Herman Kellenbenz, Jürgen Schneider: La emigración alemana a América Latina desde 1821 hasta 1930. In: Jahrbuch Lateinamerika. Bd. 13. 1976, S. 386 - 403 (zit. Kellenbenz/Schneider 1)
3) Hermann Kellenbenz, Jürgen Schneider: La emigración alemana para america latina (1815-1929/31). Fuentes y estado de investigación. Dieser Aufsatz befindet sich im Druck und wird erscheinen in: Iberoamerikanisches Archiv, Berlin 1977 (zit. Kellenbenz/Schneider 2)
4) die Überschrift wurde von einem deutschsprachigen Manuskript der Verfasser übernommen
5) Rezension des Lateinamerikaführers siehe S. 144

Zusammenfassend kann über die beiden Aufsätze von Kellenbenz und Schneider gesagt werden, daß sie wichtige Ansätze darstellen, das statistische und sonstige Quellenmaterial zur deutschen Auswanderung nach Lateinamerika zu systematisieren und der (insbesondere lateinamerikanischen) Forschung leichter zugänglich zu machen.

2.2. Literatur, die sich u.a. mit der deutschen Auswanderung nach Lateinamerika befaßt

Hier ist zunächst die Arbeit von Oskar Canstatt[1] zu nennen, die zwar nur sehr allgemeine Ausführungen zur deutschen Auswanderung nach den verschiedenen Ländern Lateinamerikas enthält, aber den sonst selten aufgegriffenen Bereich der staatlichen und privaten Auswandererfürsorge berücksichtigt. Die als erstes wissenschaftliches Hauptwerk zur allgemeinen deutschen Auswanderung angesehene Veröffentlichung von Wilhelm Moenckmeier[2] enthält einen Abschnitt "Die deutsche Einwanderung in den Ländern Südamerikas, besonders in Brasilien und Argentinien" (S. 208-221) mit einer allgemeinen Analyse der Geschichte der Einwanderung (Einwanderungsperioden, Kolonisation, Einwanderungsgesetzgebung usw.) für Brasilien und Argentinien. Nur kurz und übersichtsartig geht der Verfasser auf Chile, Uruguay und Paraguay ein. Besonders hervorzuheben ist die statistische Aufbereitung der deutschen Auswanderung, insbesondere der deutschen Auswanderung nach Brasilien und Argentinien.[3] Grundsätzlich bedeutsam ist auch der als geglückt anzusehende Versuch, erstmals eine zufriedenstellende Bearbeitung der Probleme zur deutschen Auswanderung (Ursachen, Herkunftsgebiete, Wirkungen, Auswanderungspolitik usw.) zu liefern. Die Arbeit von Moenckmeier stützt sich nahezu auf die gesamte bis 1912 erschienene Sekundärliteratur zur deutschen Auswanderung und auf umfangreiche Quellen der amtlichen deutschen Auswanderungsstatistik (des 19. und des frühen 20. Jahrhunderts) einschließlich Hafenstatistiken. Die Bedeutung des Werkes von Moenckmeier läßt sich am besten daran ablesen, daß es auch von Verfassern der neueren und neuesten Auswanderungsliteratur als wichtige Grundlage herangezogen werden mußte.

An dieser Stelle ist auf einige Periodika[4] hinzuweisen, die u.a. nützliches Material zur deutschen Auswanderung nach Lateinamerika (insbesondere für die Auswanderung nach dem 1. Weltkrieg)

---

1) Oskar Canstatt: Die deutsche Auswanderung, Auswandererfürsorge und Auswandererziele, O.O. 1904, 349 S.
2) Wilhelm Moenckmeier: Die deutsche überseeische Auswanderung. Ein Beitrag zur deutschen Wanderungsgeschichte. Jena 1912, 269 S.
3) zur Korrektur einiger falschen Zahlenangaben bei Moenckmeier vgl. Rezension Marschalck
4) vgl. Diplomarbeit Strössner: a.a.O., S. 143

enthalten: "Archiv für das Wanderungswesen"[1], "Der Auslanddeutsche"[2], "Der deutsche Auswanderer"[3] und "Nachrichtenblatt des Reichsamtes für Ein-, Rück- und Auswanderung"[4].

Erwähnenswert sind auch zwei Veröffentlichungen zur deutschen Nachkriegsauswanderung. Die erste von Karl Christian Thalheim [5] ist volkswirtschaftlich orientiert und beschäftigt sich mit Methoden und Mängeln der Auswanderungsstatistik, den Herkunftsgebieten, Ursachen und Zielen der deutschen Auswanderung (einschließlich Argentinien, Chile und Brasilien). Die Wirkungen der Auswanderung untersucht Thalheim sowohl für Deutschland als auch für die Einwanderungsländer. Thalheim stützt sich auf Material (Bücher, Zeitschriften, Zeitungsausschnitte und Kalender) des (ehemaligen) Instituts für Grenz- und Auslanddeutschtum Leipzig. Die zweite Arbeit über die deutsche Nachkriegsauswanderung stammt von Franz Nake [6] und behandelt die deutsche überseeische Auswanderung bis 1930 hinsichtlich Statistik, Förderung oder Verhinderung der Auswanderung durch politische Instanzen oder Interessenverbände und die staatliche Auswanderungspolitik. Der Schwerpunkt dieser Untersuchung liegt in der volkswirtschaftlichen u n d gesellschaftlichen Analyse der Bedeutung der Auswanderung für das deutsche Mutterland (zur Zeit der Weimarer Republik), wobei die Ziele der überseeischen Auswanderung und ihre Bedeutung für die Einwanderungsländer nicht berücksichtigt werden. Besonders gründlich untersucht Nake die Beziehungen zwischen Auswanderung und Erwerbslosigkeit, Arbeitslosigkeit, Sozialfürsorge, Reparationen und Produktivität. Nake stützt sich bei seiner Studie auf die in den 20er Jahren dieses Jahrhunderts erschienenen staatswissenschaftlichen und bevölkerungswissenschaftlichen Veröffentlichungen, die auf eine solche umfangreiche Weise bei keinem anderen Verfasser einer Auswanderungsschrift verwandt wurden.Eine etwas mehr auf Lateinamerika abgestimmte Arbeit hat Paul Rohrbach [7] geliefert, der sich ausführlich aber noch allgemein mit dem Deutschtum in Südamerika beschäftigt. Dabei berücksichtigt er auch kurz das "versprengte" Deutschtum in Peru, Venezuela und Jamaika. Rohrbach stützt sich im wesentlichen auf Material

1) Archiv für das Wanderungswesen. Studien u. Mitteilungen zur Wanderungsbewegung der Kulturvölker u. zu ihrer Auswirkung auf Staat, Gesellschaft u. Wirtschaft. Hrsg. von Hugo Grothe, Leipzig. Jg. 1.1929 - Jg. 6.1933/34
2) Der Auslanddeutsche. Halbmonatsschrift für Auslandsdeutschtum und Auslandskunde. Mitteilungen des Deutschen Auslandsinstituts in Stuttgart. Jg. 3.1920 - Jg. 16.1933
3) Der deutsche Auswanderer. Zeitschrift des evangelischen Hauptvereins für deutsche Ansiedler und Auswanderer (e.V.). Witzenhausen an der Werra. Jg. 20.1924 - Jg. 28.1931
4) Nachrichtenblatt des Reichsamtes für Ein-, Rück- und Auswanderung (ab Jg. 6.1924: Nachrichtenblatt der Reichsstelle für das Auswanderungswesen). Berlin. Jg. 1.1919 - Jg.15. 1933
5) Karl Christian Thalheim: Das deutsche Auswanderungsproblem der Nachkriegszeit (Quellen und Studien zur Kunde des Grenz- und Auslanddeutschtums, Reihe A, Bd. 1) Crimmitschau 1926 (zit. K. Ch. Thalheim 2)
6) Franz Nake: Die deutsche Nachkriegsauswanderung. Diss. Berlin 1930, 69 S.
7) Paul Rohrbach: Das Deutschtum über See. Karlsruhe 1931, 360 S.

des DAI Stuttgart. Die Veröffentlichung von G. Leibbrandt und F. Dickmann[1] gibt Auskunft über Auswanderungsakten, die sich u.a. befassen mit Auswanderungsfreiheit und Militärdienstpflicht, Errichtung von Konsulaten und Bewerbungen um Auswanderungsagenturen. Einige Auswanderungsakten betreffen auch Brasilien, Argentinien, Chile, Peru, Mexiko und Zentralamerika (z.B. Not der deutschen Einwanderer in Brasilien und das Verhalten der brasilianischen Regierung; Vorschlag zur Ansiedlung von Deutschen an der Mosquitoküste u.ä.). Die Herausgeber behandels jeweils ausführlich den Inhalt der Akten und geben bei verschiedenen Akten auch ergänzend Quellen und/oder Sekundärliteratur zum besseren Verständnis an. Die Arbeit von Leibbrandt und Dickmann stützt sich auf sämtliche Auswanderungsakten des ehemaligen Deutschen Reichsarchives, Zweigstelle Frankfurt am Main. Eine außerordentlich gute Darstellung der deutschen Auswanderung nach Lateinamerika ist Hugo Grothe[2] gelungen, der im Abschnitt "Süd- und Mittelamerika" (S. 3-122) für alle Zielländer Lateinamerikas (außer Mexiko) selbständige und gute Beiträge über die deutsche Einwanderung und Kolonisation seit Beginn des 19. Jahrhunderts bis ca.1930 bringt. Besonders hervorzuheben ist die Berücksichtigung von Ein- und Auswanderungsstatistiken (basierend auf amtlicher deutscher Statistik und den statistischen Quellen der Einwanderungsländer). Manchmal diskutiert Grothe auch die "Richtigkeit" bzw. "Genauigkeit" der verschiedenen Statistiken und Schätzungen (z.T. macht Grothe auch Angaben zur Rückwanderung). Zu jedem Zielland gibt Grothe umfangreiche deutsche (Auswanderungs-) Literatur des frühen 20. Jahrhunderts an. Obwohl Grothe keine eigenen Archivstudien unternommen hat, besitzt seine Arbeit eine große Aussagekraft, da er die bis 1930 erschienene Literatur zur deutschen Auswanderung und Kolonisation herangezogen und in kritischer Weise verwendet hat. Interessant sind besonders seine Ausführungen über Peru (S. 87-103), Uruguay (S. 104-11) und Venezuela (S. 111-122), da diese Länder von der neueren Auswanderungsforschung nicht oder nur peripher gestreift wurden. Abschließend ist zu bemerken, daß die Arbeit von Grothe zu den wenigen Schriften gehört, die die deutsche Auswanderung nach den einzelnen Zielländern Lateinamerikas z u s a m   m e n h ä n g e n d   und mit statistischer Aubereitung für den gesamten relevanten Auswanderungszeitraum von 1800 bis 1930 beschreibt. Ein Beispiel für die (in Punkt 1.4.1 erwähnten) Untersuchungen über spezielle Aspekte der Auswanderung. ist die Arbeit von Renate Vorwinckel[3] über verschiedene Auswanderungsur-

---

1) Georg Leibbrandt, Fritz Dickmann (Hrsg.): Auswanderungsakten des Deutschen Bundestages (1817-1866) und der Frankfurter Reichsministerien (1848/49) (Schriften des Deutschen Auslandsinstituts Stuttgart, Reihe C, Bd. 3) Stuttgart 1932, 97 S.
2) Hugo Grothe: Die Deutschen in Übersee. Eine Skizze ihres Werdens, ihrer Verbreitung und kulturellen Arbeit. Berlin 1932
3) Renate Vorwinckel: Ursachen der Auswanderung gezeigt an badischen Beispielen aus dem 18. und 19. Jahrhundert (Vierteljahrschrift für Sozial- und Wirtschaftsgeschichte, hrsg. von Prof. Dr. H. Aubin, Beiheft 37) Stuttgart-Berlin 1939, 148 S.

sachen. Die Verfasserin untersucht eine Anzahl von typischen Auswanderungsstössen aufgrund ihrer zeitlichen und örtlichen Bedingungen. Dabei stellt sich heraus, daß die behandelte badische Auswanderung im 19. Jahrhundert (48er Auswanderung und Arbeitsauswanderung um 1880) hauptsächlich in Bezug zu Nordamerika steht. Manche Auswanderungsursachen können jedoch auch auf die Lateinamerikaauswanderung übertragen werden. Kurze Ausführungen macht Vorwinckel über die Assimilationsgefahr der Deutschen in Brasilien und über die badischen Siedlungen Nova Friburga und São Lourenço. Das Buch von Vorwinckel stellt zwar die einzelnen Auswanderungsursachen im Zusammenhang mit der völkischen Situation dar, ist aber in der Bearbeitung einzelner Ursachen stark an die nationalsozialistische Ideologie gebunden. Die Veröffentlichung von Vorwinckel stützt sich hauptsächlich auf Akten des Generallandesarchivs in Karlsruhe, auf allgemeine und regionale Auswanderungsliteratur und auf ökonomisch orientierte Literatur, die im Zusammenhang mit der Auswanderung steht. Die Arbeit von Heinz Kloss[1] enthält neben der Besprechung landwirtschaftlicher Zusammenschlüsse auch kurze, aber gute Hinweise zur deutschen Einwanderung (Einwandererwellen, Berufszusammensetzung, Siedlungsart, Kolonisation und Herkunft der Siedler) in Lateinamerika (auf S. 49-92). Kloss stützt sich auf neuere Literatur des 20. Jahrhunderts zur Auswanderung und Kolonisation, insbesondere auf Material des IfA Stuttgart. In der Arbeit von Rolf Engelsing[2] geht es weniger um die Auswanderung an sich, sondern mehr um ihre Bedeutung für Handel und Verkehr Bremens. Außerdem geht Engelsing ausführlich auf Schiffahrt, Auswanderungsgesetzgebung und Abwicklung des Auswanderungsverkehrs ein. Das Buch enthält neben einem kurzen Bericht zur Brasilienauswanderung (S. 21-25) im Anhang 3 (S. 180-185) eine Statistik des Auswanderungsverkehrs von 1830 bis 1880, die auch einzelne Zielländer Lateinamerikas berücksichtigt (u.a. Jamaika). Engelsing stützt sich auf archivalische Quellen verschiedener Bremer Archive und auf umfangreiche Literatur zur Bremer Geschichte. Außerdem hat Engelsing auch neuere regionale Auswanderungsliteratur verwendet. Der Abschnitt über Brasilien basiert auf Veröffentlichungen von Wätjen[3], Schröder[4], Sudhaus[5] und Schramm[6], während sich die statistischen Angaben nach den Veröffentlichungen von Moenckmeier[7] und Ferenczi[8] ausrichten. Die englischsprachige Veröffentlichung von Mack Walker[9] befasst sich hauptsächlich mit den ökonomischen und politischen Ursachen der deutschen Auswanderung, wobei

---

1) Heinz Kloss: Geschichte der landwirtschaftlichen Zusammenschlüsse der Sprachdeutschen in Übersee. Braunschweig 1957, 153 S. (zit. H. Kloss 1)
2) Rolf Engelsing: Bremen als Auswandererhafen 1683-1880 (Veröffentlichungen aus dem Staatsarchiv der Freien Hansestadt Bremen, hrsg. von Karl H. Schwebel, Heft 29) Bremen 1961
3)-8) siehe Rezensionsnachweis
9) Mack Walker: Germany and the Emigration 1816-1885 (Harvard historical Monographs, 56.) Cambridge/Mass. 1964, 284 S.

die einzelnen Zielländer der Auswanderung nur wenig in Erscheinung treten (Walker verwendet in seinen Abhandlungen öfters das Wort Amerika, ohne genau in Nord- und Südamerika zu unterscheiden). Eingehend widmet sich Walker der 48er Revolution und der Rolle der Preissteigerungen als Auswanderungsursachen. Die Werbetätigkeiten von Schäffer und von Cretschmar im Rahmen der Brasilienauswanderung werden ausführlich behandelt. Außerdem läßt sich für die Arbeit von Walker sagen, daß sie sich schwerpunktmäßig mit der Auswanderung nach den Vereinigten Staaten von Amerika und nur relativ unbedeutend mit der Lateinamerikaauswanderung beschäftigt. Die Bibliographie (am Ende des Buches von Walker) enthält umfangreiche allgemeine Auswanderungsliteratur. Die von Walker hinsichtlich Lateinamerika benützte Literatur besteht aus veralteten Veröffentlichungen oder aus wichtigeren Vorarbeiten, nicht jedoch aus neueren Untersuchungen. Der besondere Wert von Walker's Arbeit liegt jedoch in der Verwendung umfangreicher Archivalien der Staatsarchive Stuttgart, Ludwigsburg und des Generallandesarchivs Karlsruhe. Walker arbeitet auch intensiv in der Landesbibliothek Stuttgart, der Universitätsbibliothek Tübingen und der Staatsbibliothek in München, was zu einer besonderen Berücksichtigung der schwäbisch-alemannischen Auswanderung geführt hat. Mit dem von der allgemeinen Auswanderungsliteratur wenig aufgegriffenen Thema der sozialen Auswanderungsbeförderung befaßt sich die Veröffentlichung von Birgit Gelberg[1]. Die Verfasserin untersucht die sozialen Probleme, mit denen sich der Auswanderer seit seinem Eintreffen im Einschiffungshafen bis zur Ankunft in seinem neuen Heimatort auseinandersetzen mußte. In Kapitel A "Die Situation im Einschiffungshafen" (S. 10-39) geht die Verfasserin in vergleichender Darstellung zwischen Bremen und Hamburg u.a. auf die (staatlichen) Behörden für das Auswanderungswesen, die Beherbergung der Auswanderer und auf die Organisationen der Auswandererfürsorge ein. Während Kapitel A auch für alle Lateinamerikaauswanderer Gültigkeit besitzt, beziehen sich Kapitel B "Die Situation an Bord" und Kapitel C "Die Situation im Landungshafen und Probleme der Weiterbeförderung ins Landesinnere" ausschließlich auf die USA-Auswanderung. Die Arbeit von Gelberg stützt sich auf Archivalien der Staatsarchive Hamburg und Bremen sowie auf allgemeine Literatur zur deutschen überseeischen Auswanderung, u.a. auch auf die Veröffentlichung von Engelsing.

Im folgenden soll nun in ausführlicher Weise die Arbeit von Peter Marschalck[2] besprochen werden. In den Vorbemerkungen (S. 9-15) geht Marschalck zuerst auf die unterschiedlichen Definitionen

---

1) Birgit Gelberg: Auswanderung nach Übersee - Soziale Probleme der Auswanderungsbeförderung in Hamburg und Bremen von der Mitte des 19. Jahrhunderts bis zum Ersten Weltkrieg (Beiträge zur Geschichte Hamburgs, hrsg. vom Verein für Hamburgische Geschichte, Bd. 10) Hamburg 1973, 67 S.
2) Peter Marschalck: Deutsche Überseewanderung im 19. Jahrhundert. Ein Beitrag zur soziologischen Theorie der Bevölkerung (Industrielle Welt. Schriftenreihe des Arbeitskreises für moderne Sozialgeschichte, hrsg. von Werner Conze, Bd. 14) Stuttgart o.J. (1973)

der Auswanderung im demographischer, rechtlicher, historischer und statistischer Hinsicht ein. Im Anschluß daran gibt Marschalck eine Begründung für die zeitliche Eingrenzung seiner Arbeit, die vom Ende der napoleonischen Kriege (1815) bis zum Beginn des 1. Weltkrieges geht. Dann befaßt sich Marschalck kurz mit dem Grand der Übereinstimmung zwischen Wanderungsgeschichte und den Phasen der Sozialgeschichte. Die Phasen der Sozialgeschichte des 19. Jahrhunderts teilt Marschalck (nach einer für seine Untersuchung günstigen Einteilung) ein: Vorindustralisierung, Frühindustrialisierung und Hochindustrialisierung. Das bedeutet, daß sich die Phasen nach den Änderungen der gesellschaftlichen Struktur richten, wobei die Einflüsse wirtschaftlicher und politischer Strukturelemente berücksichtigt werden. Marschalck behandelt das vorgegebene Thema nicht nur mit den Methoden der historischen Demographie, sondern auch mit den speziellen Methoden der Sozialgeschichte. Betreffs Zielsetzung seiner Arbeit nimmt Marschalck eine gegenüber seinen "Vorgängern"[1] gegensätzliche Haltung ein. Es geht ihm nicht darum, eine umfassende Darstellung aller denkbaren Einzelheiten der Auswanderungsprobleme zu liefern, sondern einen Überblick über die Wanderungsgeschichte zu geben unter der Verwendung bzw. Gewinnung gewisser Normen. Nach Marschalck beschäftigt sich die moderne Forschungsproblematik nicht mehr hauptsächlich mit dem Umfang und Verlauf der Wanderungen oder mit isolierten landesgeschichtlichen Darstellungen, sondern mit der Einordnung der Auswanderungsprozesse in eine soziologische Bevölkerungstheorie.[2] Im Anschluß an die Besprechung der Zielsetzung seiner Arbeit legt der Verfasser die seiner Untersuchung zugrundegelegten theoretischen Ansätze dar, die ihm zu den drei wichtigsten Gesichtspunkten seiner Arbeit führten: Struktur, Gründe und Folgen der Auswanderung. Unter Struktur versteht Marschalck die demographische und berufliche Zusammensetzung der Auswanderer.[3] Im folgenden begründet Marschalck, warum er sich gerade den Auswanderungsgründen so intensiv und umfangreich widmet: 1. Die Auswanderungsgründe spiegeln die Zeit und den historischen Gesamtzusammenhang am deutlichsten wieder und 2. erleichtern die Auswanderungsgründe eine Typologisierung der Auswanderungen. In Kapitel I "Die deutsche Auswanderung in der öffentlichen Meinung und wissenschaftlichen Ausdeutung des 19. und 20. Jahrhunderts" (S. 16-29) geht Marschalck auf die Zielsetzungen und Aufgaben der Auswanderungsvereine und Auswandererzeitungen ein und schildert die Entwicklung der Behandlung des

---

1) auf dem Gebiet der Auswanderungsliteratur
2) vgl. Marschalck: a.a.O., Vorbemerkung S. 12
3) vgl. ebenda, Vorbemerkung S. 13

Auswanderungsphänomens in den informativen, werbenden und wissenschaftlichen Veröffentlichungen. Besonders der Streifzug durch die Arbeiten verschiedener Wissenschaftsdisziplinen (Geschichte, Soziologie, Politik, Demographie u.a.) ermöglicht einen guten Überblick über den Stand der Literatur zur allgemeinen Auswanderung (ohne Berücksichtigung besonderer Auswanderungszielländer). Das Kapitel II. "Der Verlauf der Auswanderung" (S. 30-51) behandelt die Verschiebung der regionalen Hauptauswanderungsgebiete in Deutschland im 19. Jahrhundert, die Statistik zur deutschen Auswanderung (unter Einbeziehung von Brasilien und Argentinien als Zielländer) im Zusammenhang mit demographischen Aspekten (Bevölkerungsdruck), die Entwicklung der Auswanderungsgesetzgebung und die Ziele der deutschen Auswanderung. Im Kapitel III "Die Gründe der Auswanderung" (S. 52-71) analysiert Marschalck die religiösen, politischen, wirtschaftlich-spekulativen und sozialen Auswanderungsgründe im Zusammenhang mit den Auswanderungsanlässen und Auswanderungsmotiven. Die verschiedenen Formen der Auswanderung (Einzel-, Gruppen- und Massenauswanderung) und die Auswanderungsstruktur bezieht der Verfasser ebenfalls in die Analyse der Auswanderungsursachen und Auswanderungsanlässe ein. Somit gelingt Marschalck eine integrale Betrachtung der 4 Bestandteile der Auswanderungen (Gründe, Anlässe, Formen und Struktur) und ihrer gegenseitigen Abhängigkeiten. In Kapitel IV "Die Strukturen der Auswanderung" (S. 72-84) befaßt sich Marschalck mit dem Alter, Geschlecht, dem Familienstand und dem Beruf der Auswanderer und, soweit es erfaßbar ist, mit ihrer Zugehörigkeit zu einer sozialen Schicht oder zu städtischen oder ländlichen Herkunftsorten. Bei der Strukturanalyse der aus sozialen Motiven ausgewanderten Deutschen erarbeitet der Verfasser die Beziehungen zwischen Familien- und Einzelwanderung einerseits und den Wanderungszeiträumen mit ihren speziellen Wanderungszwecken (Siedlungswanderung, Arbeitswanderung u.a.) andererseits deutlich heraus. Der Versuch, die sozialen Schichten der Auswanderung in diese Strukturanalyse mit aufzunehmen, konnte nur für die USA-Auswanderung erfolgreich sein (infolge guten statistischen Materials), nicht jedoch für die Lateinamerikaauswanderung insgesamt. In den letzten Kapiteln beschäftigt sich Marschalck mit den ökonomischen und demographischen Folgen der Auswanderung sowie mit den verschiedenen Wanderungstheorien im Rahmen der Bevölkerungstheorie. In Anlage 1 berichtigt Marschalck einige statistische Angaben von Moenckmeier und Burgdörfer[1] zur deutschen Auswanderung nach Brasilien und den USA für die Zeit von 1820 bis 1830.

---

1) Friedrich Burgdörfer: Die Wanderungen über die Deutschen Reichsgrenzen. In: Allgemeines Statistisches Archiv. Organ der Deutschen Statistischen Gesellschaft. Jena. 20.1930, S. 161-196, S. 383-419 und S. 537-551

Zur Literatur und Statistik bemerkt Marschalck, daß er sich schwerpunktmäßig auf die ebengenannten Arbeiten von Moenckmeier und Burgdörfer stützt, deren Materialgrundlage er als ausreichend betrachtet für die Darstellung des Umfangs, des Verlaufs und der Strukturen der Auswanderung.[1] Für spezielle Probleme verwendete Marschalck auch vereinzelt heimat- und landesgeschichtliche Veröffentlichungen, die jedoch durch ihre Beschränkung auf besondere Fragestellungen eine Verallgemeinerung ihrer Aussagen nicht zulassen.[2] Marschalck zog für seine Arbeit keine Archivalien heran, sondern ausschließlich veröffentlichtes Quellenmaterial, das sich in zwei Bereiche gliedern läßt: 1. Quellen mit statistischer und beschreibender Information zur Auswanderung (Darlegungen) und 2. zeitgenössische Quellen, die sich mit den politischen, sozialen und wirtschaftlichen Aspekten der deutschen Auswanderung befassen.[3] Die Literatur zur Lateinamerikaauswanderung ist bei Marschalck nur wenig und mit veralteten Veröffentlichungen vertreten. Abschließend ist zu bemerken, daß sich Marschalck's Forschungsergebnisse unterscheiden (gegenüber früheren Untersuchungen) und auszeichnen durch eine i n t e g r a l e Betrachtung der Gründe, Strukturen und Folgen der Auswanderunge, wobei die Berücksichtigung der Lateinamerikaauswanderung allerdings nur beiläufig erfolgt.

Hier sei noch kurz auf die Veröffentlichung von Günter Moltmann[4] hingewiesen, die jedoch zur Lateinamerikaauswanderung nur wenig beitragen kann.

2.3. Regionale Auswanderungsliteratur, die sich u.a. auf die deutsche Auswanderung nach Gesamt-Lateinamerika bezieht

Gleich zu Anfang ist darauf hinzuweisen, daß die regionale Auswanderungsliteratur mit Ausrichtung auf Brasilien nicht hier, sondern in Punkt 3.3.3. behandelt wird.

Die fünf im folgenden zu besprechenden Arbeiten stellen nur eine grobe Auslese dar, die jedoch hinsichtlich Aufbau und inhaltlicher Bearbeitung auch für die Mehrzahl der hier nicht berücksichtigten regionalen Auswanderungsarbeiten als typisch angesehen werden kann. Zunächst ist die

---

1) vgl. Marschalck: a.a.O., Vorbemerkungen S. 15
2) vgl. ebenda
3) vgl. ebenda, Vorbemerkungen, S. 14
4) Günter Moltmann (Hrsg): Deutsche Amerikaauswanderer im 19. Jahrhundert. (Amerikastudien. Eine Schriftenreihe. Bd. 44) Stuttgart 1976.

Veröffentlichung von Otto Krieger[1] zu erwähnen. Er beschäftigt sich unabhängig von den Zielländern der schwäbischen Auswanderung mit deren Ursache, Zahl, Zusammenhang und Wirkung auf Württemberg. In dem Kapitel "Die Zielländer der schwäbischen Auswanderung und die Lage der Ausgewanderten in ihnen" finden sich Statistiken (basierend auf amtlicher deutscher Statistik) über die schwäbische Auswanderung nach Mexiko, Zentralamerika, Brasilien, Argentinien und sonstigen südamerikanischen Ländern von 1920-1926 und ein prozentualer Vergleich zwischen der württembergischen und der gesamten deutschen Auswanderung bezogen auf die Staaten Brasilien und Argentinien (für die Zeit von 1921-1926). Auf S. 51-54 beschäftigt sich der Verfasser mit der Lage der Schwaben in einzelnen Kolonien in Argentinien, Brasilien und dem restlichen Südamerika. Die Arbeit von Krieger stützt sich hauptsächlich auf viele zeitgenössische Aufsätze und auf regionale Literatur (über das Königreich Württemberg). Krieger benützte u.a. auch die hier besprochenen Bücher von Thalheim 2 und von Schulte im Hofe[2]. Vorwiegend arbeitete der Autor im DAI Stuttgart und verwendete auch viele Archivalien des Württembergischen Statistischen Landesamtes. Ergänzend zu der Arbeit von Krieger ist der Aufsatz von Max Miller[3] heranzuziehen, der sich jedoch nur sehr kurz und allgemein mit der schwäbischen Auswanderung nach Brasilien (Kolonie Neuwürttemberg), Argentinien, Chile, Peru, Surinam und Westindien auseinandersetzt. Miller verwendet in seinem Aufsatz Archivalien des Staatsarchivs Stuttgart und des Staatsfilialarchivs Ludwigsburg und viele Veröffentlichungen zur allgemeinen schwäbischen Auswanderung. Karl Döttinger beschäftigt sich in seiner umfangreichen Veröffentlichung[4] für die Zeit von 1790-1935 mit den Ursachen, der Zusammensetzung, den Zielländern und den Wirkungen der Auswanderung aus dem Kreis Crailsheim. Im Anhang präsentiert Döttinger umfangreiche Namensverzeichnisse und Statistiken über Herkunftsorte und Zielländer der einzelnen Auswanderer, wobei auch vereinzelte Hinweise auf Lateinamerikaauswanderer (mit dem Ziel Argentinien, Brasilien und Chile) zu finden sind. Döttinger verwendete Auswanderungsakten aus dem Staatsarchiv Stuttgart, dem Staatsfilialarchiv Ludwigsburg und dem Kreisarchiv Crailsheim. Außerdem benutzte er regionale Auswanderungsliteratur und Angaben aus Kirchenbüchern. Eine weitere Arbeit der 30er Jahre dieses Jahrhunderts über die Auswanderung aus dem Siegkreis stammt von Joseph Walterscheid[5]. Seine Untersuchung umfaßt den Auswanderungszeitraum von

---

1) Otto Krieger: Die Auswanderung aus Württemberg nach dem Weltkrieg. Stuttgart 1928
2) siehe Rezensionsnachweis
3) Max Miller: Ursachen und Ziele der schwäbischen Auswanderung. In: Württembergische Vierteljahrshefte für Landesgeschichte, Jg. 42, Stuttgart 1936, S. 184-218
4) Karl Döttinger: Zur Geschichte der Auswanderung aus dem Kreis Crailsheim seit 1790. Crailsheim o.J. (1937), 184 S.
5) Joseph Walterscheid: Auswanderer aus dem Siegkreis. Bonn 1939, 104 S.

1857 bis 1889 und beschäftigt sich kurz mit den Gründen der Auswanderung (aufgrund der Gesuche um Erteilung des Auswandererkonsensus). Der Hauptteil des Buches besteht aus einer Zusammenstellung (S. 9-99) zur Auswanderung, die nach Ämtern gegliedert ist. Diese Zusammenstellung enthält Angaben zur Person des Auswanderers, zum Auswanderungsziel und z. T. Informationen über das jeweilige Schicksal im Einwanderungsland. Wie aus der Liste ersichtlich ist, sind die Auswanderer aus dem Siegkreis nur vereinzelt nach Lateinamerika (Brasilien, Peru und Mexiko) ausgewandert. Die Veröffentlichung von Walterscheid beruht auf Akten des Staatsarchivs Düsseldorf. Eine vorbildliche Arbeit auf dem Gebiet der regionalen Auswanderungsliteratur ist von Wolf-Heino Struck [1] geliefert worden über die Auswanderung aus dem Herzogtum Nassau. Diese Untersuchung enthält ausführliche und detaillierte Ausführungen zu den Ursachen der Auswanderung, der Auswanderungspolitik und den verschiedenen Auswanderungswellen. Dabei wird (mit Ausnahme der Auswandererwerbung für Brasilien) nur die allgemeine Amerika-Auswanderung behandelt ohne spezielle bzw. selbständige Berücksichtigung der Lateinamerikaauswanderung. Der tabellarische Anhang (S. 121-132) enthält auf S. 132 eine Statistik von 1849-1868, die den jährlichen Anteil der Südamerikaauswanderer (ohne Angabe einzelner Bestimmungsländer) angibt. Die alphabetische Liste der Auswanderer von 1849-1868 beinhaltet bei der Angabe der Zielländer hauptsächlich Amerika und selten Brasilien. Außerdem stellte Struck in Verbindung mit der ebengenannten Namensliste ein Register über die Herkunftsorte und Berufsbezeichnungen der Ausgewanderten auf. Der Verfasser arbeitete im Hessischen Haupt-Staatsarchiv Wiesbaden und konsultierte Akten der nassauischen Landesregierung. Häufig stützt sich Struck auf die Veröffentlichung von H. Richter [2] und sonstige regionale Auswanderungsliteratur. Die Statistik und die Namenslisten basieren auf den amtlichen Auswandereranzeigen des "Herzoglich Nassauischen Allgemeinen Intelligenzblattes" der Jahre 1840-1868.

---

1) Wolf Heino Struck: Die Auswanderung aus dem Herzogtum Nassau (1806-1866). Ein Kapitel der modernen politischen und sozialen Entwicklung (Veröffentlichungen des Instituts für geschichtliche Landeskunde an der Universität Mainz, hrsg. von J. Bärmann u.a., Bd.4) Wiesbaden 1966
2) siehe Rezensionsnachweis

3. Literatur zur deutschen Auswanderung nach einzelnen Zielländern und Zielgruppenländern Lateinamerikas

Bibliografía sobre la emigración alemana acada país determinado e a grupos de paises de América Latina

Bibliografia sobre a emigração alemã a cada país e a grupos de países da América Latina

3.1. Mittelamerika (Mexiko, Zentralamerika und Westindien)

Hier ist zunächst die neuere Arbeit von Hendrik Dane[1] zu erwähnen, die allerdings nur gelegentlich und jeweils kurze Ausführungen zur deutschen Auswanderung nach Zentralamerika und Mexiko enthält. In Kapitel I.C. (S. 65-70) geht Dane jedoch ausführlich auf die Einwanderung und Struktur der deutschen Kaufleute in Mexiko ein, während sich Kapitel II.E. (S. 137-144) mit der Auswanderung der Deutschen nach Costa Rica befaßt. In Kapitel I.C. untersucht Dane kurz die Frage, warum es trotz der Kontakten zwischen den deutschen Kolonisationsgesellschaften und der mexikanischen Regierung nur eine geringe deutsche Einwanderung und Kolonisation in Mexiko gegeben hat. Kurz erwähnt der Verfasser auch die einzige Kolonie, die über längere Zeit hinweg Bestand hatte: die im Staate Veracruz von Sartorius gegründete Kolonie "El Mirador". Im Anschluß daran befasst sich Dane mit den Auswanderungsgründen und der regionalen Herkunft der vereinzelten deutschen Auswanderer nach Mexiko. In Kapitel II.E. beschäftigt sich Dane mit der vermutlich durch Schriften von Alexander von Bülow angeregten "Berliner Colonisationsgesellschaft für Central-Amerika", die ursprünglich im Hinblick auf Nicaragua gegründet wurde, sich aber aus vom Verfasser geschilderten Gründen Costa Rica zugewandt hatte. Weiterhin beschreibt Dane das 1852 zwischen A. v. Bülow und der Regierung von Costa Rica vereinbarte Kolonisationsprojekt, das jedoch bereits 1861 scheiterte. Anschließend erwähnt Dane die vermutlich unabhängig von der eben genannten Gesellschaft um 1851 entstandene geschlossene Siedlung von 37 Deutschen am Rio Blanco. Die Errichtung der ersten deutschen Handelshäuser und die Leistungen einzelner

---

1) Hendrick Dane: Die wirtschaftlichen Beziehungen Deutschlands zu Mexiko und Mittelamerika im 19. Jahrhundert (Forschungen zur internationalen Sozial- und Wirtschaftsgeschichte, hrsg. von Hermann Kellenbenz, Bd. 1) Köln-Wien 1971, 265 S.

deutscher Wissenschaftler und Kaufleute in Costa Rica finden ebenfalls Berücksichtigung. Die Arbeit von Dane stützt sich auf Archivalien der wichtigsten zentralamerikanischen und mexikanischen Archive, der deutschen Zentralarchive Potsdam und Merseburg und der Staatsarchive Hamburg und Bremen sowie allgemeiner deutscher und mittelamerikanischer Literatur, die jedoch nur selten in Beziehung zur Auswanderung steht. Die von Dane bezüglich Mittelamerika benutzte Sekundärliteratur zur Auswanderung ist weitgehend veraltet.

3.1.1. Mexiko

Da sich die deutsche Auswanderungsliteratur bezüglich Mexiko dafür eignete, wurde die Auswanderung der Reichsdeutschen und Russlanddeutschen bzw. der russlanddeutschen Mennoniten in selbständig abgegrenzten Bereichen behandelt.

3.1.1.1. Reichsdeutsche in Mexiko

Zunächst ist auf drei Arbeiten [1], [2], [3] hinzuweisen, die aber wegen ihrer sehr allgemeinen Behandlung der deutschen Mexikoauswanderung nicht besprochen werden. Ebenfalls nur sehr wenig widmet sich Hans Kruse [4] in seiner Arbeit der Auswanderung. Er gibt nur allgemeine Hinweise auf vereinzelte deutsche Auswanderer, die im Zusammenhang mit der Gründung des deutschamerikanischen Bergwerksvereins nach Mexiko gekommen waren. Außerdem berichtet Kruse über die Herkunftsgebiete der deutschen Bergleute, die Kolonisationspläne von Grube und von Sartorius sowie über die Werbungen für eine deutsche Mexikoauswanderung und über mißglückte Siedlungsversuche. Die Arbeit von Kruse umfaßt den Zeitraum von ca. 1824-1850 und stützt sich auf Material verschiedener rheinisch-westfälischer Archive. Der Aufsatz von Wilhelm Pferdekamp [5] beschäftigt sich hauptsächlich mit den wirtschaftlichen Leistungen der Deutschen auf den Gebieten des Handels, des Bergbaus, der Industrie und der Landwirtschaft.

---

1) Erich Günther: Illustriertes Handbuch von Mexico, mit besonderer Berücksichtigung der deutschen Interessen, o. O. 1912, 371 S.
2) Die Auswanderung nach Mexiko für Landwirte und Gewerbetreibende. Gegenwärtige und zukünftige Aussichten. Stuttgart o.J. (1925), 60 S.
3) Traugott Böhme: Der Deutsche in Mexiko, Langensalza-Berlin-Leipzig 1929
4) Hans Kruse: Deutsche Briefe aus Mexiko mit einer Geschichte des Deutsch-Amerikanischen Bergwerksvereins 1824-1838 (Veröffentlichungen des Archivs für Rheinisch-Westfälische Wirtschaftsgeschichte, Bd. 9) Essen 1923
5) Wilhelm Pferdekamp: Einhundertunddreißig Jahre Deutsche in Mexiko. In: Mitteilungen des Instituts für Auslandsbeziehungen. Stuttgart 5.1955/8, S. 217-220 (zit. W. Pferdekamp 1)

Am Rande erwähnt Pferdekamp vereinzelte gescheiterte oder geglückte deutsche Kolonisationsversuche, die Herkunftsgebiete einzelner Auswanderer und ihre Berufe. Der Aufsatz berücksichtigt die Zeit von 1825-1955, enthält aber keine Quellenangaben. Ein weiterer Aufsatz über
die Deutschen in Mexiko kommt von Joachim Kühn[1]. Der Verfasser nennt in seinem Aufsatz Ort,
Zahl und Berufe (rheinische Bergleute, kaum Intellektuelle oder Landwirte) einzelner Deutschen
in Mexiko, ohne diese Angaben jedoch zu systematisieren oder in einer Tabelle zusammenzufassen.
Kühn befaßt sich auch mit der politischen und rechtlichen Lage der Deutschen in Mexiko und mit
dem Verhältnis zwischen Deutschen und Mexikanern. Der Autor bearbeitet seine Untersuchung auf
der Grundlage des Seiffart'schen Memorandums, das sich im Politischen Archiv des Auswärtigen
Amtes in Bonn befindet. Die Arbeit von Kühn ist aber nicht uneingeschränkt verwendbar, da sie
sich auch mit "unechten" Einwanderern befasst, die in der Absicht nach Mexiko gekommen waren,
evtl. wieder nach Deutschland zurückzukehren.

An dieser Stelle ist es angebracht, nocheinmal auf den Abschnitt I.C. (S. 65-70) der Untersuchung
von Hendrik Dane hinzuweisen, der sich ebenfalls mit der deutschen Auswanderung nach Mexiko
befasst.

Das für Mexiko wichtigste Werk kommt von Wilhelm Pferdekamp[2),3)]. Die Arbeit Pferdekamp 2
ist eine Fortsetzung bzw. Erweiterung eines von Pferdekamp bereits 1938 veröffentlichten Buches,[4]
das die Deutschen in Mexiko bis zum Ende des 18. Jahrhunderts behandelt. Das im folgenden ausführlich zu besprechende Buch Pferdekamp 2 behandelt nicht hauptsächlich die deutsche Auswanderung, sondern stellt die wirtschaftlichen und kulturellen Betätigungen der Deutschen in Mexiko
dar (im wesentlichen für den Zeitraum von ca. 1800 bis zum Ausbruch des 2. Weltkrieges). Zu
Anfang des Buches geht Pferdekamp auf die positive Rolle Humboldts bei der Aufnahme von Beziehungen zwischen Mexiko und dem politisch zerrissenen Deutschland ein. Nach der Aufhebung der napoleonischen Kontinentalsperre bestand für die deutschen Exportkaufleute die

---

1) Joachim Kühn: Das Deutschtum in Mexiko um 1850. Ein Bericht des preußischen Minister-
   residenten Seiffart. In: Jahrbuch Lateinamerika, Bd. 2.1965, S. 335-372
2) Wilhelm Pferdekamp: Auf Humboldts Spuren. Deutsche im jungen Mexiko (Schriftenreihe
   des Instituts für Auslandsbeziehungen in Stuttgart. Wissenschaftlich-publizistische Reihe,
   Bd. I) München 1958 (zit. W. Pferdekamp 2)
3) Da sich die Veröffentlichungen von Kühn und Dane nur in geringem Umfang mit der
   Auswanderung nach Mexiko befassen, wurden sie abweichend von der üblichen Vorgehensweise
   (trotz ihres späteren Erscheinungsdatums gegenüber dem Buch Pferdekamp 2) zuerst
   rezensiert.
4) Wilhelm Pferdekamp: Deutsche im frühen Mexiko (Schriften des Deutschen Auslandsinstituts
   Stuttgart. Neue Reihe, Bd. 6) Stuttgart-Berlin 1938 (zit. W. Pferdekamp 3)

Möglichkeit, den überseeischen Markt wieder neu zu erschließen. Ausführlich schildert Pferdekamp dabei die handelsmäßige Pionierarbeit der Rheinisch-Westindischen Compagnie, die zwar nur von 1822 bis 1834 existierte, durch ihren erfolgreichen Handel aber die Eröffnung neuer deutscher Handelshäuser in Mexiko begünstigte. Auf S. 72 ff befaßt sich Pferdekamp mit den Gründen der überraschend starken Zunahme deutscher Handelshäuser und der damit zusammenhängenden deutschen Einwanderung während der Präsidentschaftszeit von General Diaz. In dessen Regierungsperiode erhöhte sich die Anzahl der um 1880 noch 800 Deutsche umfassenden Kolonie in Mexiko auf 3000 Deutsche (um 1911). Etwas später als die Rheinisch-Westindische Compagnie konstituierte sich der Deutsch-Amerikanische Bergwerksverein,[1] der aus Unkenntnis der mexikanischen Verhältnisse und aus Kapitalmangel heraus 1837 in Konkurs gehen mußte. Durch seine Geschäftstätigkeit aber brachte dieser Bergwerksverein eine Anzahl deutscher Bergleute nach Mexiko, die als Arbeiter, Wissenschaftler oder Unternehmer eines kleinen Betriebes ihr Geld verdienten. Anschließend befaßt sich Pferdekamp mit den sich in den verschiedensten Industriezweigen konstituierten deutschen Klein- und Mittelbetrieben und ihren Gründern. Im Kapitel "Landwirtschaft" (S. 152-191) geht der Verfasser auf die Vorbereitungen, Abwicklungen, Erfolge oder Mißerfolge der wichtigsten deutschen Kolonisationsversuche des 19. und des frühen 20. Jahrhunderts ein. Dabei würdigt er ausführlich die Verdienste von Karl C. Sartorius, dessen Unternehmungsgeist und Ausdauer die wohl einzige erfolgreiche deutsche Kolonisation in Mexiko glücken liess. Die meisten Siedlungsversuche, u.a. die größeren Unternehmungen von Racknitz im Staate Tamaulipas und diejenige von Hiller in Yukatan, endeten entweder tragisch oder zumindest erfolglos. Im Gegensatz zu den geschlossenen deutschen Siedlungsversuchen zeigten sich die Deutschen in der Plantagenwirtschaft erfolgreich. Besonders bei der Einführung neuer landwirtschaftlicher Anbaupflanzen (Baumwolle, Tabak und Kaffee) beurteilt Pferdekamp den deutschen Anteil recht günstig. Ebenfalls im Kapitel "Landwirtschaft" setzt sich Pferdekamp noch mit den verschiedenen Ursachen des Scheiterns der deutschen Kolonisationsversuche auseinander (Gründe sind u.a.: ungünstiges Klima, schlechte Verkehrsverhältnisse, Revolutionen, ungeeignetes Land, kein wirksames Kolonisationsgesetz). Kurz wird auch die mennonitische Kolonisation nach dem 2. Weltkrieg berücksichtigt. Außerdem geht der Verfasser auf die unterschiedliche Beurteilung der deutschen Kolonisation in der deutschen Literatur des 19. Jahrhunderts ein. Dann folgt ein Kapitel über den deutschen Einfluß auf Wissenschaft, Kunst und Erziehungswesen in Mexiko (S. 191-241).

---

1) vgl. dazu auch die Arbeit von Kruse

Im Kapitel "Gemeinschaftsleben" (S. 241-259) beschreibt Pferdekamp ausführlich die Gründe, warum in Mexiko trotz des relativ geringen deutschen Bevölkerungsanteils sich ein vielfältiges und auf hohem kulturellen Niveau stehendes Vereinsleben entwickeln konnte, das (hauptsächlich in der Musik) einen starken Einfluß auf die mexikanische Umwelt ausüben konnte. Während sich das Fehlen einer geschlossenen deutschen Siedlung beim Vereinsleben erstaunlicherweise wenig auswirkte, fehlte auf kirchlicher Ebene der Zusammenhalt, so daß die Deutschen in Mexiko nicht in Besitz eigener Gottesdiensträume gelangen konnten. Eine Ausnahme bildeten nur die Mennoniten, bei denen sich ein reges Kirchenleben entwickelte. Zum Schluß des Buches macht Pferdekamp noch Ausführungen über das deutsche Schulwesen in Mexiko und über die Situation der sprachdeutschen Mennoniten in wirtschaftlicher, rechtlicher und kultureller Sicht. Auf S. 293 bis 307 befindet sich eine umfangreiche Bibliographie "Mexiko im deutschen Schrifttum", die auch alle bis 1959 erschiene (wesentliche) Literatur des 19. und 20. Jahrhunderts zur deutschen Auswanderung und Kolonisation enthält. Auf S. 307 erfahren die wichtigeren Werke des allgemeinen Schrifttums, die sich mit dem deutschen Anteil am wirtschaftlichen und kulturellen Leben Mexiko's befassen, eine besondere kurze inhaltliche Besprechung. Vom Gesichtspunkt der Auswanderung her, kann man die etwas dürftigen statistischen Angaben bei Pferdekamp bemängeln. Gut dargestellt sind die Namen der deutschen Begründer von Handelshäusern und Betrieben sowie (im Kapitel "Landwirtschaft") die Aufzählung deutscher Kolonistengruppen. Der deutsche Anteil an den einzelnen mexikanischen Lebensbereichen ist ausgezeichnet und zusammenhängend beschrieben worden. Die Arbeit von Pferdekamp stützt sich (neben der neueren deutschen Sekundärliteratur) auf Forschungen des Verfassers in den Jahren 1935 bis 1939, die durch den Krieg und die Nachkriegszeit bedingt erst in diesem Buch veröffentlicht werden konnten. Eine nähere Bestimmung der Art der Forschungen und des Ortes nahm der Autor nicht vor. Abschließend ist zu bemerken, daß sich dieses Werk ausschließlich auf deutsche Sekundärliteratur stützt und daß keine deutschen oder mexikanischen Archivalien eingearbeitet worden sind. Da die oben rezensierte Arbeit den Anforderungen eines Hauptwerkes zur deutschen Auswanderung nach Mexiko nicht uneingeschränkt entspricht, ist es erforderlich, die in diesem Abschnitt 3.1.1.1. genannten Veröffentlichungen unbedingt g e m e i n s a m heranzuziehen.

3.1.1.2. Russlanddeutsche und russlanddeutsche Mennoniten in Mexiko

Als erstes soll ein früher Aufsatz von Walter Schmiedehaus [1] erwähnt werden. Schmiedehaus schildert darin die zwei Einwanderungswellen der Russlanddeutschen (1924 Mennoniten, 1926/27 Lutheraner) und geht auch auf die Probleme der "Altkolonier" [2] in Mexiko ein. Der Aufsatz enthält keine Quellenangaben, aber Karten (gezeichnet im DAI Stuttgart, Stand 1939) über die russlanddeutschen Siedlungen in Cuauhtemoc und über den Wanderweg der Russlanddeutschen nach und in Mexiko. Die englischsprachige Veröffentlichung von J. W. Fretz [3] enthält Berichte und eine gute Übersicht über alle Siedlungsorte und Kolonien (Gebiet Cuauhtemoc und Aqua Nuevo) der Mennoniten, die vor allem in den Jahren 1874 bis 1880 aus Russland und später aus Kanada und den USA nach Mexiko kamen. Statistiken oder Namenslisten sind in diesem Buch keine angegeben. Die Ausführungen stützen sich auf eine mexikanische Studienreise des Verfassers im Jahre 1944. Eine weitere Arbeit aus den 40er Jahren dieses Jahrhunderts kommt von Walter Schmiedehaus. [4] Diese Arbeit beschreibt ausführlich die Herkunft, den Wanderweg und die Einwanderung der mennonitischen "Altkolonier" in Mexiko im Jahre 1922. Außerdem wird die Entwicklung der Kolonie Cuauhtemoc bis ca. 1930 beschrieben hinsichtlich Landwirtschaft, Schule usw.. In der Arbeit Schmiedehaus 2 fehlt eine systematische Namenszusammenstellung der eingewanderten "Altkolonier". Schmiedehaus stützt sich allein auf eigene Forschungen bei den "Altkoloniern" in Mexiko und auf alte Berichte, während Sekundärliteratur nicht herangezogen wurde. Ein neuerer Aufsatz von Walter Schmiedehaus [5] enthält eine Schilderung der Ursachen der Auswanderung der "Rheinländer Altkolonie" im Jahre 1922. Dann beschreibt Schmiedehaus die kolonisatorischen und sozialen Probleme der in der Gegend von Cuauhtemoc im Staate Chihuahua ansässigen hauptsächlich mennonitischen Russlanddeutschen bis ca. 1950. Außerdem geht der Verfasser kurz auf die lutherische Einwanderung (1926 und 1927) und ihre fehlgeschlagenen Siedlungsversuche ein.

---

1) Walter Schmiedehaus: Das Russlanddeutschtum in Mexiko. In: Der Wanderweg der Russlanddeutschen. Jahrbuch, Jg. 4, Stuttgart-Berlin 1939, S. 184-194 (zit. W. Schmiedehaus 1)
2) "Altkolonier" ist eine Bezeichnung für die aus den ältesten mennonitischen Siedlungsgebieten (Chortizer und Molotschnaer Siedlungen) Russlands stammende Mennoniten; vgl. W. Schmiedehaus 3, S. 56 (siehe Rezensionsverzeichnis)
3) J. W. Winfield Fretz: Mennonite colonization in Mexico. An introduction. Acron/Pa. 1945, 40 S. (zit. J. W. Fretz 2)
4) Walter Schmiedehaus: Eine feste Burg ist unser Gott. Der Wanderweg eines christlichen Siedlervolkes. Cuauhtemoc (Mexiko) 1948 (zit. W. Schmiedehaus 2)
5) Walter Schmiedehaus: Die Russlanddeutschen in Mexiko. Woher sie kamen und wer sie sind. In: Heimatbuch der Deutschen aus Russland. Stuttgart 1963, S. 56-62 (zit. W. Schmiedehaus 3)

Die direkt aus Russland kommenden Russlanddeutschen siedelten nur geringfügig bei den "Altkoloniern" an, z. T. gingen sie nach Kanada, den USA oder ins Deutsche Reich wieder zurück. Dieser kurze, aber gute und übersichtliche Bericht von Schmiedehaus gibt keine Quellenangaben an. Die neueste und umfangreichste Arbeit über die Mennoniten stammt von Harry Leonhard Sawatzky[1]. Diese Veröffentlichung beschreibt den Wanderweg der Kanada- bzw. Russlanddeutschen ("Altkolonier", "Kleine Gemeinde"[2] und "Sommerfelder"[3]) von Kanada nach Mexiko einschließlich der Vorbereitung der Auswanderung für die Zeit von 1919 bis 1921. Anschließend werden die Gründung und Entwicklung der Kolonien in Mexiko untersucht (Agrarprobleme, ökonomische Fortschritte, Institutionen usw.). Im Appendix (auf S. 331-367) wird die mennonitische Kolonisation in Britisch-Honduras seit 1958 geschildert (Ursachen der Weiterwanderung von Mexiko nach Britisch Honduras, Siedlung usw.). Die Arbeit von Sawatzky enthält keine Statistik oder auswertbare Namenslisten und stützt sich auf umfangreiche (hauptsächlich englischsprachige) neuere und neueste Literatur des 20. Jahrhunderts über die Mennoniten in Mexiko, u. a. auch auf die Arbeit W. Schmiedehaus 2.

Bei diesem Kapitel 3.1.1.2. ist, wie schon im vorigen Abschnitt, eine i n t e g r i e r t e Behandlung der rezensierten Literatur empfehlenswert.

3.1.2. Gesamt-Zentralamerika [4]

Eine von der später erschienenen Literatur übersehene Arbeit geht auf Kurt Hassert und Otto Lutz [5] zurück. Diese ohne Quellenangaben versehene Veröffentlichung beschreibt in sehr allgemeiner Form die gescheiterten Kolonisationsversuche in Zentralamerika (insbesondere Versuche

---

1) Harry Leonhard Sawatzky: They sought a country. Mennonite colonization in Mexico. With an appendix on Mennonite colonization in British Honduras. Berkeley-Los Angeles-London 1971, 387 S.
2)+3) sowohl "Kleine Gemeinde" als auch "Sommerfelder" sind Bezeichnungen für die aus Kanada nach Mexiko ausgewanderten Mennonitengemeinden, die den "Altkoloniern" nachfolgten; vgl. W. Schmiedehaus 3: a.a.O., S. 57 und S. 59.
4) Bei den Titeln bzw. Ausführungen der einzelnen Verfasser wird häufig anstatt der Bezeichnung Zentralamerika fälschlicherweise der Begriff Mittelamerika verwendet
5) Kurt Hassert, Otto Lutz: Mittelamerika als Ziel der deutschen Auswanderung. Berlin 1919, 39 S. Diese Abhandlung ist auch unselbständig erschienen in der Arbeit von Wilhelm Wintzer: Deutsche im tropischen Amerika (Mexiko, Mittelamerika, Venezuela, Kolumbien, Ecuador, Peru und Bolivien) (Der Kampf um das Deutschtum. Heft 15) München 1900

in Costa Rica und in Guatemala im Jahre 1860) und die vereinzelte Auswanderung von Kaufleuten gegen Ende des 19. Jahrhunderts. Ein kurzer, aber ausgezeichneter Aufsatz von Ferdinand Schröder [1] beschreibt die deutschen Siedlungsversuche in Guatemala (1830/40), in S.Tomas Honduras (1843), an der Mosquitoküste [2],[3] (1846) und in Costa Rica (1851). Der Verfasser nennt oft Zahl, Herkunftsorte und Berufe der Siedler und erschließt durch gute Quellenhinweise weitere Informationsmöglichkeiten. Die Auswanderung nach Zentralamerika für die Zeit nach 1856 wird von Schröder nicht behandelt, da sie nur äußerst gering war. Der Aufsatz von Schröder nennt nahezu alle Quellen des 19. Jahrhunderts zur deutschen Auswanderung nach Zentralamerika. Neben selbständigen Schriften konsultierte Schröder die Konsulatsberichte der Hamburger Commerzbibliothek, Allgemeine Auswandererzeitungen und Archivalien des Hamburger Staatsarchivs.

Die mit Abstand beste Arbeit über die deutsche Auswanderung nach Zentralamerika ist Herbert Schottelius [4] zu verdanken. In Kapitel II "Die deutschen Kolonisationsversuche" geht Schottelius zuerst auf die deutsch-belgische Kolonie Santo Tomas in Guatemala ein (S. 24-50). Dabei behandelt er die Gründe und die Geschichte der Entstehung dieser Kolonie, die nach langwierigen diplomatischen Vorverhandlungen 1843 von der Compagnie belge gegründet wurde. Schon bei den Werbungen für Kolonisten wandte die Compagnie belge unsaubere Methoden an: Versprechung nicht erfüllbarer sozialer Leistungen, Verharmlosung des ungünstigen Klimas und der damit verbundenen Krankheitsgefahr und Unterdrückung warnender Gutachten. Da die Werbungen nicht auf Belgien beschränkt waren, kamen auch einige Hundert Deutsche aus der Eifel und vom Niederrhein nach Santo Tomas . Schottelius schildert dann die weitere Entwicklung der Kolonie, deren hygienischen Verhältnisse sich mangels Unterkünften und angesichts eines ständigen Zustromes an neuen Kolonisten laufend verschlechterte. Die belgische Direktion versuchte mit der Ernennung des Artilleriemajors Guillaumot zum Koloniedirektor und durch Einführung einer militärischen Organisation die Ordnung in der Kolonie wiederherzustellen. Die harten Methoden des Majors

---

1) Ferdinand Schröder: Deutsche Kolonisationsversuche in Zentralamerika. In: Die Flotte. Berlin. Beiblatt: Der Auslanddeutsche, 12.1929, S. 268-270 (zit. F. Schröder 1)
2) der ehemalige Staat Mosquitia war völkerrechtlich nie genau definiert und umfaßte das Gebiet zwischen Trujillo und Greytown (Ostküste);
3) der Staat Mosquitia wird in Abschnitt 3.1.2.2. (Honduras) behandelt, obwohl er auch Gebiete von Nicaragua umfaßte
4) Herbert Schottelius: Mittelamerika als Schauplatz deutscher Kolonisationsversuche 1840-1865 (Übersee-Geschichte, Eine Schriftenfolge, hrsg. von Adolf Rein, Bd. 10) Hamburg 1939, 111 S.

führten aber nur kurzfristig zu einer Verbesserung der Lage. Durch die Folgen einer noch nicht geglückten Akklimatisation entkräftet, fielen die meisten Kolonisten 1844 einer Typhusepidemie anheim, die vielen Siedlern den Tod brachte. Trotz mehrerer Versuche und einiger Erfolge Alexander von Bülow's, der bei der versuchten Sanierung der Kolonie als Deutscher beteiligt war, konnte Santo Tomas vor einem langfristigen Zerfall nicht mehr gerettet werden. Auf Wunsch der katholischen Kirche wurde die Kolonie 1853 durch Aufhebung der guatemaltekischen Konzession aufgelöst. Auf S. 50-70 beschreibt Schottelius die Kolonisationsversuche an der Mosquitoküste. Dabei behandelt der Verfasser zuerst die diplomatischen Schwierigkeiten zwischen Preußen und Großbritannien, die das preussische Mosquitoprojekt des Prinzen Carl und des Fürsten von Schönburg-Waldenburg zum Scheitern brachte. Da das Interesse, insbesondere der ostpreußischen Öffentlichkeit, an einer Auswanderung nicht erloschen war, bildete sich 1845 in Königsberg ein Auswanderungsverein für Mittelamerika. Dieser Auswanderungs- und Handelsverein plante nicht nur eine Ansiedlung an der Mosquitoküste, sondern auch einen Handel dieser Kolonie mit dem Hinterland. Trotz des Fehlens einer offiziellen preußischen Unterstützung gelangten 1846 einhunderteinundzwanzig Ostpreußen im Namen der obengenannten Gesellschaft an die Mosquitoküste. Unter Mithilfe des englischen Regentschaftsrates Walker gründeten die Ostpreußen die Kolonie Carlstadt, die sich dank der geschickten und einflußreichen Fürsorge Walker's zunächst gut behauptete. Nach Walker's Ableben aber ging die Zahl der Kolonisten infolge des verstärkten Nationalismus der Eingeborenen und durch Abwanderung sowie Todesfälle (in den 50er Jahren des 19. Jahrhunderts) immer mehr zurück. so daß die Kolonie Carlstadt langsam zerfiel. Die Bemühungen Bülow's, der sich (ebenso wie in Guatemala) für eine Verstärkung der deutschen Kolonie einsetzte, hatten nur wenig Erfolg. Im Anschluß an das Siedlungsprojekt Carlstadt schildert Schottelius noch die bis 1862 stattgefundenen vereinzelten Kolonisationsversuche in Mosquitia, u.a. berücksichtigt er dabei das 1850 begonnene Kolonisationsprojekt der Pommern und Unternehmungen der deutsch-amerikanischen Kreise, die jedoch alle scheiterten.

Im Kapitel "Costa Rica und Nicaragua als Ziele der deutschen Einwanderung" (S. 71-87) befaßt sich Schottelius mit dem Interesse vor allem der verarmten Berliner Bevölkerung an einer Ansiedlung in Costa Rica, die auch durch die Veröffentlichungen von Bülow's angeregt wurde. So folgten im gleichen Jahr 1851, in dem der costaricanische Plantagenbesitzer Crisanto Medina in Deutschland um Siedler warb, deutsche Auswanderer diesem Ruf und siedelten in San José an. Schottelius widmet sich dann den unterschiedlichen Stellungnahme in der Literatur, die über den Erfolg bzw. Mißerfolg des Siedlungsversuches Auskunft geben. Sehr detailliert beschreibt der

Verfasser die unsauberen "Machenschaften" der "Berliner Colonisationsgesellschaft für Central-Amerika", deren gesamten Pläne zwar nicht realisiert wurden, aber doch zum Schaden der späteren Zentralamerikaauswanderung beigetragen haben. Teilweise bekam die deutsche Costa Rica-Auswanderung durch die Betriebsamkeit von Bülow's, der für den Berliner Kolonisationsverein tätig war, vereinzelte Anstöße und führte zu einer Verstärkung des deutschen Elements, insbesondere in den Jahren 1852 und 1853. Anschließend beschäftigt sich Schottelius mit der Struktur der deutschen Einwanderung nach Costa Rica.

Das Land Nicaragua beherbergte auch eine gewisse Anzahl Deutscher, die in Gefolgschaft des Präsidenten Walker standen. Dieser (aus Nordamerika stammende) Präsident hatte auf harte Weise Ordnung in dem von Anarchismus befallenen Land wiederhergestellt, wobei er von kalifornischen Siedlern und von Nordamerika unterstüzt wurde. Die meisten Deutschen dienten Präsident Walker als Soldaten in der Flibustierarmee und unterstützten dessen Politik der Wiedereinführung der Sklaverei in Nicaragua. Zwar nennt Schottelius viele Namen dieser Nicaragua-Deutschen, unterläßt jedoch Angaben über das Einwanderungsjahr bzw. den Einwanderungszeitraum.

Im Kapitel III "Mittelamerika und die deutschen Kolonisationsbewegungen des 19. Jahrhunderts" (S. 88-105) erörtert Schottelius die verschiedenen Strömungen der deutschen Kolonialpolitik und die Publikationen ihrer Vertreter. Außerdem zeigt er die ständig zunehmende Neigung der deutschen Kolonisationspolitik auf, die Auswanderung nach handels- und machtpolitischen Gesichtspunkten zu lenken. Dabei untersucht der Verfasser ausführlich die Hintergründe des Lenkungsgedankens in Anbetracht der raschen Assimilierung deutscher Nordamerika-Auswanderer und des ständigen Vordringens Nordamerikas und Englands in Mittelamerika. Dann beschäftigt sich Schottelius mit den Mängeln der deutschen Kolonisationsprojekten in organisatorischer, finanzeller und politischer Hinsicht und mit der Rolle Preußens und der Hansestädte, die einer zentralamerikanischen Kolonisation aus verschiedenen Gründen ablehnend gegenüberstanden.

Anschließend ist zu betonen, daß Schottelius die deutschen Kolonisationsprojekte in Zentralamerika nicht isoliert dargestellt hat, sondern sie in Zusammenhang mit der Loslösung Zentralamerikas von Spanien und den Machtkämpfen der großen Staaten gesehen hat. Auch die Erwähnung der deutschen Kolonisationsprojekte im Rahmen der kolonisationspolitischen Bestrebungen beweist eine zusammenhängende Darstellungsweise. Ein weiteres Verdienst des Verfassers ist es (unabhängig von den allgemeinen Faktoren, die einer europäischen Kolonisation im tropischen Tiefland Mittelamerikas entgegenstanden), die speziellen Ursachen für das Scheitern der einzelnen Kolonisationsversuche in allen Einzelheiten ermittelt zu haben. Hervorzuheben ist ferner, daß Schottelius die spärlichen zeitgenössischen Berichte über die deutsche Auswanderung nach Zentralamerika gesammelt hat und die Aussagekraft seiner Arbeit durch die Heranziehung umfangreicher und ergänzender deutscher Archivalien zusätzlich erhöht hat. Schottelius arbeitete in folgenden deutschen Archiven und Bibliotheken: Preußisches Geheimes Staatsarchiv Berlin-Dahlem, Brandenburgisches Provinizialarchiv, Brandenburgisch-Preußisches Hausarchiv Berlin-Charlottenburg, Archiv der Reichshauptstadt Berlin und Commerzbibliothek Hamburg. Außer der deutschen Sekundärliteratur hat Schottelius auch einige spanische, englische und französische Veröffentlichungen verwendet. Zudem konnten interessante Informationen durch die Heranziehung verschiedener Artikel aus Zeitungen, insbesondere Auswanderungszeitungen, gewonnen werden. Als Kritik bleibt lediglich anzumerken, daß Schottelius die deutsche Auswanderung nach Panama[1] übersehen hat und keine zentralamerikanischen Archive konsultiert hat.

3.1.2.1. Guatemala

Für Guatemala ist zuerst die Arbeit von Adrian Rösch[2] anzuführen. Rösch berichtet über die Namen, Berufe und Leistungen (insbesondere auf dem Gebiet der Kaffeeplantagen) der deutschen Einwanderer in Guatemala von 1868 bis 1930. Statistiken oder spezielle Problembesprechungen finden sich in diesem Buch nicht. Die Grundlagen für die Veröffentlichungen basieren auf Protokollbüchern des Deutschen Vereins zu Coban, Berichten der Siedler und eigenen Beobachtungen, nicht jedoch auf Sekundärliteratur. Eine weitere Arbeit über die Deutschen in der Alta Verapez ist in Form einer Aufsatzsammlung[3] erschienen. Die Aufsätze befassen sich mit der Geschichte der deutschen Kolonie bis 1938. Einer dieser Aufsätze enthält auch spezielle Ergänzungen (über die Veränderungen des Deutschtums in Verapaz seit 1931) zu dem eben rezensierten Buch von Rösch. Den wichtigsten Teil des Buches bilden die Tafeln am Schluß des Buches, die Auskunft geben über alle Deutschen, die sich seit 1879 in der Alta Verapaz aufgehalten haben. Diese Aufzählungen werden ergänzt durch Angaben der Herkunftsorte, der Ankunftszeit in Guatemala, der Berufe und z. T. der Rückwanderung. Der größte Teil der ebengenannten Informationen stammen von einer Blätter-Sammlung des ehemaligen Konsuls Martin Frey, die auch viele Beiträge zur Sippenkunde liefert. Außer der Blätter-Sammlung von Frey und dem Buch von Rösch werden in der Aufsatzsammlung keine weiteren Quellenhinweise gegeben.

---

1) vgl. dazu die Arbeit von Hassert und Lutz
2) Adrian Rösch: Allerlei aus der Alta Verapaz. Bilder aus dem deutschen Leben in Guatemala 1868-1930. Stuttgart 1934, 106 S.
3) Deutschtum in der Alta Verapaz. Erinnerungen. Hrsg. anläßlich des 50-jährigen Bestehens des Deutschen Vereins zu Coban, Guatemala. Stuttgart 1938, 74 S.

Bezüglich der deutschen Einwanderung und der deutschen Kolonisationsversuche in Guatemala ist ferner Kapitel II.1. "Die deutsch-belgische Kolonie von Santo Thomas" (S. 24-50) des Werkes von Schottelius heranzuziehen. Außerdem ist auf die Veröffentlichung von Gerhard Enno Buss[1] hinzuweisen. Diese Arbeit enthält einen kurzen Bericht über den besonderen Charakter der deutschen Einwanderung in Guatemala (Perioden, Berugsgruppen, Dauer und Art der Siedlungen usw.) für den Zeitraum von 1821 bis 1937. Im Anschluß an diesen Bericht beschäftigt sich der Verfasser ausführlich mit der Kolonie in der Alta Verapaz (Zu- und Abwanderungen, Herkunftsgebiete und Altersstruktur der Einwanderer; Tropenkrankheiten und Akklimatisation in Guatemala) für die Zeit von 1882 bis 1938. Die Arbeit von Buss basiert u.a. auf z. T. rezensierten Arbeiten von Karl Sapper, Hugo Grothe, Adrian Rösch und Schottelius und auf einer dreimonatigen Studienreise in Guatemala im Jahre 1938.

3.1.2.2. Republik Honduras (Mosquitoküste)

Hier ist die Arbeit von H. G. Schneider[2] zu erwähnen, die über die Geschichte der Herrnhuter Brüdermission, ihr Leben und Wirken in Mosquitia von 1849 bis 1898 berichtet. Wichtig an der Veröffentlichung von Schneider ist vor allem die auf S. 138 bis S. 143 befindliche Liste der deutschen Missionare (die von 1849 bis 1898 als Pfarrer tätig waren) mit Angabe ihres Herkunftsortes, ihres Geburtsjahres und ihres in Deutschland ausgeübten Berufes. Die Arbeit von Schneider sollte vor allem deshalb herangezogen werden, weil Schottelius in dem für Mosquitia bestimmten Kapitel II.2. "Die Versuche an der Mosquitoküste" (S. 50-70), das die wichtigste Darstellung über die deutsche Auswanderung nach der Mosquitoküste enthält, nur andeutungsweise auf die Tätigkeit der Herrnhuter Brüdermission eingeht.

Über die mennonitische Kolonisation in Britisch Honduras seit 1958 gibt der Appendix (S. 331 bis 367) in der Arbeit von Sawatzky Auskunft.

---

1) Gerhard Enno Buss: Zur Biologie des Deutschtums in Guatemala. O.O. 1942 (Aus dem Institut für Schiffs- und Tropenkrankeiten), 30 S.
2) H. G. Schneider: Moskito. Zur Erinnerung an die Feier des fünfzigjährigen Bestehens der Mission der Brüdergemeine in Mittelamerika. Herrnhut 1899

3.1.2.3. Nicaragua

Hier ist zuerst auf die Arbeit von Alexander von Bülow[1] hinzuweisen, die ohne Angabe von Quellen auf die Technik der Kolonisation in Nicaragua und auf die Ziele bzw. Aufgaben der "Berliner Colonisationsgesellschaft für Central-Amerika" eingeht, ohne jedoch die Auswanderung an sich zu besprechen. Die ebenfalls in der Mitte des vorigen Jahrhunderts erschienene Veröffentlichung von C. F. Reichardt[2] enthält auf S. 252-282 den Abschnitt "Die deutsche Auswanderung nach Nicaragua" mit allgemeinen Bemerkungen über mißglückte deutsche Kolonisationsversuche, über vereinzelte Auswanderung und geschlossene Kolonien, ohne aber konkrete Angaben zu machen. Im Nachtrag (S. 286-296) geht Reichardt auf das 1852 begonnene Siedlungsprojekt der "Berliner Colonisationsgesellschaft von Central-Amerika" und auf die Kolonisationspolitik Nicaragua's ein. Die Arbeit von Reichardt stützt sich auf Reiseaufzeichnungen (ohne Jahresangabe) und enthält keine Angaben über sonstige Quellen. Neben den zwei eben rezensierten Arbeiten der zeitgenössischen Auswanderungs- und Kolonisationsliteratur sollte man den Abschnitt II.3. "Costa Rica und Nicaragua als Ziele der deutschen Einwanderung - Die Deutsche Colonisationsgesellschaft für Centralamerika" (S. 71-87) des Werkes von Schottelius konsultieren. Außerdem ist noch auf den Aufsatz von Alberto Vogel [3] hinzuweisen.

3.1.2.4. Costa Rica

Für die deutsche Auswanderung nach Costa Rica steht neuere Literatur zur Verfügung. Allerdings ist hier zu bemerken, daß die Veröffentlichung über die Kolonisation in Costa Rica leider keine brauchbaren Informationen zur deutschen Auswanderung liefern, weil die Agrarkolonisation in Costa Rica in erster Linie von der einheimischen bäuerlichen Bevölkerung getragen wurden.[4]

Wiederum ist hier auf den Abschnitt II.3. des Werkes von Schottelius hinzuweisen. Außerdem ist ein kurzer Aufsatz von Werner F. Leopold [5] vorhanden. Dieser (schon ca. 1930 geschriebene,

---

1) Alexander von Bülow: Der Freistaat Nicaragua in Mittel-Amerika und seine Wichtigkeit für den Welthandel, den Ackerbau und die Colonisation. Berlin 1849
2) C. F. Reichardt: Nicaragua - Nach eigener Anschauung im Jahre 1852 und mit besonderer Beziehung auf die Auswanderung nach den heißen Zonen Amerikas. Braunschweig 1854, 296 S.
3) Alberto Vogel: Los Alemanes en Nicaragua. In : Nicaragua Rotar ia-órgano de publicidad de los Clubes Rotarios de Nicaragua, Nr. 21, Januar 1963
4) vgl. zu dieser Problematik die Arbeit von Gerhard Sandner: Agrarkolonisation in Costa Rica (Schriften des Geographischen Instituts der Universität Kiel, Bd. XIX, Heft 3) Kiel 1961
5) Werner F. Leopold: Der Deutsche in Costa Rica. In: Hamburger Wirtschaftschronik. Forschungen und Berichte aus dem Hanseatischen Lebensraum, Bd. 3. 1966, Heft 2, S. 113-114

aber erst 1966 veröffentlichte) Aufsatz beschreibt Anfänge und Entwicklung der vereinzelten deutschen Auswanderung nach Costa Rica (seit ca. 1820 bis 1920), wobei insbesondere auf die Gruppeneinwanderung in die Bülow'sche Siedlung eingegangen wird. In der ohne Quellenverweise geschriebenen Arbeit befaßt sich Leopold noch mit den Ursachen der deutschen Auswanderung, den Leistungen der Deutschen in Costa Rica und mit ihrem Einfluß auf Kleinhandel, Handwerk und Landwirtschaft. Die neueste Veröffentlichung über die deutsche Auswanderung nach Costa Rica findet sich in Abschnitt II.E. (S. 137-141) des Werkes von Hendrik Dane.

3.1.2.5. Panama

Ausführungen über eine deutsche Auswanderung nach Panama konnten nur in der bereits erwähnten Veröffentlichung von K. Hassert und O. Lutz vorgefunden werden.

3.1.3. Westindien

Hier ist ein Aufsatz von Wahrhold Drascher[1] zu nennen, der sich mit der deutschen Auswanderung nach Jamaika für den Zeitraum 1834 bis 1842 befaßt, in dem 1000 bis 1500 Deutsche aus der Wesergegend und aus Hannover nach Jamaika ausgewandert sind. Infolge des ungewöhnlichen Klima's konnte sich nur e i n e geschlossene deutsche Siedlung (Seaford Town) erhalten. Die wichtigsten Quellen waren für Drascher Aufsätze aus den Zeitschriften "Der Auslanddeutsche" und "Caritas" sowie ein Protokollbuch aus den Jahren 1836/42. Hinzuweisen ist noch auf die Aufsätze von Hermann Kellenbenz[2] über Archive und neuere Literatur der karibischen Inseln. Dort gibt Kellenbenz z.T. vereinzelte Anmerkungen zur historischen Literatur, die sich[3] u.a. auch mit der Einwanderung auf die karibischen Inseln befaßt. Kellenbenz erwähnt auch , daß die Arbeiten von Engelsing und Clinton V. Black[4] Informationen über die deutsche Jamaika-Auswanderung enthalten.

---

1) Wahrhold Drascher: Deutsche Siedlungen auf Jamaica. In: Iberoamerikanisches Archiv, Berlin-Bonn, Jg. 6.1932/33, Heft 1, S. 84-90
2) Hermann Kellenbenz: Von den karibischen Inseln. Archive und neuere Literatur, insbesondere zur Geschichte von der Mitte des 17. bis zur Mitte des 19. Jahrhunderts. In: Jahrbuch Lateinamerika, 5.1968, S. 378-404; 6.1969, S. 452-469 und 7.1970, S. 381-410 (zit. H. Kellenbenz 1, 2, 3)
3) vgl. H. Kellenbenz 1, S. 400 und H. Kellenbenz 3, S. 409
4) Clinton V. Black: The Story of Jamaica from Pre-history to the Present. Revised Edition. London 1965, 255 S.

3.2. Kolumbien, Venezuela und Guayana

3.2.1. Kolumbien

Für Kolumbien konnte als jüngste, aber trotzdem völlig unbefriedigende Arbeit die Veröffentlichung von Otto Bürger [1] ermittelt werden. Bürger beschreibt im dritten Abschnitt "Einwanderung" (S.357-366) seines Buches die Ursachen für die geringe Einwanderung nach Kolumbien und geht auch auf geplante deutsche Siedlungsversuche ein. Ansonsten macht er keine weiteren Angaben zur deutschen Einwanderung, so daß für Kolumbien der Stand der Auswanderungsforschung als sehr schlecht anzusehen ist. Die Arbeit von Bürger stützt sich auf wirtschaftlich und geographisch orientierte Literatur des frühen 20. Jahrhunderts und basiert auf keiner einzigen Veröffentlichung über die Auswanderung. Ebenfalls völlig unzureichend ist die Arbeit von Rafael Herrán [2], die neben praktischen Ratschlägen für Auswanderer lediglich Auskunft über die kolumbianischen Einwanderungsvorschriften und -gesetze (für die Zeit von 1888-1920) erteilt. Die Arbeit von Herrán enthält keine Quellenangaben oder Wanderungsstatistik. Hinzuweisen ist auf die neuere Arbeit von Horacio Rodriguez Plata, [3] die jedoch mehr sozial-ökonomisch und weniger historisch ausgerichtet ist.

3.2.2. Venezuela

Da sich in Venezuela als einzige geschlossene deutsche Siedlung die Kolonie Tovar erhalten hat, befaßt sich die meiste Literatur über die deutsche Auswanderung mit eben dieser Kolonie. Das gilt gleich für die als erste zu rezensierende Arbeit von W. Sievers [4]. Auf S. 79-81 seines Buches geht Sievers kurz auf die Gründung der Kolonie Tovar im Jahre 1839, ihre Entwicklung bis 1892 und auf den deutschen Anteil am wirtschaftlichen Leben von Caracas ein, wobei sich Sievers ausschließlich auf Reiseerlebnisse und -notizen aus dem Jahre 1892 stützt. Eine weitere Veröffentlichung über Tovar kommt von Hermann Ahrensburg [5], der die Entstehungsgeschichte der Kolonie seit 1843 schildert und die Weiterentwicklung dieser Kolonie bis 1916 berücksichtigt.

---

1) Otto Bürger: Kolumbien. Leipzig 1922 (zit. O. Bürger 1)
2) Rafael Herrán: Kolumbien. Ein Handbuch. Allgemeinverständliche Beschreibung der kolumbianischen Landes- und Wirtschaftsverhältnisse unter besonderer Berücksichtigung der Einwanderungsfrage. Glückstadt und Hamburg 1927, 259 S.
3) Horacio Rodriguez Plata: La Inmigración alemana al Estado soberano de Santander en el siglo XIX. Repercusiones socioeconómicas de un proceso de transculturación. Bogotá 1968, 273 S.
4) W. Sievers: Venezuela und die deutschen Interessen (Angewandte Geographie, Serie 1, Heft 3) Halle 1903
5) Hermann Ahrensburg: Die deutsche Kolonie Tovar in Venezuela. Jena 1920, 27 S.

Dabei nennt der Verfasser auch die wichtigsten Herkunfsorte der deutschen Siedler (alemannische Bauern aus dem Breisgau zwischen Kaiserstuhl und Schwarzwald).Ansonsten befaßt sich Ahrensburg mit der Verwaltung der Kolonie, der Bewahrung der Kultur, dem Schulwesen in Tovar usw.. Ahrensburg stützt sich auf seine Reiseberichte aus den Jahren 1916 und 1917 sowie auf im 19. Jahrhundert erschienenen Veröffentlichungen über Tovar. Eine vom Reichswanderungsamt herausgegebene Arbeit[1] enthält das venezolanische Einwanderungs- und Kolonisationsgesetz des Jahres 1918 ohne jegliche Kommentare.Im Vorwort dieses Heftes wird jedoch vor den zu optimistischen Einschätzungen einzelner Gesetzespassagen gewarnt, was besonders die Gewährung von freier Fahrt und kostenloser Landzuweisung betroffen hat. Bei seiner Arbeit über Venezuela geht Otto Bürger [2] im dritten Abschnitt Einwanderung" (S. 252-262) auf die deutschen Kaufleute und Gewerbetreibende in den deutschen Kolonien von Caracas, Maracaibo, Valencia u.a. sehr allgemein ein. Ebenso nur allgemeine Berücksichtigung findet die Kolonie Tovar (Entwicklungsgeschichte und Herkunft der Siedler). Bürger stützt seine Ausführungen auf die hier nicht besprochene Arbeit von Louis Glöckler [3] und auf geographisch und wirtschaftlich orientierte Veröffentlichungen über Venezuela. Für die Venezuela-Auswanderung brauchbar ist ferner der Abschnitt "Venezuela" (S. 111-122) in der Arbeit von Grothe. Ein neuer spanischsprachiger Aufsatz stammt von Walter Dupouy.[4] Dieser Aufsatz behandelt vermutlich Probleme der Transkulturation, Assimilation und sonstige anthropologische Fragestellungen der beiden deutschen Siedlungen in Venezuela und in Peru. Dupouy bringt auch Hinweise auf die Namen der wichtigsten Einwanderer. Der Aufsatz von Dupouy stützt sich auf mehrere spanischsprachige und zwei deutschsprachige Aufsätze, die in der Mehrzahl anthropologisch orientiert sind und auf das Buch von Schmid-Tannwald[5]. Ein von Günther Leichner [6] verfasster Aufsatz behandelt war nicht direkt die Auswanderung, berichtet aber über die Erhaltung der deutschen Kultur und ihrer Ursachen in der Kolonie Tovar. Die kurze Abhandlung von Leichner stützt sich auf einen Reisebericht des Verfassers.

---

1) Einwanderungs- und Kolonisationsgesetz der Vereinigten Staaten von Venezuela vom 20. Juni 1918. Hrsg. im Auftrag des Reichswanderungsamtes (Auskunftshefte für deutsche Auswanderer. Übersichtliche Darstellung in den Auswanderungsländern, Heft Nr. 6) Berlin 1921, 31 S.
2) Otto Bürger: Venezuela. Leipzig 1922 (zit. O. Bürger 2)
3) Louis Glöckler: Venezuela und die deutsche Auswanderung dorthin. Schwerin 1850
4) Walter Dupouy: Analogias entre la Colonia Tovar, Venezuela, y la Colonia de Pozuzo en le Peru. In: Boletin de la Asociación cultural Humboldt, 1968, Heft 4, Caracas 1969, S. 91-117
5) siehe Rezensionsnachweis
6) Günther Leichner: In Venezuela liegt ein Schwarzwalddorf. Hundertjährige Isolierung. In: Globus, München, 3.1971, 4., S. 17

3.2.3. Guayana

Eine sehr frühe Arbeit kommt von A. Kappler [1], der sich aber nur kurz (S. 323-327) mit dem mißglückten Versuch einer deutschen Holzunternehmung beschäftigt, in den Jahren 1853 bis 1856 unter Beteiligung von schwarzwälder Holzfällern in Surinam (Holländisch Guayana) Fuß zu fassen. Die Veröffentlichung von Kappler stützt sich auf seine eigenen Erlebnisse in Surinam und enthält keine Quellenangaben. Im Kapitel III. des Artikels "Guayana" im Handwörterbuch des Grenz- und Auslanddeutschtums [2] wird im Rahmen der "Geschichte des Deutschtums" sehr allgemein auf die Kolonisationsversuche der wenigen deutschen Einwanderergruppen in Holländisch, Britisch und Französisch Guayana eingegangen, wobei das Scheitern dieser Kolonisationsversuche zu Anfang des 19. Jahrhunderts nicht näher analysiert wird. Der Artikel "Guayana" stützt sich auf die Arbeit von A. Kappler und auf Zeitschriftenaufsätze aus dem 19. Jahrhundert. Ein Aufsatz von H. Kellenbenz [3] behandelt zwar nicht direkt die Auswanderung, enthält aber nützliche Hinweise auf die Namen der deutschen Plantagenbesitzer und Kaufleute in Surinam, z. T. mit Angabe ihrer Herkunftsorte. Der Verfasser stützt sich auf deutsche und holländische Sekundärliteratur, auf Archivalien des Zentralarchivs Paramaribo (Surinam) und sonstige in Surinam befindlichen Quellen. Außerdem verwertete Kellenbenz Almanachangaben, Zeitungsnotizen und Notariatsanträge (insbesondere für die Namens- und Berufsermittlung der Deutschen).

3.3. Brasilien

3.3.1. Gesamt-Brasilien

Ein früher und brauchbarer Aufsatz zur deutschen Auswanderung nach Brasilien für die Jahre 1820-1870 kommt von Hermann Wätjen. [4] Der Aufsatz befaßt sich mit der unterschiedlichen Beurteilung der Personen des Werbeoffiziers Schäffer in den verschiedenen deutschen Ver -

---

1) A. Kappler: Surinam, sein Land, seine Natur, Bevölkerung und seine Kultur-Verhältnisse mit Beziehung auf Kolonisation. Stuttgart 1887
2) "Guayana". In: Handwörterbuch des Grenz- und Auslanddeutschtums, hrsg. von C. Petersen u.a., Bd. 3, Breslau 1938, S. 109-110
3) Hermann Kellenbenz: Deutsche Plantagenbesitzer und Kaufleute in Surinam von Ende des 18. bis zur Mitte des 19. Jahrhunderts. In: Jahrbuch Lateinamerika, Bd. 3. 1966, S. 141-163 (zit. H. Kellenbenz 4)
4) Hermann Wätjen: Die deutsche Auswanderung nach Brasilien in den Jahren 1820 - 1870. In: Weltwirtschaftliches Archiv. Zeitschrift des Instituts für Weltwirtschaft und Seeverkehr an der Universität Kiel, hrsg. von Bernhard Harms, Bd. 19.1923, Heft 4, S. 595-609 (zit. H. Wätjen 1)

öffentlichungen, mit der Auswandererfürsorge in Bremen und Hamburg und den Zuständen auf den Auswandererschiffen. Außerdem geht Wätjen auf die einzelnen deutschen Koloniengründungen und ihre Entwicklung ein, wobei er charakteristische Schicksale einzelner Kolonisten berücksichtigt. Der Aufsatz von Wätjen stützt sich hauptsächlich auf Akten der Staats- und Handelskammerarchive in Hamburg und Bremen sowie des Karlsruher Generallandesarchivs. Sekundärliteratur wurde vom Verfasser nur geringfügig verwendet. Die erste umfangreichere und ausgezeichnete Arbeit über die deutsche Auswanderung nach Brasilien bis 1859 stammt von Ferdinand Schröder [1]. Er beschreibt die deutsche Einwanderung (Ursachen, Werbung, brasilianische Einwanderungsgesetzgebung) und Kolonisation vom Beginn des 19. Jahrhunderts bis 1848 im Kapitel 2 (S. 23-59). In Kapitel 3 (S. 60-123) beschäftigt sich Schröder mit dem Einwanderungszeitraum von 1848-1859, wobei er die brasilianische Kolonisationsgesetzgebung, die Koloniengründungen in Rio Grande do Sul und Santa Catarina (einschließlich der Stellungnahme der deutschen Öffentlichkeit zu der brasilianischen Kolonisation) und die Bedeutung der deutschen Legion von 1851 für das Deutschtum berücksichtigt. Zum Schluß (Kapitel 4/S. 124-132) geht Schröder kurz auf die Wirkung der Achtundvierziger Einwanderung auf das schon bestehende Deutschtum Brasiliens ein. Auf S. 80 befindet sich eine statistische Übersicht über die jährliche deutsche Einwanderungszahl in Brasilien von 1848-1859 mit zusätzlichen Angaben über die Aufteilung der deutschen Einwanderer in die Provinzen Rio Grande do Sul und Santa Catarina. Die Statistik basiert auf Informationen aus der Sekundärliteratur. Das Buch von Schröder stützt sich neben den fast vollständig gesammelten deutschen Veröffentlichungen auf die in anderen Publikationen noch nicht berücksichtigten brasilianischen Quellen (Veröffentlichungen des Staatsarchivs und des statistischen Amtes in Porto Alêgre und Schriften des Geographischen und Historischen Instituts in Rio de Janeiro). Für die brasilianische Kolonisationsgesetzgebung wurden die Gesetzestexte, für die Behandlung der Kolonisationsfrage die brasilianischen Thronreden und sonstige Veröffentlichungen (Berichte des Landesamtes) herangezogen. Die Ausführungen über die Werbung von Auswanderern und ihre Auswanderung selbst basieren auf Archivalien der Staatsarchive Hamburg, Lübeck, Bremen, Berlin, Schwerin, München, Würzburg, Marburg, Karlsruhe, Darmstadt und Hannover. Weitere Informationsquellen waren für Schröder die Allgemeine Hamburger Commerzbibliothek (Konsularberichte), die Hamburger Staats- und Universitätsbibliothek und das Iberoamerikanische Institut in Hamburg. Bezüglich der wolgadeutschen Einwanderung in Brasilien

---

[1] Ferdinand Schröder: Die deutsche Einwanderung nach Südbrasilien bis zum Jahre 1859. Berlin o.J. (1931), 133 S. (zit. F. Schröder 2)

ist die Arbeit von Friedrich W. Brepohl [1] zu nennen. Der Artikel "Brasilien" im Handwörterbuch des Grenz- und Auslanddeutschtums [2] enthält in Abschnitt III. und IV. Hinweise auf das brasilianische Einwanderungswesen und eine Einwanderungsstatistik von 1820 bis 1930, eine Statistik betreffs Verteilung der Deutschsprechenden in den brasilianischen Einzelstaaten von 1850 bis 1935 und eine Geschichte des Deutschtums. Der Artikel basiert auf Veröffentlichungen des frühen 20. Jahrhunderts und auf älterer Literatur. Die statistischen Angaben stammen u.a. von der deutschen amtlichen Statistik und von der amtlichen Statistik der brasilianischen Einwanderungsbehörde in Rio de Janeiro. Zwei Arbeiten über die Rußlanddeutschen in Brasilien sollen nur kurz erwähnt werden. Die erste ist von Josef Bärtle [3] verfaßt und berichtet über das Schicksal, die Siedlungen und die Namen einzelner Wolgadeutschen in Brasilien. Diese Arbeit stützt sich hauptsächlich auf die Schrift von Grothe und die Veröffentlichung von F. W. Brepohl und Fugmann [4]. Die zweite Arbeit von Adolf Eichler [5] beinhaltet eine Karte von 1939 über die rußlanddeutschen Siedlungen in Brasilien und beschreibt Herkunft, Zahl und Einreisezeitpunkt der Rußlanddeutschen in Brasilien. Die Arbeit von Eichler stützt sich kaum auf Sekundärliteratur und bezieht ihre Aussagen von einer Brasilienreise des Verfassers im Jahre 1927.

Die neben der Veröffentlichung von F. Schröder bedeutendste Vorarbeit über die deutsche Auswanderung nach Brasilien kommt von Fritz Sudhaus. [6] Sudhaus möchte die Hintergründe der innerdeutschen Auseinandersetzungen zur Brasilienauswanderung aufzeigen in Verbindung mit ihren Auswirkungen auf das werdende Deutschbrasilianertum. Das Verdienst des Verfassers ist es dabei, die Geschichte des Deutschtums in Brasilien bis zur Jahrhundertwende erstmals zusammenfassend dargestellt zu haben. Im Rahmen der innenpolitischen Meinungsverschiedenheiten geht der Verfasser auch auf die Haltung einzelner Staaten (des Deutschen Bundes) zur Brasilienauswanderung ein. Außerdem behandelt Sudhaus die Versuche zur Lenkung des Auswandererstromes, die Auswanderungspropaganda, das von der Heydt'sche Reskript und die Überwindung der brasilienfeindlichen Haltung der Reichsregierung in den Jahren 1880 bis 1895.

---

1) Friedrich W. Brepohl: Die Einwanderung der Wolgadeutschen in Brasilien (1872-1879). Ponta Grossa 1932
2) "Brasilien". In: Handwörterbuch des Grenz- und Auslanddeutschtums, hrsg. von C. Petersen u.a., Bd. 1, Breslau 1933, S. 505-536
3) Josef Bärtle: Bei den Wolgadeutschen in Brasilien und Argentinien. In: Jahrbuch des Reichsverbandes für die katholischen Auslandsdeutschen. O.O. 1935, S. 269-277
4) siehe Rezensionsnachweis
5) Adolf Eichler: Rußlanddeutsche in Brasilien. O.O. o. J., S. 195-202
6) Fritz Sudhaus: Deutschland und die Auswanderung nach Brasilien im 19. Jahrhundert (Übersee-Geschichte. Bd. 11) Hamburg 1940, 191 S.

Sudhaus berichtet auf S. 66 fälschlicherweise [1], daß Preußen 1849 ein Gesetz zur Konzessionierung von Auswanderungsagenten erlassen hätte. Eine gesetzliche Regelung fand aber erst 1853 statt. [2] Statistiken oder Namenslisten sowie Angaben über einzelne Kolonisationsgebiete in Brasilien fehlen in der Veröffentlichung von Sudhaus nahezu völlig. Die Arbeit von Sudhaus stützt sich weniger auf eigene Quellenforschungen als auf die Zusammenfassung der Inhalte seither (vor 1940) erschienener deutschsprachiger Literatur über die Brasilienauswanderung. Eine in Hamburg veröffentliche Arbeit [3] enthält eine Liste der deutschen evangelischen Kirchen- und Schulgemeinden für die brasilianischen Provinzen Rio Grande do Sul, Santa Catarina, Paraná, São Paulo, Rio de Janeiro, Minas Gerais, Espirito Santa und der Nordstaaten. Interessant für weitere Forschungen könnte dabei sein, daß für jede Gemeinde Angaben enthalten sind über das Jahr ihrer Gründung, über den Bestand an Gründungsakten, über den Bestand von Mitgliederlisten und von Kirchenbüchern. Hilfreich sind auch die Bemerkungen über den Beginn der Führung dieser Unterlagen und über den zeitlichen Umfang dieser Aufzeichnungen. Die Arbeit basiert auf Fragebogenaktionen des Archivs der Hansestadt Hamburg im Jahre 1930 und stellt, mit ihrem nahezu vollständigen Nachweis der vorhandenen Quellen (bezüglich der evangelischen Deutschen in Brasilien) ein wichtiges Hilfsmittel für eventuelle neue geschichtliche bzw. sippenkundliche Forschungen dar. Die in Brasilien veröffentlichte Arbeit von Albert Schmid [4] befaßt sich mit den "Brummern" [5]. Schmid schildert in dem Abschnitt "Die Brummer in der Geschichte des Deutschtums von Rio Grande do Sul" (S. 22-24) den Prozeß der Sesshaftwerdung von 1200-1500 "Brummern" nach der Auflösung der Legion im Jahre 1855, wobei viele Namen und die Leistungen der "Brummer" in Brasilien beschrieben werden. Auf S. 29 befinden sich viele Quellenangaben zur Geschichte der "Brummer". Der Verfasser stützt sich hauptsächlich auf die Aufsätze von Friedrich Sommer. [6] Auf eine weitere Arbeit von Albert Schmid [7] soll hier nur hingewiesen werden. Eine portugiesischsprachige Veröffentlichung zur Einwanderung und Kolonisation in Brasilien kommt von J. Fernando

---

1) vgl. Diplomarbeit Puchta, a.a.O., S. 87
2) vgl. v. Philippovich, S. 441 ff; vgl. dazu auch Zimmermann, S. 408 (beide Werke siehe Rezensionsnachweis)
3) Verzeichnis der Gemeinden und Register der evangelischen Deutschen in Brasilien (Archiv der Hansestadt Hamburg. Bunte Reihe, Heft 2) Hamburg 1941, 87 S.
4) Albert Schmid: Die Brummer - Eine deutsche Fremdenlegion in brasilianischen Diensten gegen Rosas. Porto Alegre 1949 (zit. A. Schmid 1)
5) "Brummer" ist eine Bezeichnung für die nach Beendigung des schleswig-holsteinischen Krieges für Brasilien angeworbenen Soldaten; eine ausführliche Schilderung der Entstehung des Namens findet sich bei A. Schmid 1: a.a.O., S. 22
6) Friedrich Sommer: Die Brummer in der deutschbrasilianischen Geschichte. In: Der Auslandsdeutsche, Nr. 21 und Nr. 22, Stuttgart 1926 (zit. F. Sommer 1)
7) Albert Schmid: Deutsches Söldnerschicksal in Brasilien. Die Fremdenbataillone des Kaisers Dom Pedro I., ihre Revolte und ihre Auflösung. Pôrto Alegre 1951 (zit. A. Schmid 2)

Carneiro[1]. Der erste Teil dieser Arbeit beschäftigt sich mit der deutschen, italienischen und japanischen Einwanderung, ihren zeitlichen Phasen und den brasilianischen Motiven und Bedürfnissen im Zusammenhang mit der Einwanderung. Der zweite Teil des Buches ist der Kolonisation gewidmet. Am Schluß des Buches befindet sich eine brasilianische Einwanderungsstatistik, die ab 1824 bis 1947 die jährlichen Einwanderungszahlen für sämtliche eingewanderten Nationalitäten (einschließlich dem deutschen Anteil) jeweils angibt. Für die Statistik konnten keine exakten Quellenangaben bei Carneiro gefunden werden. Im allgemeinen stützt sich Carneiro auf brasilianische Quellen und brasilianische Sekundärliteratur. Der von Karl H. Oberacker jr. verfaßte Aufsatz[2] über die sozialgeschichtliche Bedeutung der deutschen Einwanderung in Brasilien befaßt sich hauptsächlich mit den Schwierigkeiten der Integration deutscher Einwanderer in brasilianische Verhältnisse und basiert auf brasilianischer Sekundärliteratur.

Der Aufsatz von Manfred Kuder [3] enthält einen guten Überblick über den Charakter der deutschen Einwanderung und Kolonisation in Brasilien (Berufszusammensetzung der Einwanderer, Siedlungsarten, Rodungskolonisation, Erfolge und Mißerfolge einzelner Kolonien usw.) . Außerdem findet sich in diesem Aufsatz eine Aufstellung "Verteilung der Deutschsprechenden auf die brasilianischen Staaten von 1935" (Schätzung) und eine Tabelle der wichtigsten Siedlungen und Städte mit deutschstämmiger Bevölkerung. Dieser Aufsatz von Kuder stützt sich u. a. auf Schriften von F. Sudhaus, K. H. Oberacker und E. Schaden. In einer sehr umfangreichen soziologisch-geschichtlichen Untersuchung behandelt K. H. Oberacker jr. [4] den deutschen Beitrag zum "Werden" der brasilianischen Nation auf den Gebieten der Wissenschaft, Wirtschaft, Landwirtschaft, Politik und Kultur von 1500 bis ca. 1940. Die deutsche Einwanderung wird dabei nur sehr allgemein behandelt, wobei der Schwerpunkt auf den berühmten Einzelpersönlichkeiten liegt. Diese Arbeit von Oberacker stützt sich neben Material aus dem Hans-Staden-Institut (São Paulo) auf umfangreiche deutsche und brasilianische Literatur und viele Berichte aus Zeitungen und Zeitschriften. Eine aus brasilianischer Sicht erstellte Studie von Fernando Bastos de Avila[5] beschäftigt sich mit dem

---

1) J. Fernando Carneiro: Imigração e colonisação no Brasil. Rio de Janeiro 1950, 73 S. (mit deutscher Zusammenfassung)
2) Karl H. Oberacker jr.: Die sozialgeschichtliche Bedeutung der deutschen Einwanderung in Brasilien. In: Staden-Jahrbuch, Bd. 2.1954, S. 175-180 (zit. K.H. Oberacker 1)
3) Manfred Kuder: Die wirtschaftliche, soziale und kulturelle Bedeutung der deutschen Einwanderung für Brasilien. In: Geographische Rundschau, Jg. 6, Heft 12, Braunschweig 1954, S. 480-485 (zit. M. Kuder 1)
4) Karl Heinrich Oberacker jr.: Der deutsche Beitrag zum Aufbau der brasilianischen Nation. Sao Paulo 1955, 448 S. (zit. K.H. Oberacker 2)
5) Fernando Bastos de Avila: L'imigration au Bresil. Contribution à une theorie générale de l'imigration. Institut international catholique de recherches socio-ecclesiales, Genève (Coleção do Instituto de estudos politicos e sociais, Pontificia Univ. católica do Rio de Janeiro, No. 2) Rio de Janeiro 1956, 223 S. (zit. F. B. de Avila 2)

Einfluß der Einwanderung auf die demographische, ökonomische und soziologische Struktur Brasiliens und untersucht diese Fragestellung aufgrund der historischen Entwicklung der Einwanderung. Dabei wird die Einwanderung allgemein betrachtet, ohne ausführliche Besprechung des deutschen Anteils. Zudem widmet sich diese Studie hauptsächlich der Zeit nach 1930, da ab diesem Zeitpunkt genauere Statistiken über die zu untersuchenden Phänomene vorliegen. Die Studie von Avila stützt sich vorwiegend auf umfangreiche englische, französische und brasilianische Literatur und auf Studien der UNO und ihrer Unterorganisationen. Die Statistik basiert auf amtlichen brasilianischen Quellen, UNO-Quellen und auf der "Chronique mensuelle des Migrations. Genf." Eine spezielle Arbeit über die Mennoniten in Brasilien stammt von Fritz Kliewer [1].

Obwohl vorher schon verstreut Mennoniten nach Brasilien kamen, beginnt die eigentliche Geschichte der mennonitischen Einwanderung erst 1930 mit der Gründung der geschlossenen Kolonien in St. Catarina, im Kraueltal und im Bezirk Hansa-Hammonia. Im Verlauf der Abhandlung schildert Kliewer die Entstehung und Entwicklung der Kolonie Witmarsum (Kraueltal) und ihrer Nachbarorte, die Auflösung von Witmarsum (um 1948) und die anschließende Umsiedlung der Mennoniten nach den Weizengegenden von Rio Grande do Sul und Paraná. Die Arbeit von Kliewer, die auch aktuelle Berichte über die Mennoniten der 50er Jahre enthält, stützt sich im wesentlichen auf Veröffentlichungen von W. Quiring und B. H. Unruh. Hinzuweisen ist hier auch auf die brasilianische Arbeit von Guilherme Auler [2], die umfangreiche Namenslisten enthält. Der englischsprachige Aufsatz von T. G. Jordan [3] beschreibt zuerst die Ursachen der deutschen Einwanderung in Brasilien aus deutscher und brasilianischer Sicht. Dann geht Jordan auf die Probleme ein, die aus der neuen physikalischen und kulturellen Umgebung für die Auswanderer entstanden waren. Zuletzt widmet sich der Verfasser dem Prozess der landwirtschaftlichen Waldkolonisation. Der Aufsatz stützt sich hauptsächlich auf Arbeiten von A. Hettner, R. Maack und E. Willems. Die Zusammenstellung von Gerd Kohlhepp [4] enthält übersichtliche Kurzdarstellungen der Beiträge einzelner Wissenschaftler zum "I. Colóquio de Estudos Teuto-Brasileiros" [5] (24.-31. Juli 1963) in Pôrto Alegre/RGdS). Dieses interdisziplinäre Kolloquium hatte sich zur Aufgabe gestellt, den deutschen Beitrag an der Entwicklung Brasiliens zu analysieren, unter Berücksichtigung der deutschen Einwanderung. In dem Aufsatz von Kohlhepp findet man ausgezeichnete Hinweise auf die neuere

1) Fritz Kliewer: Die Mennoniten in Brasilien. In: Staden-Jahrbuch, Bd. 5.1957, S. 233-246
2) Guilherme Auler: A companhia de operários, 1839-1843. Subsidios para o estudo da emigração germanica no Brasil. Pref. de Gilberto Freyre. Recife: Arquivo Público Estadual 1959, 109 S.
3) T. G. Jordan: Aspects of German colonization in southern Brazil. In: The southwestern social science quart, 42.1962, S. 346-353
4) Gerd Kohlhepp: Neue Untersuchungen über die deutsch-brasilianischen Bevölkerungen. Sonderdruck aus: Geographische Zeitschrift. Begründet von Alfred Hettner, hrsg. von A. Kolb u.a., Jg. 53, Heft 1, Wiesbaden 1965, S. 61-73 (zit. G. Kohlhepp 1)
5) Die unveröffentlichte Manuskripte dieser und der weiteren (bis in die Mitte der 70er Jahre reichenden) deutsch-brasilianischen Kolloquien befinden sich vermutlich im Hans-Staden-Institut (São Paulo). Die Kolloquien befassen sich u. a. mit der deutschen Einwanderung und Akkulturation

bzw. neueste deutsche und brasilianische Literatur zur deutschen Einwanderung und Kolonisation sowie Hinweise auf brasilianische Archive, die Quellen zur deutschen Einwanderung enthalten. Ein ausgezeichneter monographischer Aufsatz von Karl H. Oberacker [1] beschreibt übersichtsartig die deutsche Kolonisation in Brasilien (Gründung und Entwicklung der deutschen Kolonien, Berufe und Herkunftsgebiete der Kolonisten) für die Zeit von 1840 bis 1890. Außerdem zeigt der Verfasser die Unterschiede zwischen der deutschen und der portugiesischen Kolonisation auf. Die deutsche Kolonisation und ihre Auswirkungen wird ebenfalls behandelt in der unpublizierten Arbeit von Karl Fouquet [2]. Ein nicht direkt zur deutschen Auswanderung gehöriges Werk soll hier kurz erwähnt werden. Es ist von Käte Harms-Baltzer [3] verfaßt und beschäftigt sich mit der "Nationalisierung" der deutschen Einwanderer, enthält aber in der Einleitung "Die deutschen Einwanderer und ihre Nachkommen in Brasilien" (S. 8-14) kurze Hinweise auf Hintergründe und Probleme der deutschen Auswanderung (Ursachen, Berufsgruppen und Akkulturation). Das sehr umfangreiche Literaturverzeichnis enthält auch einige neuere Veröffentlichungen zur deutschen Auswanderung nach Brasilien; die Arbeiten über den Kulturwandel sind jedoch häufiger vertreten. Die brasilianische Veröffentlichung von Basto [4] enthält nur auf den Seiten 11-16 Angaben zur deutschen Einwanderung (Zahl der deutschen Einwanderer von 1836 bis 1968, Einwandererwellen und Koloniennamen). Diese Abhandlung stützt sich u.a. auf Informationen von Prof. Frederico Edelweis vom Historischen und Geographischen Institut Bahia.

Eine wichtige Darstellung über die deutsche Auswanderung nach Brasilien ist in dem Buch von Gerhard Brunn [5] enthalten. Im Kapitel "Deutschland und die Auswanderung nach Brasilien vor dem 1. Weltkrieg" (S. 116-164) geht Brunn im 1. Unterabschnitt "Auswanderungspropaganda" (S. 116-127) auf die Entwicklung der Kolonialpolitik und -propaganda ein. Dabei stellt Brunn fest, daß die meisten Hauptvertreter einer deutschen Kolonialpolitik auf die überseeischen Handelsinteressen und die machtpolitischen Faktoren zur Rechtfertigung ihrer Vorstellungen verwiesen haben. Dann beschäftigt sich Brunn mit der Rolle der kolonialen Vereine und den Werbeschriften

---

1) Karl H. Oberacker: Erste deutsche Kolonisation in Brasilien. In: Südamerika, Jg. 17, Heft 1/2, Buenos Aires 1966/67, S. 38-47 (zit. K. H. Oberacker 3)
2) Karl Fouquet: Deutsche Kolonisation und ihre Auswirkungen. O. O. 1967 (Dieses Manuskript befindet sich im Privatbestiz des Verfassers) (zit. K. Fouquet 1)
3) Käte Harms-Baltzer: Die "Nationalisierung" der deutschen Einwanderer und ihrer Nachkommen in Brasilien als Problem der deutsch-brasilianischen Beziehungen, 1930-1938 (Bibliotheca Ibero-Americana, Bd. 14) Berlin 1970
4) Fernando Lázaro de Barros Basto: Sintese da história de imigração no Brasil. Rio de Janeiro 1970, 88 S.
5) Gerhard Brunn: Deutschland und Brasilien (1889-1914) (Lateinamerikanische Forschungen. Beiheft zum Jahrbuch für Geschichte von Staat, Wirtschaft und Gesellschaft Lateinamerikas, hrsg. von R. Konetzke u. a., Bd. 4) Köln-Wien 1971, 316 S. (zit. G. Brunn 1)

zur Auswanderung, wobei er auch den Widerstand der Presse gegen eine Auswanderung nach Brasilien berücksichtigt ebenso wie die Skepsis der meisten Kaufleute über die angeblichen Vorteile der Auswanderung für den Export. Im Unterabschnitt 2 "Die Stellung der deutschen Regierung zur Auswanderung nach Brasilien. Die Aufhebung des Heydt'schen Reskripts und das Auswanderungsgesetz von 1897" (S. 127-154) befaßt sich Brunn mit der ablehnenden Haltung Bismarck's zur Auswanderung und mit den z. T. gegensätzlichen Stellungnahmen einzelner Ministerien zur Auswanderungsfrage nach dem Sturz Bischmarck's. Brunn geht auch auf den Widerstand der ostelbischen Großgrundbesitzer gegen die Auswanderung ein (die Großagrarier befürchteten einen großen Abfluß von Landarbeitern). Anschließend untersucht Brunn (ausführlicher als v. Delhaes-Guenther[1], aber mit der gleichen Schlußfolgerung) den Einfluß des Heydt'schen Reskripts auf die Zahl der Auswanderung nach Brasilien und erörtert die Ursachen für die, im Vergleich zu der Gesamtauswanderung aus Deutschland, geringen Auswanderungskontingente nach Brasilien. Weiterhin schildert er die Interessenkämpfe verschiedener Personen und Institutionen um einzelne Bestimmungen des Auswanderungsgesetzes von 1897, das u. a. als Instrumentarium zur Lenkung der Auswanderung im Interesse des Mutterlandes betrachtet wurde. Brunn befaßt sich dann mit dem Nachlassen des nationalen Koloniengedankens in den Jahren 1904 bis 1914, zu dem Zeitraum als die Auswanderung nach Brasilien im Vergleich zur Gesamtauswanderung auf 1 % (1871 bis 1903 noch 2,5 %) herabsank.[2] Im Unterabschnitt "Die Hanseatische Kolonisationsgesellschaft und die Entwicklung der Auswanderung bis zum Weltkrieg" (S. 155-164) beschäftigt sich Brunn mit den Ursachen für das Scheitern des großangelegten Kolonisationsversuchs der Hanseatischen Kolonisationsgesellschaft. Als Hauptgründe des Scheiterns ermittelte der Verfasser den Wandel in der beruflichen Schicht des Auswanderers und das ungünstige (unfruchtbare) Kolonisationsgelände. Dann beschreibt Brunn die Aktivitäten der Bundesregierung Brasiliens, die durch den starken Rückgang der europäischen Brasilienauswanderung von 1897-1907 bedingt waren. Die Einwanderungsbestimmungen wurden der Zentralregierung unterstellt, vereinheitlicht und zugunsten der Einwanderer verbessert. Da jedoch das Prinzip der Nationalitätenmischung bei den Staatskolonien eingeführt wurde, meldete sich Kritik aus Deutschland. Zum Schluß geht Brunn auf die im deutschen Reichsgebiet stattgefundene erfolgreiche Werbetätigkeit nicht konzessionierter brasilianischer Auswanderungsagenten ein.

---

1)   siehe Rezensionsnachweis
2)   vgl. G. Brunn 1: a.a.O., S. 153

Im Anschluß an das eben dargestellte Hauptkapitel zur Auswanderung (S. 116-164) folgen zwei mit der Auswanderung indirekt zusammenhängende Kapitel über "Deutschtumspolitik" (S. 165 bis 200) und über "Die 'Deutsche Gefahr'" (S. 201-218). Das erste Kapitel "Deutschtumspolitik" behandelt u. a. auch die Rolle der Vereine, Schule und Kirche für die Erhaltung oder Aufgabe des Deutschtums und gibt Auskunft über den Grad der Assimilierung der Deutsch-Brasilianer, während das zweitgenannte Kapitel "Die 'Deutsche Gefahr'" das brasilianische Mißtrauen gegenüber einer national gelenkten deutschen Auswanderung untersucht. Dieses Mißtrauen entwickelte sich besonders seit der Reichsgründung und wurde durch die Propaganda des Alldeutschen Verbandes verstärkt. Außerdem finden sich in dem Buch von Brunn bei anderen (nicht besprochenen) Kapiteln vereinzelte Hinweise und Ausführungen zur deutschen Auswanderung und Kolonisation, u. a. auch über die Stellung des Deutschtums während des 1. Weltkrieges (das ebengenannte Thema wird von Delhaes-Günther nicht behandelt). Die Ausführungen von Brunn über die deutsche Auswanderung nach Brasilien stützen sich auf Akten des Deutschen Zentralarchivs Potsdam (Abteilung "Auswärtiges Amt"), auf Archivalien der Staatsarchive Hamburg und Stuttgart und des Politischen Archivs des Auswärtigen Amtes Bonn. Als brasilianische Quellen wurden verwandt Materialien aus der "Revista de Imigração e Colonisação" und Archivalien aus dem Arquivo Historico do Itamaraty. Zudem stützt sich Brunn auf deutsche und brasilianische Sekundärliteratur (u. a. auf die Veröffentlichungen von Moenckmeier, Sudhaus, Schröder, F. B. de Avila 2, Carneiro, Schramm [1] und Roche [2]). Die statistischen Angaben bezog Brunn vorwiegend aus den Werken von Moenckmeier und Carneiro. Ein umfangreicher Aufsatz, ebenfalls von Gerhard Brunn [3] verfaßt, enthält ausgezeichnete Ausführungen über sämtliche Aspekte der Einwanderung und Kolonisation im brasilianischen Kaiserreich von 1818 bis 1889 (Einwanderungsgesetzgebung, Motive der Einwanderer, Organisation der Einwanderung usw.), wobei die deutsche Einwanderung gut berücksichtigt wird. Auf S. 306 befindet sich eine Übersicht der im Jahre 1851 in Brasilien bestehenden Kolonien mit Gründungsjahr und Siedlerzahl. Der Aufsatz gibt viele Quellenhinweise auf neuere brasilianische Literatur, ansonsten basiert er im wesentlichen auf der gleichen Literatur wie die Arbeit G. Brunn 1. Ein ebenfalls 1972 veröffentlichtes Werk komm von Karl Ilg[4]. In Teil 1 des Buches (S. 11-110) beschreibt Ilg die Entstehung der deutschen Siedlungen,

---

1) und 2) siehe Rezensionsnachweis
3) Gerhard Brunn: Die Bedeutung von Einwanderung und Kolonisation im brasilianischen Kaiserreich (1818-1889). In: Jahrbuch Lateinamerika, Bd. 9.1972, S. 287-317 (zit. G. Brunn 2)
4) Karl Ilg: Pioniere in Brasilien. Durch Bergwelt, Urwald und Steppe erwanderte Volkskunde der deutschsprachigen Siedler in Brasilien und Peru. Innsbruck-Wien 1972, 223 S.

die Herkunftsgebiete der Kolonisten und die Entwicklung der Kolinisation bis in die Gegenwart (aufgrund von Forschungsreisen in den 60er Jahren). Hier soll auch verwiesen werden auf die französischsprachige Arbeit von Martin Nicoulin [1] über die schweizer Auswanderung nach Brasilien (für die Zeit von 1817 bis 1827) und auf ein portugiesischsprachiges Heft [2] aus dem Jahre 1974, das Namensnennungen deutscher Auswanderer enthält. Über die deutsche Auswanderung nach Brasilien für den Zeitraum von 1815 bis 1870 wird die Arbeit von Jürgen Schneider [3] berichten.

Eine wichtige Veröffentlichung lieferte Carlos Fouquet [4]. Da sich das Buch von Fouquet aber an einen breiten Leserkreis wenden will [5], gibt es nur eine Übersicht über die deutsche Einwanderung und Kolonisation in Brasilien. ohne einzelne Fragestellungen besonders zu untersuchen. Zum größten Teil ist diese Veröffentlichung im populärwissenschaftlichen Stil (entsprechend der Intention eines breiten Leserkreises) geschrieben.Was dennoch die Arbeit von Fouquet auszeichnet, ist die Bearbeitung des Stoffes für G e s a m t - B r a s i l i e n , da die neueren Arbeiten von Roche und von v. Delhaes-Guenther sich vorwiegend mit der Provinz Rio Grande do Sul beschäftigen und andere Arbeiten über die Auswanderung nach Gesamt-Brasilien schon weit zurückliegen [6] und entweder zeitlich [7] oder inhaltlich [8] nicht die gesamte Problematik der deutschen Auswanderung nach Brasilien erfassen oder zu sehr auf berühmte deutsche Einzelauswanderer eingehen [9]. Das Buch von Fouquet kann man als gute Ergänzung der Veröffentlichung Brunn 1 betrachten, weil Fouquet ein breiteres Spektrum der deutschen Auswanderung erfaßt und seine Untersuchung sich bis 1974 erstreckt, während die Arbeit Brunn 1 nur bis zum 1. Weltkrieg geht, aber dafür spezielle Aspekte untersucht.

---

1) Martin Nicoulin: La Genèse de Nova Friburgo. Emigration et colonisation suisse au Brésil 1817 - 1827. Freiburg 1973
2) Sesquicentenário da colonização alema no Brasil. 1824 Nova Friburgo - RJ 1974. Nova Friburgo 1974, 20 S.
3) Jürgen Schneider: Die deutsche Auswanderung nach Brasilien von 1815 bis 1870. Vortrag 1974 in Porto Alegre anläßlich der 150 Jahrfeier der deutschen Einwanderung. Im Druck in: III Colóquio de Estudos teuto-brasileiros. Pôrto Alegre.
4) Carlos Fouquet: Der deutsche Einwanderer und seine Nachkommen in Brasilien 1808-1824-1974 Sao Paulo-Porto Alegre 1974, 264 S. (zit. K. Fouquet 2)
5) vgl. ebenda, Vorwort S. 10
6) vgl. die Arbeiten von Schröder und Sudhaus
7) Schröder's Untersuchung geht nur bis zum Jahre 1859
8) die Arbeit von Sudhaus geht zwar über das gesamte 19. Jahrhundert, befaßt sich aber hauptsächlich mit der Wirkung der Auswanderung auf Deutschland und enthält keine Statistik und keine Berichte über die deutschen Kolonien
9) wie es in der Arbeit K. H. Oberacker 2 teilweise der Fall ist

Im 1. Kapitel untersucht Fouquet kurz die allgemeinen Wanderungsbewegungen nach Brasilien und die Besiedlung Brasiliens seit der Entdeckung Amerikas bis zur Gegenwart. Bei den statistischen Bemerkungen zu diesem Komplex stützt er sich auf die Materialien des Instituto Brasileiro de Geografia e Estastistica (die für den Zeitraum von 1851 bis 1950 umfassen). Ebenfalls kurz erwähnt Fouquet im Kapitel 2 die Vorläufer der deutschen Einwanderung (u.a. Hans Staden, Spix und Martius). Ausführlicher bespricht Fouquet die deutschen Kolonien in den einzelnen brasilianischen Staaten in Kapitel 3 (S. 27-63) unter Einbeziehung der rußlanddeutschen und mennonitischen Siedlungen. Diese Ausführungen befassen sich mit Erfolg bzw. Mißerfolg der Kolonien und ihren Zu- und Abwanderungen. Da die Berichte über die Kolonien übersichtartig dargestellt sind, beschreiben sie nur die wichtigsten Entwicklungslinien und können die selbständig erschienenen Einzel-Kolonienbeschreibungen[1] nicht ersetzen. In Kapitel 4 "Heimat und Auswanderer" (S. 65-92) geht Fouquet zunächst auf die Auswanderungsgründe ein, ohne diese aber in Zusammenhang mit Auswanderungsperioden oder regionalen Auswanderungsursachen zu besprechen. Nach den Auswanderungsursachen diskutiert Fouquet die Haltung der Behörden zur Auswanderung, die Gesetze betreffs Auswanderung (Heydt'sches Reskript und Reichsgesetzt von 1897) und die Schriften über Auswanderung sowie die Stellung der Auswanderung in der Dichtung. In Kapitel 5 "Brasilien und die Einwanderer" (S. 93-137) schildert Fouquet die ersten deutschen Siedlungsgründungen zu Beginn des 19. Jahrhunderts und die Anreize, die der brasilianische Staat dazu gab. Weiterhin bespricht er die Artikel der brasilianischen Verfassung des Kaiserreichs zur Auswanderung aus dem Jahre 1824, die Kolonisationsgesetze von Santa Catarina (1836), von Rio Grande do Sul (1854), von Minas Gerais (1911) und von Sao Paulo (1881/1913). Teilweise äußert er sich über die Rückwirkung dieser Gesetze und über die Rolle der Zentralregierung bei der Gesetzgebung. Weiterhin geht Fouquet ein auf die Einwanderungspolitik Brasiliens nach dem Zusammenbruch der Monarchie und auf die Versuche zur Lenkung der Einwanderungsströme. Nach der Weltwirtschaftskrise suchte die brasilianische Regierung die Einwanderung durch Quoten zu beschränken, um dadurch einen Wandel in der rassistischen Zusammensetzung des brasilianischen Volkes zu vermeiden. Ausführlich widmet sich Fouquet den gesetzgeberischen Maßnahmen der brasilianischen Regierung (in den Jahren 1937-1941) zur Regelung der politischen und kulturellen Rechte der Neueinwanderer und zeigt die groben Entwicklungslinien der brasilianischen Einwanderungsgesetzgebung bis 1967 auf. Dann folgt eine Beschreibung der von Brasilianern geschriebenen belletristischen und wissenschaftlichen Literatur über die deutsche Einwanderung in Brasilien. Fouquet befaßt sich bezüglich der wissenschaftlichen Literatur mit einigen Veröffentlichungen des Staatsarchivs von Rio Grande do Sul, den Büchern von Ernesto Pallanda[2] und Porto Aurelio[3] und verschiedenen Veröffentlichungen von Ferreira José und Gilberto Freyre.

---

1) siehe Punkt 3.3.4.
2) und 3) siehe Rezenionsnachweis

Im Kapitel 6 "Das Ergebnis der Einwanderung" (S. 139 - 228) untersucht Fouquet die Wirkungen der europäischen (insbesondere der deutschen) Einwanderung auf die brasilianische Nation unter brasilianischen Gesichtspunkten. Diese Untersuchung umfaßt im wesentlichen die Bereiche Landwirtschaft, Handel, Industrie, Schulen, Vereinswesen, Kirche, Wissenschaft und Kunst und geht zeitlich bis zur Gegenwart. Die Ausführungen Fouquet's sind teilweise sehr pauschal gehalten, so daß die aufgezeigten Entwicklunglinien des Einflusses der deutschen Einwanderung auf die brasilianische Wirtschaft und Gesellschaft nicht in ihren differenzierten (regionalen) Ausprägungen erkennbar sind. Interessant wäre auch eine (gründliche) Analyse gewesen, die sich mit den Ursachen des (im Vergleich zur Wirtschaft) geringen Einflusses der Deutschen auf die brasilianische Politik befaßt hätte. An Quellenmaterial verwendete Fouquet Veröffentlichungen des Arquivo Nacional, des Arquivo Público Estadual sowie Manuskripte und Veröffentlichungen des Hans-Staden-Instituts. Außerdem zog Fouquet das Manuskript von "Il Colóquio de Estudos Teuto-Brasileiros, Recife 1968" und die Arbeiten von Klaus Becker [1] heran. Die verwendeten Periodika verzeichnete Fouquet auf S. 250-252 (u. a. Boletim Geográfico, Revista do Arquivo Público do Rio Grande do Sul und Staden-Jahrbuch). Im Kapitel "Auswahl aus dem Schrifttum" (S. 237-252) stellte der Verfasser die wichtigsten neueren deutschen und portugiesischen Bücher, Zeitschriften und Artikel zusammen, die Grundlage seiner Arbeit waren. Die bedeutendsten, z. T. hier rezensierten, Veröffentlichungen stammen von G. Auler, W. Aulich, K. Becker, J. Blau, E. Fausel, C. Ficker, K. Harms-Baltzer, G. Kohlhepp, M. Kuder, E. Pellanda, J. Roche und E. Willems. Über die Arbeit von Fouquet ist noch zu sagen, daß sie im Text kaum Fußnoten enthält [2], was eine Überprüfung (bzw. Zuordnung des Inhalts zu den einzelnen Quellen) der verschiedenen Ausführungen Fouquet's erschwert. Insbesondere bei den statistischen Angaben und bei der Diskussion der einzelnen Auswanderungsgründe wären Quellenangaben erwünscht gewesen. Die statistischen Aufstellungen zur deutschen Einwanderung in Kapitel 1 sind nicht zufriedenstellend, wenn man von der Erwartung einer systematischen und zeitlich vollständigen Betrachtungsweise ausgeht. Diese Kritik an der Aufarbeitung des statistischen Quellenmaterials gilt jedoch (mit wenigen Ausnahmen) für die ganze vorhandene Lateinamerika-Auswanderungsliteratur. Erstaunlicherweise behandelt Fouquet die Einwanderung an sich (Einwanderungsperioden, Art der Wanderung bezüglich der jeweiligen Perioden, Wandel in der Struktur der Einwanderung, Ursachen und Konsequenzen der Einwanderung) nicht ausführlich genug und nicht in selbständigen Kapiteln, sondern nur beiläufig.

---

1) Klaus Becker: Enciclopédia Rio Grandense. Canoas 1956-1958, 5 Bände (inzwischen sind weitere Bände erschienen)
2) Fouquet rechtfertigt diese Vorgehensweise mit der populär-wissenschaftlichen Zielsetzung seiner Arbeit. Z. T. gibt Fouquet jedoch im Text vereinzelte (pauschale) Hinweise auf die für bestimmte Fragestellung verwendete Literatur.

Zum Schluß dieses Kapitels 3.3.1. ist anzumerken, daß die unter Punkt 3.3.2. rezensierten Hauptwerke auch Informationen über die deutsche Einwanderung in Gesamt-Brasilien enthalten.

3.3.2. Einzelne Staaten (Provinzen) Brasiliens

3.3.2.1. Rio Grande do Sul

Die deutsche Einwanderung in Rio Grande do Sul (im folgenden abgekürzt RGdS) wird in der Auswanderungsliteratur durch umfangreiche und neueste Untersuchungen gut berücksichtigt, da RGdS mengenmäßig die meisten deutschen Brasilieneinwanderer aufgenommen hat. Eine der ersten brauchbaren Arbeiten ist vom Verband Deutscher Vereine herausgegeben worden[1]. Diese Veröffentlichung schildert zwar nur (sehr) allgemein die Anfänge der Einwanderung in RGdS und die Entwicklung der Kolonisation, enthält aber im Anhang einige Listen über die ersten deutschen Einwanderer in RGdS und in den einzelnen Kolonien. Diese Listen enthalten z. T. Herkunftsgebiete und Berufsbezeichnungen der Einwanderer. Bedauerlicherweise geben die Herausgeber keine besonderen Quellenangaben zum Buch und zum Anhang. Ein Jahr nach dem ebengenannten Buch erschien ebenfalls in Pôrto Alegre die brasilianische Arbeit von Ernesto Pellanda[2], die ausgezeichnete Statistiken über die deutsche Einwanderung in RGdS von 1824 bis 1914 beinhaltet. Die Statistiken enthalten z. T. monatliche Angaben der Einwandererzahlen, Hinweise auf Geschlecht, Alter, Beruf und Religion der Einwanderer. Ab 1889 gibt die Statistik eine Aufteilung der jährlichen Einwandererzahlen sogar auf die wichtigsten einzelnen deutschen Kolonien an. Auf S. 41-51 befindet sich eine tabellarische Chronik der deutschen Kolonien für den Zeitraum 1824 bis 1922 mit Informationen über Gründungsjahr, Namen der Kolonie und Gründerinstitutionen bzw. Gründerpersönlichkeiten. Die Arbeit von Pellanda stützt sich neben brasilianischen Quellen auf die eben erwähnte Veröffentlichung "Hundert Jahre Deutschtum in Rio Grande do Sul". Das Buch von Aurelio Porto[3] stellt zwar keine vollständige Geschichte der deutschen Kolonisation dar, beschreibt aber, aufbauend auf "Hundert Jahre Deutschtum in Rio Grande do Sul", den Verlauf der Einwanderung und Kolonisation von 1824 bis 1930. Die Angaben zur deutschen Einwanderung enthalten auch Statistiken über die erste Einwanderungswelle von 1824 bis 1930, eine Liste (S. 58-63) über die Gründer und Bewohner von São Leopoldo und Schiffslisten (S. 66-91) über die Einwanderer

---

1) Hundert Jahre Deutschtum in Rio Grande do Sul, 1824-1924. Hrsg. vom Verband Deutscher Vereine. Pôrto Alegre 1924, 568 S.
2) Ernesto Pellanda: A colonização germanica no Rio Grande do Sul. 1824-1924 (Repartição de estatistica do estado do Rio Grande do Sul) Pôrto Alegre 1925, 194 S.
3) Aurelio Porto: O Trabalho Alemão no Rio Grande do Sul. Pôrto Alegre 1934, 274 S. Diese Arbeit ist ebenfalls in deutscher Übersetzung vorhanden; Aurelio Porto: Die deutsche Arbeit in Rio Grande do Sul. São Leopoldo 1934

des Jahres 1826 mit Angabe der Familienzusammensetzung, Herkunftsorte und Konfession. Auch für die zweite Einwanderungsperiode von 1844-1854 gibt Porto eine Wanderungsstatistik an. Die Arbeit von Porto stützt sich hinsichtlich Statistik und Inhalt vermutlich ausschließlich auf Materialien des Nationalarchivs von RGdS. In der deutschen Ausgabe fehlen Literaturangaben sowie Auskünfte über die Quellenlage des Nationalarchivs. Eine für Kolonisationsprobleme ausgezeichnete, für Auswanderung bedingt brauchbare Arbeit kommt von Karl Heinrich Oberacker[1]. Er gibt eine ausführliche und detaillierte Übersicht über die deutsche Kolonisation für völkisch geschlossene und völkisch gemischte Gebiete in RGdS von 1824 bis ca. 1930. Auf S. 21-24 behandelt der Verfasser die statistischen Probleme zur deutschen Einwanderung (u.a. fehlendes amtliches Material, unterschiedliche Schätzungen usw.). Im Anhang auf S. 92-96 befinden sich Statistiken über die ansässigen Deutschen in den jeweiligen Siedlungsgebieten für das Jahr 1920. Die Veröffentlichung von Oberacker basiert hauptsächlich auf der Literatur des ehemaligen DAI Stuttgart und stützt sich auf alle wichtigen deutschen Bücher zur Brasilienauswanderung, die bis 1936 erschienen waren. Brasilianische Literatur wurde von Oberacker nur wenig herangezogen. Die von der "Arbeitsgemeinschaft 25. Juli" herausgegebene Veröffentlichung[2] enthält einen kurzen Beitrag über die deutsche Einwanderung von 1824 bis 1870 mit statistischer Aufbereitung. Außerdem werden die Schwierigkeiten der ersten Siedler, ihre späteren Erfolge und die Entwicklung der völkisch gemischten Einwanderung (einschließlich deutscher Einwanderung) von 1890 bis 1936 geschildert. Die Zahlenangaben stützen sich auf amtliche brasilianische Statistik. Für die sonstigen inhaltlichen Ausführungen sind keine Quellenangaben vorhanden. Eine Skizze und eine Tabelle am Schluß des Buches geben Auskunft über die deutschen Kolonien und ihre Gründungszeiten. Die Schrift von H. Porzelt[3] ist eine volkskundliche und soziologische Studie über den deutsch-brasilianischen Kolonisten. Sie beschreibt u. a. kurz aber übersichtlich Aspekte der deutschen Einwanderung (Berufszusammensetzung der Einwanderer, Herkunftsgebiete usw.) für die Zeit von 1824 bis ca. 1920/30 (S. 14-19) und behandelt anschließend (S. 19-20) die verschiedenen Schätzungen zur Zahl der ansässigen Deutschen in RGdS (von 1845-1930). Die Studie von Porzelt stützt sich auf einen zweieinhalbjährigen Aufenthalt in RGdS (1931 bis 1933) und auf hauptsächlich in den 20er und

---

1) Karl Heinrich Oberacker: Die volkspolitische Lage des Deutschtums in Rio Grande do Sul (Südbrasilien) (Schriften des Instituts für Grenz- und Auslanddeutschtum. Universität Marburg, Heft 9) Jena 1936 (zit. K. H. Oberacker 4)
2) Kurze Geschichte der deutschen Einwanderung in Rio Grande do Sul, hrsg. von der Arbeitsgemeinschaft 25. Juli in Rio Grande do Sul. São Leopoldo 1936, 95 S.
3) H. Porzelt: Der deutsche Bauer in Rio Grande do Sul. Diss. Erlangen 1937, 110 S.

30er Jahren dieses Jahrhunderts erschienenen deutschen Literatur zur deutschen Auswanderung und Kolonisation. Eine weitere Arbeit über die deutschen Siedler in RGdS kommt von Rudolf Becker [1]. Er liefert Berichte über die ersten Kolonisationsversuche (São Leopoldo), die Herkunftsgebiete der Siedler, die Ursachen der Auswanderung und den Farappenkrieg. Außerdem berücksichtigt Becker die Koloniengründungen der 40er und 50er Jahren des 19. Jahrhunderts, die "Brummer-Einwanderung" und die kulturelle Entwicklung der deutschen Kolonien bis 1924. Statistiken oder Namenslisten bezüglich der deutschen Einwanderung fehlen bei der Arbeit von Becker. Neben Aufsätzen aus Zeitschriften zog Becker die in diesem Abschnitt bereits rezensierten Werke "Hundert Jahre Deutschtum in Rio Grande do Sul", "Kurze Geschichte der deutschen Einwanderung in Rio Grande do Sul", die Schrift von Aurelio Porto und verschiedene Veröffentlichungen von Ferdinand Schröder heran. Die von Wolf Benicke verfaßte länderkundliche Untersuchung [2] mit wirtschaftsgeographischer Zielsetzung beschäftigt sich im Abschnitt "Rodungskolonisation" (S. 40-58) neben der Kolonisation (Kolonisationssysteme deutscher Siedlungsgebiete) mit der deutschen Einwanderung von 1824 bis 1930 (Perioden der Einwanderung, Herkunft, Berufe, Siedlungsgebiete der Einwanderer und statistische Angaben zur Einwanderung). Die Dissertation von Benicke basiert auf deutschen und portugiesischsprachigen Veröffentlichungen (u. a. auf den meisten bereits in diesem Abschnitt rezensierten Werken), auf vielen geographisch orientierten Schriften und auf der amtlichen brasilianischen Statistik. Neben den Schriften von H. Porzelt und R. Becker befaßt sich die Arbeit von H. F. Dressel [3] mit den deutsch-brasilianischen Kolonisten von RGdS. Außer soziologischen Untersuchungen widmet sich Dressel der Geschichte und den Problemen der ersten Einwanderergeneration (S. 9-14) und der Gründung Dois Irmãos durch Trierer Auswanderer (S. 14-23). Dressel stützt sich dabei u. a. auf "Hundert Jahre Deutschtum in Rio Grande do Sul", Aufsätzen aus dem Staden-Jahrbuch und auf Angaben aus Kirchenbüchern.

Die umfangreichste Veröffentlichung über die deutsche Kolonisation (und Einwanderung) in RGdS kommt von Jean Roche [4]. Dieser gibt in der Einführung (S. 1-7) eine Übersicht über die bis 1959 bereits veröffentlichten Werke betreffs der deutschen Kolonisation in RGdS. Dabei unter-

---

1) Rudolf Becker: Deutsche Siedler in Rio Grande do Sul. Eine Geschichte der deutschen Einwanderung. Ijui 1938
2) Wolf Benicke: Rio Grande do Sul (Südbrasilien). Werden und Wesen eines südamerikanischen Kolonisationsraumes. Diss. München 1950
3) Heinz F. Dressel: Der deutschbrasilianische Kolonist im alten Siedlungsgebiet von São Leopoldo, Rio Grande do Sul. Eine soziologische Studie unter besonderer Berücksichtigung Dois Irmãos. Neuendettelsau 1967
4) Jean Roche: La colonisation allemande et le Rio Grande do Sul (Travaux et mémoires de l'Institut des Hautes Études de l'Amérique latine. III.) Paris 1959, 696 S. (zit. J. Roche 1)

scheidet er diese Werke nach zwei Richtungen, die einmal den brasilianischen Standpunkt, das anderemal den deutschen Standpunkt hervorheben. Über den Gesamtrahmen seines Werkes sagt Roche [1]: "Unser Versuch kann sich nur auf sorgfältig ausgewählte und gewissenhaft analysierte Proben stützen. Obwohl wir die bereits veröffentlichten Werke verwendet haben und uns so oft wie möglich auf unveröffentlichte Quellen (die sich am Ort befanden) gestützt haben, beabsichtigen wir nicht, eine erschöpfende Studie der Frage zu präsentieren. Wir begnügen uns damit, das Resultat einiger persönlicher Recherchen zu geben..."[2] Etwas konkreter auf die inhaltlichen Fragestellungen eingehend bemerkt Roche: "Das Zentrum unseres Versuchs wird der Mensch sein, dessen Leben wir unter den verschiedensten Aspekten betrachten werden: Warum und wie sind die Einwanderer Landwirte geworden und warum sind die meisten ihrer Nachkommen Landwirte geblieben? Wie sind einige von ihnen Kaufleute, Handwerker und Industrielle geworden? Wie haben sie neue Vermögen geschaffen, ihre Lebensbedingungen verbessert und ihre geistigen Aspirationen befriedigt? Was machte ihren Lebenshorizont in den verschiedenen Epochen aus? Wie ist ihr Benehmen gewesen? Was für eine Mentalität haben sie gehabt?"[3]... "Aber es genügt nicht, zu versuchen, auf diese Fragen zu antworten. Man muß sich bemühen, die internen und externen Verhältnisse der Teuto-Brasilianer zu erfassen. Jeder Fortschritt, jede Realisation, jeder Brauch hat seine Rückwirkungen auf den ganzen Staat gehabt, indem die Keimzellen, die Traditionen und das Gleichgewicht verändert wurden. Die Kolonisten haben aus Rio Grande ein anderes Staatswesen gemacht, als es vor ihrer Ankunft war, und diese Metamorphose wollen wir studieren."[4] Zur Methode seiner Vorgehensweise äußert sich Roche folgendermaßen: "Wir können uns indessen nicht an eine rein lineare Darlegung halten. Für verschiedene Darstellungen müssen wir den Bericht über die Verknüpfung der Tatsachen im Zeitablauf unterbrechen, um eine Art von horizontalem Querschnitt zu fixieren, der die Verbindungen zwischen dem Mensch und den verschiedenen Gruppen zeigt, denen er gleichzeitig angehört. Manchmal müssen wir sogar wieder zurückkommen auf früher erwähntes, um die Berichte des Menschen und der verschiedenen Gruppen, denen er nach und nach angehört hatte, wiederherzustellen. Um dieser Evolution folgen zu können, haben wir versucht, immer größere Kreise zu vereinigen: Beziehungen vom Produzenten zum Konsumenten, vom Individuum zur Familie und zur Gemeinschaft und Beziehungen vom Einwanderer zum neuen Staatsbürger. Somit verläuft unsere Studie meistens spiralenförmig."[5]

---

1) hier wie im folgenden bei Übersetzungen aus fremdsprachigen Werken lehnt sich der Verfasser dieser Arbeit eng an den Wortlaut des Originals an
2) J. Roche 1: a.a.O., Einführung S. 5
3) ebenda, Einführung S. 6
4) ebenda
5) ebenda, S. 6 f

Nach den formalen Beschreibungen Roche's zu Grundlagen, Inhalt und Methoden seiner Untersuchung soll zu den einzelnen Kapitelbesprechungen übergegangen werden. Im ersten Kapitel analysiert Roche den gesellschaftlichen, geographischen, politischen und ökonomisch-landwirtschaftlichen Zustand RGdS's vor der deutschen Kolonisation. Im 2. Kapitel (S. 73-122) erklärt Roche, daß die deutsche Auswanderung nach Brasilien zu Beginn des 19. Jahrhunderts weniger eine spontane Bewegung darstellte als vielmehr eine von der brasilianischen Regierung gelenkte Wanderungsbewegung. Deren Ursachen (aus brasilianischer Sicht) liegen nach Roche in den Anreizen, die der brasilianische Kaiser den Kolonisten in Form von Landzuweisungen machte. Roche legt weiterhin den revolutionären Charakter der Einwanderungs- und Kolonisationsunternehmungen der Krone dar, der darin zu sehen ist, daß die Unternehmungen gegen die soziale Struktur und gegen die ökonomischen Auffassungen der ererbten kolonialen Epoche gerichtet war. Dann begründet Roche, warum diese Unternehmungen und ihre Organisation von der Regierung (und nicht von privater Seite aus) getragen werden mußten. Als Hauptgründe nennt der Verfasser den finanziellen und verwaltungsmäßigen Aufwand für die Einwanderung und Kolonisation (Anwerbung in Europa, Reisekosten, Bodenzuteilung usw.). Die Einteilung des 2. Kapitels informiert zugleich über die Phasen der Einwanderung und der Kolonisation in RGdS. Die erste große Phase geht vom Beginn der Kolonisation (1824) bis zum Fall des Kaisertums (1889), während die zweite große Phase den Zeitraum der Republik umfaßt. In der ersten Phase konstatiert Roche die Gründung von São Leopoldo durch die kaiserliche Regierung, die bis 1847 die Kolonisation in Händen hatte. Die Tabellen und statistischen Angaben zu dieser Periode stützen sich hauptsächlich auf Pellanda und auf archivalische Quellen aus Pôrto Alegre. Zu erwähnen ist noch, daß Roche [1] irrtümlicherweise die 60er Jahre (des 19. Jahrhunderts) als Zeitraum für die politischen Diskussionen um die Auswanderung angibt, obwohl diese Diskussionen bereits mit dem Heydt'schen Reskript einen gewissen Abschluß gefunden haben.[2] Nur sehr kurz geht Roche auf die Werbungen Schäffer's in Deutschland ein, wohingegen die Schwierigkeiten der lokalen Verwaltungsbeamten bei der Landzuteilung an Kolonisten und die Adaptionsprobleme der Kolonisten bezüglich den Anforderungen einer neuen Umwelt und einer z. T. anderen Berufsausübung(als im Heimatland) ausführlich dargestellt werden. Nach der Beschreibung des Aufhörens der staatlichen Förderung der Kolonisation seit 1830 geht Roche über auf die Schilderung der provinzial gesteuerten Kolonisation der Periode von 1848 bis 1874. Diese Zeit ist gekennzeichnet durch gesetzgeberische Maßnahmen zur Begünstigung

---

1) vgl. Roche 1: a.a.O., S. 89 f
2) vgl. Diplomarbeit Puchta: a.a.O., S. 94

der Kolonisation und der Unterstützung einer spontanen Einwanderung. Durch Subventionen und Verträge zwischen Provinzialregierung und Auswanderungsagenten konnte der Einwanderungsstrom zwischen 1850 und 1873 in die Provinzialkolonien gelenkt werden. Da jedoch die Handlungsfreiheit der Provinzialregierungen zum Teil durch die Kompetenzen der Zentralregierung begrenzt war, konnten die Provinzialregierungen bei der Beeinflussung der Einwandererzahlen nach oben hin keine besonderen Erfolge erzielen. Roche beschreibt auch ausführlich, daß aus den niedrigen Einwanderungsziffern sich erklärt, warum die Provinzialregierung bei der Gründung und Entwicklung der neuen Kolonien (u. a. Santa Cruz, Santo Angelo, Nova Petropolis) so langsam und zaghaft vorangeschritten ist. In der Zeit von 1874 bis 1889 bemerkt Roche ein plötzliches Aufhören der Kolonisationstätigkeit in RGdS. Das Desinteresse der Provinzialregierung an Kolonisationsvorhaben führt der Verfasser auf die Anstrengungen der Zentralregierung zurück, die Verwaltungstätigkeiten überall wieder unter eigene Führung zu stellen. Trotz dieser Quereleien zwischen Zentral- und Provinzialregierung setzten die schon früher begründeten Niederlassungen der Kolonisten ihre eigene Entwicklung fort. Es gelang der Zentralregierung sogar, durch verschiedene gesetzgeberische Bestimmungen die Einwandererzahlen nach Brasilien zwischen 1886 und 1888 gegenüber dem Zeitraum von 1878 bis 1883 fast zu verdoppeln. Der Hauptteil dieses (im wesentlichen italienischen) Einwanderungskontingents von 1886 bis 1888 ergoß sich jedoch hauptsächlich in die Provinz Sao Paulo und gab nur eine geringe Anzahl Einwanderer an RGdS ab.

Die zweite große Phase der Kolonisation, die sich zur Zeit der Republik abspielte, beginnt nach Roche mit der 4. Kolonisationsperiode (1890 bis 1914), die gekennzeichnet ist durch einen fortgesetzten Kampf zwischen Zentral- und Provinzialregierung um Kompetenzen und Konzeptionen bezüglich der Kolonisation. Ausführlich erörtert Roche die durch den ebengenannten Konflikt erwachsenen Mißstände im Kolonisationswesen von RGdS. Trotz der für Neueinwanderer undurchsichtigen und unsicheren Lage konnten die zur Zeit des Kaiserreichs gegründeten Kolonien sowie die seit 1890 durch den Staat begonnenen Kolonien in der Zeit von 1890 bis 1914 eine rasche Entwicklung zum Wohlstand erleben. Diese besonders seit 1895 sich abzeichnende günstige Entwicklung war beschleunigt worden durch den neuen Elan der Regierung hinsichtlich Kolonisationsangelegenheiten und durch das Ende des Bürgerkrieges. Dann beschreibt Roche die Entwicklung der einzelnen Kolonien bis 1914. In den Ausführungen zur 5. Periode, die sich im Rahmen der zweiten Kolonisationsphase bewegt und die Liquidation der Kolonisation zeitlich einschließt, bespricht Roche die vollendete administrative Zentralisation und die vollständige Reglementierung der Kolonisation durch die brasilianische Regierung. Die Verwicklungen zwischen der brasilianischen Regierung und Deutschland nach Ausbruch des 1. Weltkrieges schufen neue kulturelle und staatsbürgerliche Probleme für die deutschen Kolonisten, die in der Spannung zwischen ihrer Zugehörigkeit zum brasilianischen Staat und ihrer Treue zu der alten Heimat standen. Anschließend beschreibt Roche, wie die Bundesregierung Brasiliens die Einwanderung beschränkt Leistungen der Kolonisation reorganisierte, was eine Liquidation der Kolonisation beschleunigte. Im Jahre 1934 wurde in Brasilien eine Quoteneinwanderung eingeführt, in der Absicht, die ethnische und kulturelle Struktur Brasiliens zu erhalten. Anschließend untersucht Roche die weitere Entwicklung der brasilianischen Einwanderungsgesetzgebung bis 1945. Dann beschäftigt er sich mit der Entwicklung der in dieser (obengenannten) 5. Periode begründeten Kolonien, die nach dem Prinzip der Rassenmischung angelegt wurden und die im Vergleich zu den in der Zeit von 1889-1914 angelegten Kolonien gering an der Zahl waren.

In Kapitel 3 (S. 123-187) befaßt sich Roche zunächst mit der Herkunft der deutschen Einwanderer. Dabei untersucht Roche den Einfluß der deutschen Einwanderung auf die Bevölkerungsgeschichte RGdS's weniger von ihrem direkten Beitrag her als vielmehr vom Aspekt des Bevölkerungswachstums (infolge der hohen Geburtenüberschüsse der deutschen Familien). Er führt die starke Bevölkerungsvermehrung u. a. zurück auf die Festigkeit und Beständigkeit der deutschen Familien, in RGdS zu bleiben ohne mit dem Gedanken zu spielen, wieder zurück nach Deutschland zu gehen. Die Analyse der Zusammensetzung der Einwandererkontingente und ihrer regionalen Herkunft sieht Roche als Mittel an, die Rückwirkungen zwischen den verschiedenen Arten der ländlichen bzw. städtischen Einwanderergruppen auf die Entwicklung RGdS's festzustellen. So zieht er Verbindungslinien zwischen den regionalen Herkunftsgebieten der Einwanderer und ihren Niederlassungsgebieten in RGdS und zwischen dem mitgebrachten Fähigkeitspotential und den angewandten Initiativen. Bezüglich der Geburtenüberschüsse stellt Roche starke zeitliche Korrelationen zwischen ihrem Anwachsen und der Erschließung neuer Ressourcen einer Kolonie fest. Bei der Ermittlung der Zahl der deutschen Einwanderer in RGdS bzw. der Erfassung der ansässigen Deutsch-Brasilianer vergleicht Roche die Schätzungen verschiedener Autoren von Sekundärliteratur und Angaben aus brasilianischen archivalischen Quellen unter dem Aspekt des Wahrscheinlichkeitsgrades. Anschließend präsentiert Roche verschiedene Tabellen und Graphiken über die Bevölkerungsdichte verschiedener Munizipien, über alte und neue Siedlungsgebiete und über den absoluten und prozentualen Anteil der Deutsch-Riograndenser an der Gesamtbevölkerung dieser Teritorien (bis zum Stand der 50er Jahre dieses Jahrhunderts). Roche kommt dabei zu dem Schluß, daß sich die Zahl der Deutsch-Riograndenser schnell vermehrt hat und einen ständig wachsenden Anteil an der Gesamtbevölkerung darstellt. Für das Jahr 1950 schätzt er die Zahl der Deutsch-Riograndenser auf 900 000 Menschen. Dann befaßt sich Roche mit 3 Typen von deutsch-brasilianischen Siedlungsgebieten in RGdS, die eine geographische und menschliche Einheit aufweisen. Nach der Beschäftigung mit dem deutschen Element in den Städten Rio Grande, Pelotas und Pôrto Alegre wendet sich der Verfasser den deutschen Häusertypen und Siedlungsformen zu. In den restlichen Kapiteln bespricht Roche ausführlich die landwirtschaftliche Entwicklung der deutschen Kolonien, das

Phänomen der Landflucht, den Beitrag der Deutschen auf den Gebieten des Handels und der Industrie und das Maß der (infolge der deutschen Einwanderung) entstandenen Transformation RGdS's.

Die von Roche benutzten archivalischen Quellen und Veröffentlichungen sind in einem umfangreichen Verzeichnis (S. 589-683) zusammengestellt. Dieses Verzeichnis enthält zunächst die Bibliographien (S. 589-590) und im Abschnitt "ouvrages consultés" (S. 591-670) die wichtigste deutsche und brasilianische Sekundärliteratur zur deutschen Einwanderung und Kolonisation in RGdS und in Gesamt-Brasilien. Ebenfalls im Abschnitt "ouvrages consultés" aufgezeichnet sind die Quellen der verschiedenen von Roche konsultierten Archive. Roche macht z. T. gute inhaltliche und formale Angaben zu einzelnen wichtigen Veröffentlichungen bzw. Primärquellen. Der Abschnitt "Publications périodiques" (S. 673-683) beinhaltet Aufstellungen von jeweils deutschen und portugiesischsprachigen Zeitungen, Kalendern, Bulletin's und Zeitschriften. Die statistischen Quellenzusammenstellungen (S. 679-680) enthalten außer den statistischen Periodika außergewöhnliche Veröffentlichungen des "Conselho Nacional de Estatistica" (Rio de Janeiro), des "Departemento Estadual de Estatistica" (Pôrto Alegre) und eine Menge anderer Quellen (jährliche Statistiken von RGdS, Industriestatistiken usw.), die z. T. unter der Mitarbeit des Departemento Estadual oder des "Instituto Brasileiro de Geografia e Estatistica" entstanden sind. Die Arbeit von Roche stützt sich hauptsächlich auf Materialien folgender Institute und Archive:
- Instituto Histórico e Geografico de RGdS (Pôrto Alegre)
- Instituto Brasileiro de Geografia e Estatistica
- Arquivo Nacional (Rio de Janeiro)
- Arquivo Publico do Estado do RGdS (Pôrto Alegre) und Archive der gesetzgebenden Versammlung.

Zu der jetzt folgenden abschließenden Beurteilung der Monographie von Roche ist zuerst Richard Konetzke[1] zu zitieren, der kurz auf die von Roche vernachlässigten Inhalte hinweist: " R o c h e geht auf die von Deutschland ausgehenden Kolonisationspläne in Südbrasilien und die zeitweiligen Widerstände in Deutschland gegen eine deutsche Auswanderung in Brasilien nicht näher ein."[2] Zu der allgemeinen Leistung Roche's äußert sich Konetzke sehr anerkennend: "Die verschieden-

---

1) Richard Konetzke: Deutschland und Lateinamerika im neunzehnten Jahrhundert. Ein Literaturbericht. In: Jahrbuch Lateinamerika, 3.1966, S. 416-436
2) R. Konetzke: a.a.O., S. 427

artigen Probleme, die sich aus der Anpassung deutscher Auswanderer und ihrer Nachkommen an ein fremdartiges geographisches Milieu und aus ihrer Eingliederung in eine neu sich bildende amerikanische Nation ergeben, werden von R o c h e in umfassender Weise am Beispiel der deutschen Kolonisation des Rio Grande do Sul erörtert, so daß sein Werk in methodischer Hinsicht anregend für andere Regionalforschungen dieser Art sein kann."[1] Ähnlich positiv wie Konetzke schätzt Dietrich von Delhaes-Guenther[2] in seinem Buch die Leistungen von Roche ein. V. Delhaes-Guenther erwähnt in der Einleitung zu seinem Buch die mehr als zehnjährige Forschungsarbeit Roche's in Porto Alegre und betont die Pionierleistung von "höchster Qualität, in der historische, ökonomische, geographische und soziologische Aspekte der deutschen Kolonisation behandelt werden (géographie humaine), unter gleichzeitiger Bezugnahme auf Einzelheiten der Ansiedlung italienischer sowie polnischer Einwanderer."[3] Weiter würdigt v. Delhaes-Guenther, daß Roche als erster den Versuch gemacht hat, Querverbindungen zwischen Handwerk, Industrie und Handel aufzuzeigen und auch auf die verschiedenen Entwicklungsphasen dieser Teilbereiche einzugehen.[4] Die leichte Kritik von v. Delhaes-Guenther an der Arbeit von Roche richtet sich nur ökonomische Teilaspekte: "Aber wenn sich bei ihm auch Angaben über Preisentwicklungen und Einkommensverhältnisse finden, fehlt es doch an Aussagen über das wirtschaftliche Wachstum der Kolonien im 19. Jahrhundert, über die Bedeutung der gewerblichen im Verhältnis zur landwirtschaftlichen Produktion, über die nach Herkunft und Ausbildung unterschiedlichen Gruppen industrieller Unternehmensgründer sowie über die speziellen, besonders durch die Einkommensverteilung bedingten Marktgegebenheiten."[5]

Neben der Monographie von Roche gehört die auf S. 84 bereits erwähnte Veröffentlichung von v. Delhaes-Guenther[6] zu den bedeutendsten Werken über die deutsche Einwanderung und Kolonisation in RGdS. In der Einleitung (S. 1-19) geht v. Delhaes-Guenther in Abschnitt A. "Einführende Vorbemerkung, Stand der Literatur" (S. 1-7) auf einige Beweggründe ein, die ihn veranlaßten, einen Beitrag zur Wirtschaftsgeschichte RGdS's zu leisten. Im Anschluß daran schildert er die schon

---

1) R. Konetzke: a.a.O., S. 427 f
2) Rezension der Arbeit von v. Delhaes-Guenther erfolgt im nächsten Abschnitt
3) v. Delhaes-Guenther, S. 3
4) vgl. ebenda, S. 4
5) v. Delhaes-Guenther, S. 4
6) Dietrich von Delhaes-Guenther: Industrialisierung in Südbrasilien. Die deutsche Einwanderung in Rio Grande do Sul und die Anfänge der Industrialisierung in Rio Grande do Sul (Neue Wirtschaftsgeschichte, hrsg. von Ingomar Bog, Marburg, Bd. 9) Köln-Wien 1973, 346 S. (mit englischer, portugiesischer und italienischer Zusammenfassung)

erschienene Literatur und die in Vorbereitung befindlichen wichtigen Untersuchungen über die Thematik der Wirtschaftsgeschichte RGdS' im Zusammenhang mit der deutschen und europäischen Einwanderung, Kolonisation und Assimilation. Dabei zählt der Verfasser seine eigenen Basisquellen auf und bespricht sie z.T. sogar inhaltlich. In Teil B. der Einleitung (S. 8-19) schildert v.Delhaes-Guenther geographische, demographische und ökonomische Aspekte RGdS's mit Hinweisen auf die verschiedenen deutschen, italienischen und polnischen Siedlungszentren. Die Darstellung der ebengenannten Aspekte beinhaltet auch Vergleiche mit anderen brasilianischen Staaten und die Entwicklung der Wirtschaftsstruktur RGdS's bis zur Gegenwart. In Kapitel II "Die deutsche Einwanderung nach Rio Grande do Sul" (S. 20-111) geht der Autor in Abschnitt A. auf die Vorgeschichte der portugiesischen Einwanderung ein. Der Abschnitt B. "Einwanderungsperioden seit 1824 und ihr Einfluß auf die ethnische Zusammensetzung der riograndenser Bevölkerung" (S. 31-67) enthält im Unterabschnitt 1. "Einwanderungsperioden bis zum 1. Weltkrieg" (S. 31-57) unter Punkt a) "Die fast ausschließlich deutsche Einwanderungsperiode" (Zeitraum 1824 bis 1874) Ausführungen zum brasilianischen Kolonisationsgesetz von 1830 und der Übertragung der Initiative für Koloniengründungen von der Zentralregierung auf die Provinzialregierungen durch ein Gesetz von 1834. V. Delhaes-Guenther zeigt die Wirkung dieser Gesetze und innenpolitischen Kämpfe (Farappenkrieg) in Zusammenhang mit der Einwanderungszahl auf. Weiterhin erwähnt der Verfasser die kritische Haltung Europas gegenüber einer Brasilienauswanderung und die Reaktionen der brasilianischen Prozinzialregierungen darauf (Entschluß des Provinzialparlaments von RGdS, auf eigene Rechnung Kolonien anzulegen; Verabschiedung des Landgesetzes von 1850). Nur kurz bespricht v.Delhaes-Guenther die Kritik der deutschen Presse an den brasilianischen Zuständen hinsichtlich Gesellschaft, Politik und Wirtschaft und die Entstehung des Heydt'schen Reskripts. Diese ebengenannten Sachverhalte sind in der Arbeit von Brunn[1] aber bereits ausführlich dargelgt worden. Auf S.36 der Veröffentlichung von v.Delhaes-Guenther findet sich eine Einwanderungsstatistik RGdS's (Tabelle 1) von 1824 bis 1874 (jeweils gegliedert in der Regel für 5 Jahre). Die Quellen dieser Statistik sowie der folgenden Statistiken werden bei der Quellenbesprechung angegeben.Weiterhin beschreibt v.Delhaes-Guenther die Anwerbung der ersten deutschen Brasilienauswanderer und die Niederlassungsgebiete der ersten deutschen Kolonisten in Brasilien. Außerdem untersucht er die Wirkung der verschiedenen brasilianischen Kolonisationsgesetze und des Heyd'schen Reskripts auf die Zahl der Brasilieneinwanderer. Der Autor bemerkt später, daß die deutsche Einwanderung in verhältnismäßig kleinen Gruppen erfolgt ist, der starke

---

1) vgl. dazu G. Brunn 1: a.a.O., Abschnitt "Auswanderungspropaganda" (S. 116-127)

Geburtenüberschuß aber zu einem großen Wachstum der deutschstämmigen Bevölkerung geführt hat (bis 1875). Weiterhin beschreibt der Verfasser die Abgeschiedenheit der deutschen Kolonisten in den Urwaldsiedlungen, in denen sich die Kolonisten ihre sozialen Normen selbst bestimmen konnten. In Abschnitt II B.1.b) "Die überwiegend italienische Einwanderungsperiode 1875-1889" (S. 40-48) geht v. Delhaes-Guenther auf den hemmenden Einfluß der Kriege vor der deutschen Reichsgründung auf die deutsche Auswanderung ein. Der Rückgang des Anteils von RGdS an der deutschen Gesamteinwanderung Brasiliens suchte man durch die Gründung (1882) einer deutsch-brasilianischen Einwanderungsgesellschaft aufzufangen. Die Furcht brasilianischer Kreise vor der "Deutschen Gefahr" [1] stand einer allzu starken Förderung der deutschen Einwanderung jedoch im Wege. Diese Furcht, die unter dem Gesichtspunkt des Aufstieges Deutschlands zur Weltmacht zu sehen ist, führte neben anderen Gründen zur Anlage ethnisch gemischter Siedlungen. V.Delhaes-Guenther schildert auch, wie das Problem der Besitzstreitigkeiten (infolge Mehrfachverkaufs) zur Bildung einer Vermessungskommission (1863) führte. Nach einer Analyse der Ursachen für die Stagnation der Koloniengründungen in den Jahren 1875 bis 1889 (infolge der koeonisationsfeindlichen Haltung und des Finanzmangels in RGdS) beschreibt der Autor die italienische Einwanderung, welche sich in weit größeren Gruppen vollzog als die deutsche Einwanderung. Auf S. 47 stellte v.Delhaes-Guenther eine Einwanderungsstatistik (Tabelle 2) für die Jahre 1875-1889 auf, die nach deutschen und italienischen Einwanderern getrennt ist und (ohne Quellenangaben zu nennen) Einwanderungsperioden von jeweils 5 Jahren umfaßt. In Kapitel II B.1.c) "Die überwiegend polnische Einwanderungsperiode 1890-1914" (S. 48-57) schildert der Verfasser die Verlagerung der Einwanderungsschwerpunkte Brasiliens als Folge der sehr unterschiedlichen Aufwendungen der einzelnen Provinzen für Kolonisationsförderungsmittel. So erhöhte z.B. São Paulo seine Aufwendungen für Kolonisation und verstärkte die Rechte seiner Einwanderer, um die Auswanderung nach São Paulo zu lenken. Diese Maßnahmen sind im Zusammenhang zu sehen mit der drastischen Verkürzung (seit 1890) der von der Zentralregierung gezahlten Suventionsmittel und der Verlagerung von Kompetenzen der Zentralregierung auf die Provinzialregierungen (im Zuge der Dezentralisation). In RGdS ergaben sich verschiedene Mängel und Mißstände bei den einzelnen Siedlungsprogrammen: 1. häufiger Wechsel der Einwanderungsmodalitäten, 2. strittige Besitzverhältnisse und 3. Verschuldung der Kolonisten. Nach einer Schilderung der (auch die deutschen Einwanderer betreffende) Kolonisationsverhältnisse geht v.Delhaes-Guenther über zu den Ursachen und der Bedeutung der polnischen Auswanderung nach Brasilien. In der Tabelle 3 (S. 55) findet sich eine Einwanderungsstatikstik von

---

1) vgl. dazu das ausführliche Kapitel bei G. Brunn 1: a.a.O., "Die Deutsche Gefahr" (S. 201-218)

RGdS für 1890-1914, getrennt nach polnischen, italienischen und deutschen Einwandererzahlen, die auch mit den Einwanderungszahlen für São Paulo und Gesamt-Brasilien verglichen werden. Auf S. 57 nennt der Verfasser nochmals die wichtigsten deutschen Einwanderungsperioden, wobei er auch die Rußlanddeutschen, Deutschpolen und Deutschungarn erwähnt, die 1890 nach Brasilien bzw. RGdS kamen, ohne aber von der amtlichen brasilianischen Statistik erfaßt zu werden. In Abschnitt II B.2. "Die Einwanderung nach dem 1. Weltkrieg" (S. 58-63) geht v.Delhaes-Guenther zuerst auf die deutsche Auswanderungsgesetzgebung und -politik und die Institutionen zur Beratung der deutschen Auswanderer ein. Dann betrachtet er die brasilianische Einwanderungsgesetzgebung bis nach dem 2. Weltkrieg, wobei er die Interdependenzen zwischen Gesetzgebungsaktivitäten, Einwandererzahl und politischen sowie ökonomischen Eigeninteressen Brasiliens gebührend berücksichtigt. Da in RGdS seit dem 1. Weltkrieg keine amtlichen Zahlen über die Einwanderung aufgestellt worden sind, muß man sich mit der Hafenstatistik Porto Alegre's abfinden, die alle ein- und ausschiffenden Passagiere verschiedener Nationalitäten erfaßt. Der Verfasser stellte auf S. 61 (Tabelle 4) für die Jahre 1919-1939 eine Hafenstatistik zusammen, wobei er die Erfassungsjahre zu Perioden zusammenfaßt und neben den Deutschen auch Italiener und Polen berücksichtigt, während Roche bei der entsprechenden Hafenstatistik [1] die Zahlen jährlich erfaßt, aber ausschließlich auf deutsche und österreichische Passagiere beschränkt. Dann erläutert v.Delhaes-Guenther diese Hafenstatistik, u.a. im Zusammenhang mit den innenpolitischen und ökonomischen Verhältnissen Deutschlands und erwähnt besonders den Wandel in der Berufszusammensetzung der deutschen Auswanderer nach Brasilien seit Ende des 1. Weltkrieges. Im Kapitel II B. 3. "Die ethnische Zusammensetzung der riograndenser Bevölkerung" (S. 64-67) weist der Autor darauf hin, daß jeder vierte Riograndenser als deutschstämmig angesehen werden kann. Das ebengenannte Kapitel enthält einige Statistiken zur Bevölkerungszusammensetzung RGdS's. In Kapitel II C. (S.68 bis 79) bespricht v.Delhaes-Guenther die regionale Herkunft der deutschen Einwanderer in RGdS (hauptsächlich Rheinland und Pommern) und die Verteilung der regionalen Auswanderungsgruppen auf verschiedene Munizipien in RGdS. Dann geht er ausführlich auf die qualitativen Aspekte der deutschen Einwanderung ein (Berufsschichten der Einwanderer, Wechsel der Berufsschichten im Laufe der Einwanderungsperioden, soziale Schichtung, Konfession usw.). Weiterhin untersucht der Verfasser die Wirkungen der Einstellungen und Geisteshaltungen der Einwanderer auf ihren Kolonisationserfolg anhand des Vergleichs zwischen den ersten Einwanderern, den "Brummern" und

---

1) Vgl. dazu J. Roche 1: a.a.O., S. 115

den mecklenburgischen Einwanderern. Im Abschnitt II D. (S. 80-111) bespricht v. Delhaes-Guenther
die Gründungsarten der Kolonien (staatlich und privat) und die Ausbreitung der Kolonien in den
alten und neuen Siedlungsgebieten. Er befaßt sich mit den Gründen für Erfolg und Mißerfolg bei
Koloniengründungen und widerspricht dabei der Behauptung Oberacker's, daß die Begründung der
Ackerwirtschaft im Viehzüchterland RGdS auf die deutschen Kolonisten zurückgehe.[1] Am Beispiel
von Sao Leopoldo und Santa Cruz erläutert der Verfasser die wirtschaftliche Verselbständigung
der Kolonien und ihre Sonderstellung im Wirtschaftsleben der Provinz. Die inhaltliche Beschreibung
des Kapitels III "Die Anfänge der Industrialisierung in Rio Grande do Sul" (S. 112-256) und der
Unterabschnitte A. "Die Ausgangslage" (S. 112-152), B. "Die ersten Industrieunternehmen" (Seite
153-237) und C. "Die Bedeutung deutscher Einwanderer auf industriellem Gebiet und die Stellung
der riograndenser Industrie innerhalb Brasiliens" (S. 238-256) wird aufgrund der Kurzfassung[2], die
v. Delhaes-Guenther selbst gegeben hat, vorgenommen: "Wie sich aus der Betrachtung der einzelnen
Entwicklungsstadien ergibt, bewirkten erst Kolonisation und Einwanderung nach 1824 differenzierte
arbeitsteilige Wirtschaftsformen:

1. Bis ins 19. Jahrhundert war die Provinz der Gauchos, abgesehen von einigen ackerwirtschaftlichen Experimenten, einseitig auf Viehzucht ausgerichtet.
2. Bei Heranwachsen der deutschen Siedlungen wurden die Märkte beiderseits des Rio Jacui mit ackerwirtschaftlichen und handwerklichen Produkten versorgt. Darüber hinaus begann ein Auswanderungsprozess von Kolonie-Handwerkern in alle Orte der Provinz.
3. Von den Kolonien ausgehend wurde die Binnenschiffahrt entwickelt und somit das Hinterland sowie die Lagunen transportmäßig erschlossen.
4. Die Einwanderer organisierten den Ruralhandel als Bindeglied des Güteraustausches zwischen Kolonie und Hauptstadt und riefen die wichtigsten Importhäuser zur Einfuhr europäischer Industrieprodukte ins Leben, mit der Folge, daß sich in den Städten eine kapitalkräftige Handelsbourgeoisie bildete.
5. Der Aufbau erster Grundindustrien ging ebenfalls von den Einwanderern aus, wobei die Initiative von Handwerk und Handel nicht zu übersehen ist. Entscheidend war für die Mehrzahl der ersten Industrieunternehmen, daß das Koloniegebiet infolge der oben beschriebenen Zunahme an Besiedlungsdichte, Exportfähigkeit und Kaufkraft ein für brasilianische Verhältnisse bedeutendes, einkommensmäßig homogenes Nachfragepotential darstellte."[3]

---

1) vgl. J. Roche 1: a.a.O., S. 87 und vgl. K. H. Oberacker 2: a.a.O., S. 180
2) v. Delhaes-Guenther: a.a.O., S. 111
3) ebenda

Im Kapitel IV (S. 257-276) bringt der Verfasser eine Zusammenfassung der wesentlichen Erkenntnisse seines Buches, in deutscher, portugiesischer, italienischer und englischer Sprache. V.Delhaes-Guenther beschreibt darin seinen eigenen Versuch, "Innerhalb des Rahmens der Einwanderungs-, Siedlungs- und Wirtschaftsgeschichte RGdS's die einzelnen Phasen der Ankunft und Ansiedlung deutscher Einwanderer darzustellen, sowie die damit verbundenen Auswirkungen auf die Industrialisierung des Staates"[1] aufzuzeigen. Dabei berücksichtigt Delhaes-Günther in seinen Ausführungen auch übersichtsartig die italienische und polnische Einwanderung.

Nun ist die Quellenlage zu erwähnen. Die Arbeit von v.Delhaes-Guenther entstand im wesentlichen während eines Studienaufenthaltes in Pôrto Alegre am Instituto de Estudos e Pesquisas Econômicas. Bei seinen Untersuchungen verwendete der Verfasser Material aus den Archiven Arquivo Historico Público, Arquivo da Assembléia Legislativa, den Stadt- und Universitätsbibliotheken, dem Departemento Estadual de Estastistica, der Secretaria das Obras Publicas, dem Verwaltungszentrum des "Vereins 25. Juli", der Federação das Industrias, der deutschbrasilianischen Handelskammer und dem Privatinstitut Mentz. Besonders bei der Ermittlung von wirtschaftlichen Daten war v.Delhaes-Guenther auf die Materialien (hauptsächlich Zeitungen) des IfA Stuttgart angewiesen.[2] Auch herangezogen hat der Verfasser "Kalender, Jahrbücher, Berichte von Koloniedirektoren und Botschaften des Präsidenten der Provinz bzw. des Staates."[3] Da eine Fragebogenaktion, die an Industrieunternehmen gerichtet war, relativ erfolglos blieb und auch Festschriften und Firmenzeitungen verschiedener Großunternehmen wenig Information für die Fragestellung der Arbeit von von Delhaes-Günther enthielten, unternahm der Verfasser Fahrten ins Hinterland von RGdS, um persönlich zu recherchieren.[4] Als wichtigste von ihm konsultierte Sekundärliteratur sieht der Autor das Werk J. Roche 1 an und die von Klaus Becker organisierte und seit 1956 erschienene "Enciclopedia Riograndense". Die vom Verfasser verwendete Sekundärliteratur basiert weiterhin auf (zum größten Teil hier erwähnten oder rezensierten) neueren Arbeiten von Klaus und Rudolf Becker, G. Brunn, K. Harms-Baltzer, C. Hunsche, K. H. Keller, M. Kuder, W. Wolf und E. Willems. Außerdem stützt sich v.Delhaes-Guenther noch auf umfangreiche Gesetzessammlungen (S. 298) und auf Festschriften und Monographien (S. 301-302). Einwanderungsstatistiken basieren hauptsächlich auf "Anuario Estatistico do Estado do R.G.S., Porto

---

1) v.Delhaes-Guenther: a.a.O., S. 257
2) vgl. ebenda, S. 5
3) ebenda, S. 6
4) vgl. ebenda, S. 6

Alegre", auf "Repartição de Estatistica do Estado do R.G.S., 1911-1915, Pôrto Alegre 1917", sowie auf den statistischen Angaben bei Pellanda und der von Klaus Becker zusammengestellten "Enciclopedia Riograndense" (2. Auflage 1968).

Nun soll eine abschließende Würdigung der Leistung von v. Delhaes-Guenther vorgenommen werden: Es ist sein Verdienst, die Faktoren analysiert zu haben, "welche im Verlauf der Einwanderungswellen seit 1824 eine schrittweise Veränderung der einseitig auf Export viehwirtschaftlicher Produkte ausgerichteten Volkswirtschaft von Rio Grande do Sul bewirkten und schließlich eine gewisse Industrialisierung einleiteten."[1] Eine weitere Leistung besteht darin, daß er den ökonomischen Aufschwung der frühen Kolonien nicht isoliert, sondern als zentrales Element der Wirtschaftsgeschichte RGdS's seit Beginn des vorigen Jahrhunderts betrachtet hat.[2] Durch eine genaue Untersuchung der einzelnen Entwicklungsstadien der deutschen Kolonien ist es ihm weiterhin gelungen, die Rückwirkungen von Einwanderung und Kolonisation auf die Gestaltung der Wirtschaftsformen in RGdS festzustellen.[3] Besonders verdienstvoll ist es, daß er nicht nur die kurzfristigen Wirkungen des obenerwähnten Einflußprozesses (Einwanderung - Wirtschaftsformen) untersucht hat, sondern auch die langfristigen Auswirkungen bis zur Gegenwart mit berücksichtigt hat. Durch den Vergleich der Wirtschaftsstruktur RGdS's mit anderen Staaten Brasiliens ist es ihm gelungen, den Stellenwert des Differenzierungsprozesses in den Wirtschaftsformen RGdS's im Zusammenhang mit der brasilianischen Wirtschaft sichtbar zu machen. So füllte er in seiner Arbeit die wenigen Lücken aus, die trotz der umfangreichen Untersuchung J. Roche 1 noch bezüglich einiger Punkte (hinsichtlich RGdS) bestanden.[4]

Zur Stellung der Arbeit von v. Delhaes-Guenther im Zusammenhang mit der Brasilien-Auswanderungsliteratur ist zu bemerken, daß sich die Veröffentlichungen von ihm und G. Brunn 1 inhaltlich ausgezeichnet ergänzen, da ersterer die Themenbereiche Brunn's weitgehend ausgelassen bzw. verkürzt hat und die in der Arbeit Brunn 1 vernachlässigten Inhalte dafür stärker berücksichtigt.

---

1) v. Delhaes-Guenther, a.a.O., S. 4
2) vgl. ebenda, S. 111
3) vgl. ebenda
4) siehe abschließende Beurteilung der Arbeit J. Roche 1 durch v.Delhaes-Guenther auf S.

V. Delhaes-Guenther beschäftigt sich zwar hauptsächlich mit dem Zusammenhang Einwanderungs-Industrieaufbau (in RGdS), aufgrund seiner umfassenden Ausführungen (brasilianische Kolonisationsgesetzgebung, deutsche Auswanderungsgesetzgebung und -politik, Wandel der beruflichen Zusammensetzung der Einwanderer in RGdS im Vergleich zu anderen brasilianischen Staaten usw.) ist die Arbeit von v. Delhaes-Guenther jedoch auch für den Bereich Süd- bzw. Gesamt-Brasilien heranzuziehen.

Die erst 1975 erschienene Arbeit von Carlos H. Hunsche [1] über die deutsche Einwanderung und Kolonisation der Jahre 1824/25 in RGdS enthält umfangreiches genealogisches Material, das u.a. auf den Hillebrandt'schen Siedlerlisten (befindlich im Arquivo Histórico do Estado do Rio Grande do Sul, Pôrto Alegre) und auf den Darstellungen von Hans Mahrenholtz [2] beruht. Die Bibliographie über die deutsche Einwanderung und Kolonisation in Brasilien (S. 304-310) beinhaltet eine Quellenzusammenstellung über ein brasilianisches Archiv und mehrere deutsche Staatsarchive sowie eine Erwähnung der neueren deutschen und brasilianischen Veröffentlichungen zum Thema der Einwanderung und Kolonisation.

3.3.2.2. Santa Catarina

Die als erste hier zu erwähnende Arbeit kommt von Gottfried Entres [3], der die Geschichte der einzelnen Kolonien in Santa Catarina (im folgenden abgekürzt SC) von 1829 bis zum Anfang des 20. Jahrhunderts schildert. Außer den Namensverzeichnissen über die ersten deutschen Einwanderer für die Jahre 1829, 1846 und 1847 gibt es keine weiteren Namensaufstellungen oder Statistiken mehr. Das Gedenkbuch von Entres stützt sich hauptsächlich auf deutsche und brasilianische Literatur des 19. Jahrhunderts und auf Materialien von Befragungsaktionen sowie Beiträgen von Siedlern. An dieser Stelle ist auch auf die portugiesischsprachige Arbeit über das Tal Itajai von d'Amaral Max Tavares [4] hinzuweisen. Der ausgezeichnete Aufsatz von Gerd Kohlhepp [5]

---

1) Carlos H. Hunsche: O Bieno 1824/25 da Imigração e Colonização Alemã no Rio Grande do Sul (Provincia de São Pedro) . Pôrto Alegre 1975, 331 S. (zit. C.H. Hunsche 1)
2) Hans Mahrenholtz: Auswanderungen nach Brasilien in den Jahren 1832, 1824 und 1825. In: Norddeutsche Familienkunde. Hamburg 1962-64, S. 225-235, S. 272-278 und S. 340-344
3) Gottfried Entres: Gedenkbuch zur Jahrhundertfeier deutscher Einwanderung im Staate Santa Catarina. Suttgart-Florianopolis 1929, 300 S.
4) d'Amaral Max Tavares: Contribuição à Historia da colonização Alemã no Vale do Itajai. São Paulo 1950
5) Gerd Kohlhepp: Die deutschstämmigen Siedlungsgebiete im südbrasilianischen Staate Santa Catarina. Geographische Grundlagen, Aspekte und Probleme ländlicher und städtischer Kolonisation unter besonderen Berücksichtigung der wirtschaftlichen Entwicklung. In: Heidelberger Studien zur Kulturgeographie, Heft 15, Wiesbaden 1966, S. 219-244 (zit. G. Kohlhepp 2)

enthält einen wichtigen Beitrag zur deutschen Einwanderung in SC (Ursachen der Auswanderung, Herkunftsgebiete und Berufszusammensetzungen der Siedler, Koloniengründungen usw.). Die Ausführungen von Kohlhepp beginnen mit der ersten deutschen Besiedlung SC's zu Anfang des 19. Jahrhunderts und gehen bis zur Gegenwart. Der Aufsatz stützt sich auf neuere und neueste deutsche und brasilianische Literatur sowie auf die bedeutendsten älteren Schriften des 19. und frühen 20. Jahrhunderts. Ein weiterer Aufsatz von Gerd Kohlhepp[1] schildert die Geschichte der Industrialisierung SC's (für die Zeit von 1851-1909) im Zusammenhang mit der Berufsstruktur der Einwanderer. Bei der ebengenannten Schilderung bezieht sich Kohlhepp vor allem auf die Siedlungszentren Blumenau, Joinville und Brusque. Der Aufsatz G. Kohlhepp 3 basiert auf der Kolonienbeschreibung von Carlos Ficker[2] und auf umfangreicher Literatur des 19. Jahrhunderts. Die Festschrift von Martin Fischer[3] schildert die anfänglichen großen Schwierigkeiten der Kolonisation in den Kolonien Iracema (evangelische Siedler) und Aguinhas (katholische Siedler), die von Rußlanddeutschen in den Jahren 1930 bis 1932 gegründet wurden. Der Bericht von Fischer enthält neben einer Beschreibung der Entwicklung der obengenannten Kolonien bis zur Gegenwart auch eine Aufstellung von Namenslisten über die ersten Siedler. Fischer verwandte außer alten Briefen und Angaben aus Kirchenbüchern keine besonderen Quellen mehr. Abschließend ist noch auf die 1975 erschienene Arbeit von Walter F. Piazza[4] hinzuweisen.

3.3.2.3. Paraná

Die von F. W. Brepohl und W. Fugmann verfasste Festschrift[5] versucht eine zusammenhängende und erschöpfende Darstellung der wolgadeutschen Einwanderung in Paraná (besonders für die Jahre 1877-1879) zu geben. Die Festschrift beschreibt die Gründung und Entwicklung der Kolonien bei Ponta Grossa, Palmeira und Lapa bis Anfang des 20. Jahrhunderts. Auf S. 75-78 findet sich ein Verzeichnis der wolgadeutschen Stammfamilien in Paraná. Die Veröffentlichung von Brepohl und Fugmann stützt sich auf Literatur der Bayerischen Staatsbibliothek, auf Berichte aus Kirchenbüchern, Zeitungen, Heften und Kalendern und auf einer Fragebogenaktion bei den Siedlern (im

---

1) Gerd Kohlhepp: Die Anfänge der Industrialisierung in den alten Kolonisationszentren Santa Catarinas. In: Staden-Jahrbuch, 17.1969, S. 23-24 (zit. G. Kohlhepp 3)
2) siehe Rezensionsnachweis
3) Martin Fischer: Vierzig Jahre rußlanddeutsche Siedlungen in Santa Catarina. Festgabe zum 40. Jubiläum der rußlanddeutschen Einwanderung in Iracema und Aguinhas 1930-1970. Rio Grande do Sul 1970, 136 S.
4) Walter F. Piazza: A "Modernização" e as Elites Emergentes: A Contribuição Alemã. Separata da Revista "Blumenau em Cadernos"- Publicação n° 11, Blumenau/S.C. 1975, 46 S
5) F. W. Brepohl, W. Fugmann; Die Wolgadeutschen im brasilianischen Staate Paraná. Festschrift zum Fünfzigjahrjubiläum. Stuttgart 1927, 100 S.

Jahre 1927). Das Jahrhundertbuch über die Deutschen in Paraná von Wilhelm Fugmann[1] enthält einen Bericht über die deutsche Kolonisation, die mit der deutschen Einwanderung in Rio Negro im Jahre 1829 beginnt. Weiterhin geht der Verfasser auf die im Jahre 1850 beginnende Zuwanderung deutscher Familien aus der Kolonie Dona Francisca, auf die von 1877 bis 1879 vollzogene wolgadeutsche Einwanderung und auf die reichsdeutsche Einwanderung seit 1908 ein. Im Jahrhundertbuch befinden sich Namenslisten (S. 14-17) über die obenerwähnten Zuwanderer aus Dona Francisca mit Angaben ihrer Herkunftsgebiete und ihrer Berufsstruktur. Weiterhin gibt Fugmann die Siedlungsorte der Wolgadeutschen, ihre weiteren Wanderungen und die wichtigsten Namen ihrer Stammfamilien an.[2] Bezüglich der reichsdeutschen Einwanderung befaßt sich Fugmann mit den Ursachen, den Siedlungsorten, der Kolonisationsentwicklung und den vorhandenen Zahlen über ansässige Deutsche in Paraná. Das Jahrhundertbuch stützt sich auf die oben rezensierte Arbeit von Brepohl und Fugmann, auf Mitteilungen des Hamburger Colonisationsvereins vom März 1835, auf Kolonienbeschreibungen des 19. Jahrhunderts und auf Materialien einzelner Vereine und Aufzeichnungen in Auswandererkalendern. Hinzuweisen ist noch auf eine brasilianische Arbeit über die Deutschen in SC und Paraná.[3] Der umfangreiche Aufsatz von Reinhard Maack[4] berücksichtigt besonders die deutschen Siedlungen Neu-Danzig und Roland sowie die Kolonien Augusta Viktoria und Terra Nova, ohne aber auf die deutsche Einwanderung speziell einzugehen. Eine soziologisch orientierte Untersuchung über Paraná und die Deutschen kommt von Werner Aulich.[5] Dieser befaßt sich mit der Eigenartigkeit der Entwicklung des "deutschen Elements" in Paraná und untersucht die Frage, ob die Akkulturation nach der Begegnung des "deutschen Elements" mit Marginalitäten der fremden Kultur als geglückt anzusehen ist. Das Hauptziel der Studie von Aulich ist somit die Erfassung der

---

1) Wilhelm Fugmann: Die Deutschen in Paraná. Ein Jahrhundertbuch von Pastor Fugmann - Ponta Grossa. Curitiba 1929
2) diese Aufstellungen sind übernommen aus der Arbeit von Brepohl und Fugmann
3) Os Alemães nos Estados de Paraná e de Santa Catarina. Em commemoração do 1º centenario de sua entrada nesses Estados do Sul do Brasil 1828-1928. Curitiba o.J.
4) Reinhard Maack: Die neu erschlossenen Siedlungsgebiete und Siedlungen im Staate Paraná. In: Ibero-Amerikanisches Archiv, Jg. 11, Heft 2, Berlin und Bonn 1937/38, S. 208-242 (zit. R. Maack 1)
5) Werner Aulich: O Paraná e os Alemães. Estudo caracterológico sôbre os imigrantes germanicos. Paraná und die Deutschen. Versuch einer charakterologischen Geschichtsschreibung. Festschrift zur Jahrhundertfeier der politischen Emanzipation des Staates Paraná. Curitiba 1953 (S. 1-108 portugiesischer Text; S. 115-216 deutscher Text)

Problematik des Kulturwandels. Neben den eben erwähnten soziologischen Aspekten enthält dieses Buch auch detaillierte Angaben über die Namen, die Herkunftsorte und die Mentalität der ersten deutschen Einwanderer in Paraná. Weiterhin beschreibt Aulich die einzelnen Koloniengründungen, z. T. ihre Entwicklungen (bis ca. 1953) und den Integrationsprozess der Einwanderer in die Gesellschaft und Wirtschaft Paraná's. Die Veröffentlichung von Aulich stützt sich auf z. T. in diesem Abschnitt rezensierten Arbeiten von Brepohl und Fugmann, auf verschiedene Aufsätze von E. Niemeyer, auf Berichte aus Zeitungen, Kalendern und auf brasilianische Sekundärliteratur. Zudem führte Aulich in einzelnen Kolonien Befragungen durch und verwendete deren Ergebnisse bei seinen Untersuchungen.

3.3.2.4. Espirito Santo

Die wichtigsten Informationen über die deutsche Auswanderung nach Espirito Santo (im folgenden abgekürzt ES) finden sich in der frühen Arbeit von Ernst Wagemann.[1] Dieser behandelt im 2. Kapitel "Die deutschen Siedlungen" (S. 21-44) die Koloniengründungen Santa Izabel (Geschichte der Gründung im Jahre 1847, Entwicklung der Kolonie bis 1865, Herkunftsgebiete der Siedler usw.), Santa Leopoldina (Gründung in den 50er Jahren des 19. Jahrhunderts; Zahl und Herkunftsgebiete der Kolonisten; Pommerneinwanderung der 70er Jahre des vorigen Jahrhunderts; Entwicklung bis 1882) und die weitere Entwicklung der Kolonisation bis 1913. Das 3. Kapitel "Zahl und Zunahme der Kolonistenbevölkerung" (S. 44-52) enthält Schätzungen von 1913 und Angaben über die Bevölkerungsveränderungen infolge Geburten und Sterbefällen. Im Anhang befinden sich zwei Karten über die deutschen Siedlungsgebiete in ES für die Jahre 1878 und 1914. Die Veröffentlichung von Wagemann stützt sich auf eigene Reiseaufzeichnungen (ohne Jahresangabe) und auf viele andere Reiseschilderungen, darunter auch diejenige von Hugo Wernicke.[2] Als Quelle der bevölkerungsstatistischen Untersuchungen dienten die Kirchenbücher verschiedener Gemeinden. Der kurze Aufsatz von R. Maassberg[3] befaßt sich übersichtsartig mit der deutschen Einwanderung in ES (Einwanderungsperioden, Herkunft der Siedler, Siedlungsgebiete usw.) für die Zeit von 1847 bis 1940.

---

1) Ernst Wagemann: Die deutschen Kolonisten im brasilianischen Staate Espirito Santo (Schriften des Vereins für Sozialpolitik, 147.5.) München und Leipzig 1915, 151 S.
2) Hugo Wernicke: Deutsches evangelisches Volkstum in Espirito Santo. Eine Reise zu deutschen Kaffeebauern in einem tropischen Staate Brasiliens. Potsdam 1910
3) R. Maassberg: Kolonisationserfolge deutscher Bauern im mittelbrasilianischen Staat Espirito Santo. In: Geographische Rundschau, Jg. 9, Heft 2, Braunschweig 1957, S. 74-77

Der Aufsatz von Maassberg enthält auch etwas statistisches Material zur Einwanderung von 1850 bis 1938. Im wesentlichen stützt sich Maassberg auf die eben rezensierte Arbeit von Wagemann, erweitert dessen Forschungsergebnisse aber durch eigene Quellenstudien (Kirchenbücher der evangelisch-lutherischen Gemeinden von 1926-1937) und durch Forschungsreisen in ES in den Jahren 1935-1938. Der umfangreiche Aufsatz von Jean Roche [1] behandelt hauptsächlich die Akkulturation, das religiöse und landwirtschaftliche Leben in den Kolonien und die außergewöhnlich starke Spracherhaltung der Deutschen in ES. Die deutsche Einwanderung südlich des Rio Doce (seit 1847 erfolgt) und nördlich des Rio Doce (seit dem 2. Weltkrieg erfolgt) wird nur kurz gestreift. Die Zahl der deutschen Einwanderer schätzt Roche für die Jahre 1847-1914 auf 5000, für den Zeitraum 1918 - 1939 auf 1000 und für die Gegenwart nimmt der Verfasser eine Zahl von ca. 72 000 Deutschstämmigen in ES an. Der Aufsatz von Roche stützt sich auf die Ergebnisse einer Studienreise (des Jahres 1961) zu den deutschen Kolonien in ES.

3.3.2.5. Bahia

Als einzige bedingt brauchbare Arbeit für die deutsche Auswanderung nach Bahia konnte der Aufsatz von Otto Quelle [2] ausfindig gemacht werden. Quelle behandelt ausführlich die deutschen Kolonien im 19. Jahrhundert, berücksichtigt die Zahl und die Herkunft der deutschen Kolonisten aber nur teilweise. Neben vielen brasilianischen Quellen stützt sich Quelle hauptsächlich auf das Buch "Deutschtum in Bahia. Berlin 1923".

3.3.2.6. Rio de Janeiro

Hier konnte ebenfalls nur eine Arbeit ermittelt werden, nämlich diejenige von H. Hinden. [3] Dieser befaßt sich hauptsächlich mit dem deutschen Handel und den deutschen Vereinen und gibt außer zu den deutschen Kaufleuten in Rio de Janeiro (für die Zeit von 1808-1921) nur vereinzelte Hinweise zur deutschen Einwanderung in Rio de Janeiro und Petropolis (über den Zeitraum von 1821-1921). Hinden arbeitete hauptsächlich in Rio de Janeiro und benutzte Akten des Arquivo Nacional, Aufzeichnungen der evangelischen Gemeinden und Vereine in Rio de Janeiro und Sekundärliteratur der brasilianischen Nationalbibliothek, der Germaniabibliothek sowie Materialien aus dem Instituto Histórico.

---

1) Jean Roche: Quelques aspects de la colonisation allemande en Espirito Santo. In: Cahiers du monde hispanique et luso brésilienne 1965, S. 121-152 (zit. J. Roche 2)
2) Otto Quelle: Das Deutschtum im Staate Bahia. Ein methodischer Versuch. In: Iberoamerikanisches Archiv, Jg. 7, Heft 1, Berlin und Bonn 1933/34, S. 38-54 (zit. o. Quelle 2)
3) H. Hinden: Deutsche und deutscher Handel in Rio de Janeiro 1821-1921. Ein hundertjähriges Kulturbild zur Zentenarfeier der Gesellschaft "Germania", hrsg. von der Gesellschaft Germania Rio de Janeiro zur Erinnerung an ihr 100-jähriges Bestehen. Rio de Janeiro 1921

3.3.2.7. Pernambuco

Für Pernambuco konnte nur die portugiesischsprachige Arbeit von Alfredo Carlo Schmalz[1] aufgefunden werden, die sich hauptsächlich mit bedeutenden deutschen Einzelpersönlichkeiten und ihren Leistungen befaßt.

3.3.2.8. Amazonas

Der Aufsatz von C. B. Ebner[2] enthält ohne Angaben von Quellen eine Aufzählung und Beschreibung der wenigen (nord-)deutschen Einwanderer im Amazonasgebiet (für das 19. Jahrhundert). Ebner gibt teilweise Herkunftsorte und Berufe der einzelnen deutschen Einwanderer an.

3.3.3. Regionale Auswanderungsliteratur, die sich ausschließlich oder u. a. mit der deutschen Auswanderung nach Brasilien befaßt

3.3.3.1. Rheinland (Eifel-, Mosel- und Hunsrückgebiet)

Der umfangreiche Aufsatz von Walter Diener[3] enthält eine ausführliche und detaillierte Besprechung der Auswanderungsgründe, der Vorbereitungsmaßnahmen zur Auswanderung (aufgrund behördlicher und örtlicher Vorschriften) und der Stellung der Behörden zur Auswanderung. Auf S. 215-222 befinden sich Aufstellungen über die Auswanderer (mit Angabe der Namen, z. T. der Verschiffungshäfen und Jahr der Abreise), nach Gemeinden und Zielländern (u. a. Brasilien) geordnet. Der Aufsatz von Diener stützt sich auf Akten des Bürgermeisteramtes Gemünden (von 1807-1900) und auf umfangreiche lokale Literatur zur Heimatgeschichte des Hunsrück. Die Zusammenstellung der rheinischen Auswanderungsquellen von Hermann van Ham[4] enthält ausführliche Aktenhinweise und eine Erörterung der Probleme der rehinischen Auswanderungsforschung. Teilweise gibt van Ham auch Hinweise auf die Brasilienauswanderungsakten.

---

1) Alfredo Carlo Schmalz: Alemaes em Pernambuco (Coleção catholon, 4.) Recife 1966, 44 S.
2) C.B. Ebner: Deutsche am Amazonas in drei Jahrhunderten. In: Serra-Post-Kalender. Ijui 1963, S. 73-79
3) Walter Diener: Die Auswanderung aus dem Amte Gemünden (Hunsrück) im 19. Jahrhundert. In: Rheinische Vierteljahrsblätter. Mitteilungen des Instituts für geschichtliche Landeskunde an der Universität Bonn, hrsg. von A. Bach u. a. (zit. Rheinische Vierteljahrsblätter), 5. Jg., Heft 2/3, Bonn 1935, S. 190-222 (zit. W. Diener 1)
4) Hermann van Ham: Quellen zur rheinischen Auswanderungsforschung in den Staatsarchiven Koblenz und Düsseldorf. In: Rheinische Vierteljahrsblätter, 6.1936, S. 295-326 und auch sein zweiter Aufsatz zum gleichen Thema, in: Rheinische Vierteljahrsblätter, 8.1938, S. 315 ff

Der zweite Aufsatz von Walter Diener [1] ist eine Erweiterung und Ergänzung der ersten Teildarstellung. [2] Im zweiten Aufsatz ist eine ausführliche Darstellung der Brasilienauswanderung des 19. Jahrhunderts und eine Auswanderungsstatistik von 1816 bis 1900 enthalten, sowie ein namentliches Verzeichnis der Ausgewanderten, das nach Ämtern und Zielländern gegliedert ist. Der ebengenannte Aufsatz stützt sich auf Auswanderungsakten der Landratsämter Simmern, auf die Auswanderungsakten auf den Bürgermeisterämtern und auf viele Veröffentlichungen zur rheinischen Landesgeschichte. Die Untersuchung von Robert Mörsdorf [3] enthält nur einen kleinen Abschnitt über die Brasilienauswanderung im 19. Jahrhundert (S. 61-66). In der umfangreichen Tabelle (S. 96-174) über die Auswanderer des 19. Jahrhunderts mit Angaben des Auswanderungsjahres und des Ziellandes finden sich jedoch eine große Menge Brasilienauswanderer. Die Arbeit von Mörsdorf basiert auf Archivalien der Staatsarchive Oldenburg, Karlsruhe und Koblenz sowie auf regionaler Literatur über das Birkenfelder Land. Der Aufsatz von Maria Rohde [4] beschäftigt sich mit den heimatgeschichtlichen Hintergründen der Brasilienauswanderung des 19. Jahrhunderts aus dem Mosel-, dem Hunsrück und dem Eifelgebiet. Auf S. 222-232 befindet sich eine alphabetisch geordnete Namensliste der Auswanderer dieses Gebiets mit Angabe des Einwanderungsjahres in Brasilien. Der Aufsatz von Maria Rohde stützt sich auf die Unterlagen des genealogischen Instituts Benno Mentz. Zudem wurde Quellenmaterial und Schrifttum der Trierer Stadtbibliothek und des Vereins "Trierisch" verarbeitet. Maria Rohde weist darauf hin, daß sich im Institut Mentz auch ein Register des ersten Kolonialdirektors von São Leopoldo Dr. Johann Hillebrandt, mit Materialien über die erste Einwanderungsperiode von 1824-1829 befindet. Außer dem Register von Hillebrandt beherbergt das Institut Mentz eine Kartei von Pater Theodor Amstad, die 30 000 Karten mit den Namen der Einwanderer und ihrer Nachkommen umfaßt. Die Arbeit von Richard Graafen [5] behandelt die Brasilienauswanderung nur am Rande und soll deshalb nicht näher betrachtet werden. Eine ausgezeichnete Veröffentlichung

---

1) Walter Diener: Die Auswanderung aus dem Kreise Simmern (Hunsrück) im 19. Jahrhundert. In: Rheinische Vierteljahrsblätter, 8.1938, Heft 1 und 2, S. 91-148 (zit. W. Diener 2)
2) siehe W. Diener 1
3) Robert Mörsdorf: Die Auswanderung aus dem Birkenfelder Land (Forschungen zur rheinischen Auswanderung. Heft 1) Bonn 1939
4) Maria Rohde: Auf den Spuren unserer Ahnen. Aus der Mitarbeit des Instituto Benno Mentz, in: Serra-Post-Kalender, Ijuí 1957, S. 177-232
5) Richard Graafen: Die Aus- und Abwanderung aus der Eifel in den Jahren 1815 bis 1955. Eine Untersuchung der Bevölkerungsentwicklung eines deutschen Mittelgebirges im Zeitalter der Industrialisierung (Forschungen zur deutschen Landeskunde. Veröffentlichungen des Zentralausschusses für Landeskunde und des Instituts für Landeskunde. Hrsg. von H. Kinzl u. a., Band 127) Bad Godesberg 1961

kommt von Hansheinz Keller [1]. Dieser behandelt hauptsächlich die hunsrücker Brasilienauswanderung und die Gründung der Städte Novo Hamburgo und Petropolis. Außerdem geht Keller ausführlich auf die Gründe der Auswanderung ein. Auf S. 18-21 befindet sich eine Liste "Hunsrücker Einwanderer von 1824-1829 mit Herkunftsort, Ankunftstag und neuem Wohnort," die von L. Petry zusammengestellt wurde. Die Namen der deutschen Kolonisten, die zur Gründung der kaiserlichen Kolonie Petropolis beigetragen haben, werden auf S. 54-63 genannt (nach einer Statistik des Kolonienschreibers F. Damcke). Das Buch von Keller basiert auf Akten des Instituto Histórico in Petropolis, auf Forschungs- und Sammelmaterial des Verfassers sowie auf Veröffentlichungen von L. Petry und J. Mergen. Aufbauend auf das eben rezensierte Buch verfaßte Hansheinz Keller zwei Aufsätze, die sich mit seinem erstgenannten Werk z. T. inhaltlich überschneiden, es aber auch bezüglich einiger weniger Punkte ergänzen. Der erste Aufsatz [2] behandelt hauptsächlich die Ursachen der hunsrücker Brasilienauswanderung des 19. Jahrhunderts, wobei der Verfasser neben den ökonomischen Ursachen besonders auf die geistigen Gründe für die Auswanderung (u. a. Freiheitsliebe) eingeht. Der eben genannte Aufsatz von Keller stützt sich neben den von ihm selbst verfaßten Schriften auf eine Arbeit von Josef Mergen [3]. Stellvertretend für alle Siedlungsversuche hunsrücker Auswanderer schildert Hansheinz Keller in seinem zweiten Aufsatz [4] die Entstehung und Entwicklung der zwei Städte Novo Hamburgo (RGdS) und Petropolis (Rio de Janeiro). Der Zeitraum dieser Betrachtung, die auch die Einwandererwellen in Südbrasilien in Abhängigkeit von den politischen Vorgängen in Brasilien analysiert, geht von 1830 bis zur Gegenwart. Der ebenerwähnte Aufsatz stützt sich auf die Ermittlungen einer Brasilienreise (ohne Jahresangabe).

3.3.3.2. Saargebiet

Für die Auswanderung aus dem Saargebiet wurden zwei neuere umfangreiche Arbeiten von Josef Mergen ausgewählt. Die erste Veröffentlichung von Josef Mergen [5] beschäftigt sich mit den Motiven

---

1) Hansheinz Keller: Neue Heimat Brasilien. Ein Beitrag zur Auswanderungsgeschichte unter besonderer Berücksichtigung der Gründung von Petropolis bei Rio de Janeiro. Bad Kreuznach 1963, 158 S. (zit. H. Keller 1)
2) Hansheinz Keller: Die Brasilienauswanderung aus dem Hunsrück. Symptom einer geistigen Strömung. In: Zeitschrift für Kulturaustausch, Jg. 16, Heft 4, Stuttgart 1966, S. 228-232 (zit. H. Keller 2)
3) Josef Mergen: Die Amerika-Auswanderung aus dem "Kreise Bernkastel." Bernkastel 1956 (zit. J. Mergen 1)
4) Hansheinz Keller: Auf den Spuren Hunsrücker Auswanderer in Brasilien. In: Jahrbuch Hunsrückverein. Bernkastel-Kues 1971, S. 131-144 (zit. H. Keller 3)
5) Josef Mergen: Die Amerika-Auswanderung aus dem Stadtkreis Trier im 19. Jahrhundert (Amerika-Auswanderung aus dem Regierungsbezirk Trier während des 19. Jahrhunderts, Bd. 7) Trier 1962, 358 S. (zit. J. Mergen 2)

der Auswanderung, dem Umfang der legalen und illegalen Auswanderung, den Auswanderungsagenten und den behördlichen Vorschriften zur Auswanderung. Außerdem untersucht Mergen Reiseweg und -ziel der Auswanderer. In Teil 2 (S. 202-352) befindet sich ein chronologisch angeordnetes Tableau der Namen der von 1827 bis 1891 Ausgewanderten mit Geburts- und Berufsangaben und mit den gegenüber staatlichen Behörden geäußerten Auswanderungsmotiven. Bis 1827 war das Hauptziel der Trier-Auswanderung Brasilien, danach verminderte sich die Brasilienauswanderung und hörte ab 1870 fast gänzlich auf, so daß in diesem Buch die Berücksichtigung der Nordamerikaauswanderung einen weitaus größeren Umfang einnimmt als die Ausführungen zur Brasilienauswanderung. Da bei den vielen statistischen Angaben als Auswanderungsziel z. T. Südamerika erscheint, kann eine Zuordnung der Auswanderer zu einzelnen Zielländern Lateinamerikas nicht immer vorgenommen werden. Auf S. 9-18 geht Mergen auf die Aufgaben und Grenzen der allgemeinen Auswanderungsforschung unter Einbeziehung spezieller rheinischer Aspekte ein (Methode; Erfassungsmängel; Kooperation zwischen Aus- und Einwanderungsland). Die Arbeit von Mergen stützt sich auf Archivalien des Staatsarchivs Koblenz, des Stadtarchivs Trier und auf regionale Auswanderungsliteratur des frühen 20. Jahrhunderts. Im Anschluß an diese Veröffentlichung von Mergen ist darauf hinzuweisen, daß in derselben Schriftenreihe, in der das eben rezensierte Werk erschienen ist, noch weitere Arbeiten über die Auswanderung aus Trier-Land, Saarburg, Prüm, Bernkastel, Bitburg und Wittlich (Bände 1-6) veröffentlicht worden sind. Eine weitere umfangreiche Untersuchung über die Auswanderung aus dem Saargebiet kommt ebenfalls von Josef Mergen.[1] In Teil II "Die Auswanderungen nach Brasilien" (S. 180-203) geht der Verfasser ausführlich und detailliert auf die Werbungen von Major Schäffer und dessen Agenten, auf die Erschwerung der überseeischen Auswanderung durch amtliche Maßnahmen und auf das Schicksal der Ausgewanderten in Brasilien ein. Außerdem befinden sich viele statistische Angaben über die Auswanderung aus den ehemals preußischen Teilen des Saargebiets (Merzig, Ottweiler, Saarbrücken-Stadt und -Land, Saarlouis und St. Wendel) in diesem Buch. Mergen stützt sich bei dieser Veröffentlichung auf Archivalien des Staatsarchivs Koblenz, des Stadtarchivs Trier, der Archive Merzig, Perl, Ottweiler und weiterer saarländischer Kommunal- und Pfarrarchive. Im Vorwort wird darauf hingewiesen, daß in den nächsten Jahren eine in derselben Schriftenreihe erscheinende Veröffentlichung geplant ist,

---

1) Josef Mergen: Die Auswanderung aus den ehemals preußischen Teilen des Saargebiets im 19. Jahrhundert (I) (Veröffentlichungen des Instituts für Landeskunde des Saarlandes, Band 20) Saarbrücken 1973, 434 S. (zit. Mergen 3)

die nach Kreisen geordnete Namenslisten der Auswanderer enthalten wird. Eine ausführliche und bis ins einzelne gehende Kritik hinsichtlich des Inhalts und der Quellenlage der Arbeit J. Mergen 3 ist von Hanns Klein [1] geschrieben worden, der ein ausgezeichneter Kenner der Quellenlage ist.

3.3.3.3. Pommern

Zuerst ist auf den sippenkundlich orientierten Aufsatz von P. Träger [2] hinzuweisen. Dann sind zwei Veröffentlichungen von Klaus Granzow zu erwähnen. Die erste neuere Arbeit [3] entstand aufgrund von Reiseerlebnissen des Jahres 1952 und enthält außer der Schilderung von Einzelschicksalen früherer Einwanderer nur wenig Angaben über die Siedlungsgebiete der Pommern in Brasilien und über ihre Bevölkerungszahl. Im Schlußteil des Buches befinden sich jeweils Karten über die Kolonie Pomerode, ihre Umgebung, die Zonen deutscher Einwanderung in ES, den pommerschen Wohngebieten in ES und den Herkunftsorten der pommerschen Auswanderer. Die zweite Abhandlung von Klaus Granzow [4] ist etwas detaillierter als die erste und beschreibt die pommersche Einwanderung und Kolonisation in den einzelnen Provinzen Brasiliens von 1859 bis zur Gegenwart. Trotz Berücksichtigung einiger pommerschen Familien und ihrer Herkunftsorte enthält der Aufsatz keine systematische oder vollständige Zusammenstellung über die Pommern in Brasilien. Der Aufsatz basiert auf einer 4-monatigen Studienreise des Verfassers in Brasilien (im Jahre 1971) und auf deutscher Sekundärliteratur zur Brasilienauswanderung.

3.3.3.4. Hessen

Zur Auswanderung aus Hessen konnten zwei umfangreiche Aufsätze aus den 30er Jahren dieses Jahrhunderts ermittelt werden. Zuerst ist der Aufsatz von Hans Richter [5] zu nennen, der sich

---

1) Die Rezension von Hanns Klein ist erschienen in der Zeitschrift für die Geschichte der Saargegend, XXII, 1974, S. 405-412
2) P. Träger: Pommersche Urwaldbauern im tropischen Espirito Santo. In: Das Bollwerk (Pommersche Heimatpflege), VII, 1936, S. 127-131
3) Klaus Granzow: Grün ist das Tal am Rio Itajai. Pommeranos in Brasilien (Unsere Heimat, Bd. 18) Hamburg 1972, 106 S. (zit. K. Granzow 1)
4) Klaus Granzow: Zur Geschichte der pommerschen Auswanderung nach Brasilien. In: Baltische Studien, N.F. 59., Hamburg 1973, S. 59-73 (zit. K. Granzow 2)
5) Hans Richter: Hessen und die Auswanderung, 1815-1855. In: Mitteilungen des oberhessischen Geschichtsvereins, Bd. 32, Giessen 1934, S. 49-139

hauptsächlich mit der hessischen Auswanderungspolitik befaßt. Ausführlich schildert Richter u. a. die Werbetätigkeiten von Major Schäffer um 1825/26 und die Verhandlungen über einen hessisch-brasilianischen Auswanderungsvertrag (1826/27). Einzelheiten zur Auswanderung an sich (Statistik, Namenslisten usw.) konnte Richter nicht mitteilen. Der Aufsatz stützt sich auf Ministerialakten des Staatsarchivs in Darmstadt und auf zeitgenössische Literatur. Der zweite Aufsatz ist von Ernst Wagner [1] verfaßt. Wagner geht (auf S. 38-51) auf die Brasilienauswanderungswerbung (Werbebriefe bzw. Lockbriefe) von Dr. Cretschmar und Major Schäffer ein und behandelt die Gegenmaßnahmen der Regierung gegen die sich steigernde "Auswanderungssucht". Außerdem bespricht der Verfasser Auswanderungsvorschläge des Freiherrn Hans von Gagern, die der hessische Finanzminister du Thil aufgriff und in die Verhandlungen mit dem brasilianischen Gesandten einbrachte (u. a. Plan einer geschlossenen Siedlung). Diese Verhandlungen scheiterten und die Regierung behielt ihre ablehnende Haltung gegenüber der Brasilienauswanderung weiterhin bei. Der Aufsatz von Wagner umfaßt den Zeitraum von 1818 bis ca. 1909 und stützt sich neben den Archivalien des Staatsarchivs Darmstadt auf regionale Auswanderungsliteratur, u. a. auch auf den Aufsatz von Hans Richter.

3.3.3.5. Niedersachsen

Als einzige Arbeit ist hier diejenige von Norbert Zimmer [2] zu erwähnen. Dieser beschreibt im Abschnitt "Niedersächsische Kulturpioniere in Brasilien" (S. 45-51) den Anteil der Niedersachsen bei der Kolonisation Südbrasiliens, insbesondere SC's (für das 19. Jahrhundert). Der inhaltliche Schwerpunkt liegt dabei auf der Schilderung der Leistungen bekannter Einzelpersönlichkeiten (J. H. Söchting, H. Blumenau, E. Niemeyer und andere). Das Buch von Zimmer wurde von der "Forschungsstelle über das Niedersachsentum im Ausland" bearbeitet und ohne Angaben von Quellen oder Statistiken veröffentlicht.

3.3.3.6. Baden

Der kurze, aber hervorragende Aufsatz von Hermann Baier [3] behandelt die badische Auswanderung nach Brasilien sehr detailliert (Namen, Berufe und Herkunftsorte der Auswanderer) von 1820 bis

---

[1] Ernst Wagner: Auswanderung aus Hessen. In: Auslanddeutschtum und evangelische Kirche. Jahrbuch 1938, Hrsg. von E. Schubert. Berlin 1938, S. 3-83
[2] Norbert Zimmer: Der Siedlungsweg der Niedersachsen über die Erde. Hannover 1934
[3] Hermann Baier: Wie erging es unseren Landsleuten in Brasilien. In: Mein Heimatland. Badische Blätter für Volkskunde, Heimat und Naturschutz, Denkmalpflege, Familienforschung und Kunst, Hrsg. von H. E. Busse, Jg. 24, Heft 1, Freiburg i. B. 1937, S. 56-65

1910. Außerdem findet die Auswanderungswerbung, die badische Auswanderungsgesetzgebung und das Schicksal der Auswanderer in diesem Aufsatz große Beachtung. Die Ausführungen Baier's stützen sich auf Auswanderungsakten der einzelnen Bezirksämter, Akten des badischen Innenministeriums (von 1860-1910) und auf badische Auswanderungsliteratur.

3.3.3.7. Sachsen

Die einzige Arbeit, die in diesem Kapitel erwähnenswert ist, kommt von Hildegard Rosenthal[1]. Sie befaßt sich im 2. Kapitel mit der bisherigen Bearbeitung der sächsischen Auswanderung, mit dem vorhandenen Quellenmaterial und mit der sächsischen Auswanderungsliteratur. Das Buch von Rosenthal beinhaltet weiterhin eine Übersicht zur sächsischen Auswanderungsstatistik mit kritischen Betrachtungen über die statistischen Erhebungsmethoden. Im 2. Kapitel werden von Rosenthal auch die spezifischen Ursachen der sächsischen Auswanderung in Beziehung zu den einzelnen Berufen der sächsischen Auswanderer aufgezeigt. Außerdem folgen im 3. und 4. Kapitel Ausführungen von Rosenthal über die sächsische Auswanderungspolitik und -gesetzgebung sowie über die Förderung der Auswanderung durch private Träger (Auswanderungsgesellschaften, -vereine und kaufmännische Unternehmungen). Mit den sächsischen Siedlungen in der Mucury-Kolonie in Brasilien befaßt sich die Autorin auf S. 74-80. Dabei behandelt sie auch die Anwerbung der sächsischen Familien zur Auswanderung nach Brasilien, die unterschiedliche Beurteilung der Kolonisationserfolge durch verschiedene Reisende und die Entwicklung der sächsischen Kolonie bis 1899. In der Statistik (S. 87-88) zur Auswanderung aus den einzelnen sächsischen Bezirken (Zeitraum 1853-61) ist nur eine Gesamtspalte für die Mittel- und Südamerikaauswanderer vorhanden, so daß der Brasilienanteil nicht exakt festgestellt werden kann. Die Veröffentlichung von Rosenthal stützt sich auf Aktenmaterial des Hauptstaatsarchivs Dresden, des Ministeriums des Innern, verschiedener Stadt- und Ratsarchive sowie auf lokale Auswanderungsliteratur.

3.3.4. Kolonienbeschreibungen Brasilien

Da die meisten Kolonienbeschreibungen i. d. R. nur wenige und unsystematisch zusammengestellte Materialien zur Einwanderung (Statistiken, Namenslisten, Herkunftsorte, Berufsangaben usw.) enthalten, wird in diesem Abschnitt allein auf die wichtigen Kolonienbeschreibungen hingewiesen. Nur die bedeutendsten Kolonienbeschreibungen werden dabei (ausführlich) rezensiert.

---

1) Hildegard Rosenthal: Die Auswanderung aus Sachsen im 19. Jahrhundert 1815-1871 (Schriften des Deutschen Auslandsinstituts Stuttgart, Reihe A, Bd. 30) Stuttgart 1931, 88 S.

3.3.4.1. Rio Grande do Sul

Hier sind zunächst zwei Arbeiten [1), 2)] zu nennen, die jedoch sehr allgemeine Beschreibungen enthalten. Über die Kolonie São Leopoldo gibt es eine ältere Arbeit von Erich Fausel [3)] und eine neuere Veröffentlichung von Wilhelm Wolf. [4)] Letztere besteht aus einer alphabetischen Zusammenstellung der deutschen Einwanderer in der Kolonie São Leopoldo (für den Zeitraum von 1824-1937). Diese Zusammenstellung gibt in den meisten Fällen Herkunftsgebiet, -ort und Beruf, manchmal auch das weitere Schicksal der Einwanderer an. Die Nachkommen mancher in der von Wolf aufgestellten Liste sind ausführlicher (genealogisch) dargestellt in einer speziellen Veröffentlichung[5)] zur Genealogie. In der Aufstellung von Wolf sind nahezu 3 400 Einwanderer und 1 121 weitere Nachkommen erfaßt. Ein alphabetisches Ortsverzeichnis (S. 124-130) ermöglicht ein Ermitteln der Zahl und der Namen einzelner Auswanderer einer Gemeinde, falls der Herkunftsort in Deutschland bekannt ist. In der Übersicht (S. 5-7) beschreibt Wolf die hauptsächlichen Herkunftsgebiete der Einwanderer und ihre Berufszusammensetzungen. Die Veröffentlichung von Wolf basiert nahezu ausschließlich auf Kirchenbücherangaben aus der Zeit von 1824-1937.

3.3.4.2. Santa Catarina

Als Kolonienbeschreibungen mit bescheidenem Erkenntnischarakter sind die Arbeiten von R. Gernhardt[6)], Paul Aldinger[7)] und Wolfgang Ammon[8)] anzusehen. Die Arbeit von Siegfried Endress[9)]

---

1) 75 Jahre Deutschtum Santo Angelo-Agudo. São Leopoldo 1832, 230 S.
2) Gustav Kuhlmann, Friedrich Krahe: Neu-Württemberg. Eine Siedlung Deutscher in Rio Grande do Sul/Brasilien. Stuttgart 1933, 47 S.
3) Erich Fausel: São Leopoldo, Statistische Ermittlungen aus deutschen evangelischen Kirchenbüchern in Übersee. In: Auslanddeutsche Volksforschung. Vierteljahresschrift des Deutschen Auslandsinsituts in Stuttgart, Bd. III, Stuttgart 1939/40, S. 201-221 und S. 260-275
4) Wilhelm Wolf: Deutsche Einwanderer in São Leopoldo 1824-1937. Neustadt an der Aisch 1964, 130 S. Erschienen in folgenden Schriftenreihen: (Genealogie und Landesgeschichte, Bd 7), (Bibliothek familiengeschichtlicher Quellen, Bd. 18) und (Schriften zur Wanderungsgeschichte der Pfälzer, F. 22)
5) Subsidios Genealogicos; siehe Rezensionsnachweis
6) R. Gernhardt: Dona Francisca, Hansa und Blumenau, drei deutsche Mustersiedlungen im südbrasilianischen Staate Santa Catarina. Eine Festschrift zur Feier des 50-jährigen Bestehens von Dona Francisca und Blumenau. O.O. 1901, 416 S.
7) Paul Aldinger: Die Kolonie Hansa im brasilianischen Staate Santa Catarina (Gut deutsch und evangelisch allewege. 22) Potsdam o. J. (1910), 16 S.
8) Wolfgang Ammon: Chronica do Municipio de São Bento 'St. Catarina' desde a sua fundação 1873 até 1923. Joinville o. J. (1923), 253 S.
9) Siegfried Endress: Blumenau. Werden und Wesen einer deutsch-brasilianischen Landschaft. Öhringen 1938, 194 S.

enthält auch gute Übersichtskarten (am Schluß des Buches) über die Bevölkerungsverteilung der Deutschen und die verschiedenen Siedlungsanfänge in den einzelnen Teilen der Blumenauer Landschaft. In dem Werk "Centenário de Blumenau. 1850-1950"[1] werden vereinzelt Aufstellungen von Einwanderernamen (S. 7-8, S. 13) und Einwanderungsstatistiken präsentiert, u. a. für die Zeit von 1860 bis 1932. Die Arbeit von Josef Blau[2] beschäftigt sich hauptsächlich mit den Namen und Schicksalen der bayerischen Auswanderer, während die Reichenberger[3] nur wenig berücksichtigt werden. Die Namensliste[4] (auf S. 37-46) enthält Aufzeichnungen über Herkunftsgebiete und Ansiedlungsjahr der von 1873-1880 in São Bento angesiedelten Personen. Die Liste gibt über die prozentuale Verteilung der Norddeutschen, Bayern, Böhmen, Pommern und Deutschpolen in Sao Bento Auskunft. Ein bedeutender Aufsatz von Percy Ernst Schramm[5] beschreibt die bereits im Jahre 1846 bestehenden deutsch-brasilianischen Siedlungskolonien (in SC) und die Verhandlungen von Sieveking und A. Schramm über neue Siedlungsvorhaben. Ausführlich behandelt der Verfasser die Gründung der Kolonie Dona Francisca auf privatwirtschaftlicher Grundlage (im Jahre 1850), die Finanzierung des Projekts und die Probleme der Siedlung bis 1870. Dabei macht Schramm Angaben zu der zahlenmäßigen Größe und Bedeutung der jeweiligen Einwanderergruppen und den Abwanderungen. Der Aufsatz von Schramm stützt sich auf Archivalien der Staatsarchive Hamburg und Bremen, des Bundesarchivs Frankfurt sowie auf Auswanderungsliteratur bezüglich Gesamt-Brasilien und SC. Die zweite Veröffentlichung von P. E. Schramm[6] enthält im Kapitel 14 (S. 120-134) die Schilderung des Projekts einer deutschen Siedlungskolonie in Südbrasilien, das 1846 begonnen und 1847 schon beendet wurde. Besonders widmet sich Schramm den Verhandlungen von Sieveking und A. Schramm in Rio de Janeiro und in Hamburg (in der Zeit von 1846-48). Das Kapitel 16 (S.182-196) behandelt die Gründung der Kolonie Blumenau (1850), der Kolonie Dona Catharina und der Stadt

---

1) Centenário de Blumenau. 1850-1950. Edição da Comissão de Festejos. Revisão de Frei João Capistrano Binder OFM. Blumenau 1950, 492 S.
2) Josef Blau: Baiern in Brasilien. Chronik der im Jahre 1873 begonnenen Besiedlung von São Bento in Brasilien durch arme Leute aus dem Böhmerwald (Adalbert-Stifter Verein. Veröffentlichungen der Wissenschaftlichen Abteilung 3) Gräfelfing bei München 1958, 110 S.
3) Auswanderer sächsischen Stammes
4) die Namensliste wurde von der Hanseatischen Kolonisation-Gesellschaft m. b.H. Hamburg aufgestellt
5) Percy Ernst Schramm: Die deutsche Siedlungskolonie Dona Francisca (Brasilien: St. Catarina) im Rahmen gleichzeitiger Projekte und Verhandlungen. In: Jahrbuch-Lateinamerika, Bd. 1. 1964, S. 283-324 (zit. P. E. Schramm 1)
6) Percy Ernst Schramm: Neun Generationen. Dreihundert Jahre deutscher "Kulturgeschichte" im Lichte der Schicksale einer Hamburger Bürgerfamilien (1848-1948), Bd. 2, Göttingen 1964 (zit. P. E. Schramm 2)

Joinville (1850). Schramm gibt auch Hinweise zur Bevölkerungsentwicklung dieser Kolonien. Die Inhalte der Kapitel 14 und 16 basieren auf dem Aufsatz P. E. Schramm 1. Doch sind im Aufsatz P. E. Schramm 1 die Abschnitte über H. Blumenau, welche auf die Einzelheiten seiner Verhandlungen in Hamburg eingehen, weggelassen. Eine Schilderung dieser Verhandlungen findet der Leser im Buch P. E. Schramm 2, in dem aber die detaillierten Ausführungen des Aufsatzes P. E. Schramm 1 über die Lage in Brasilien im allgemeinen und über die Situation in der Kolonie Dona Catharina im besonderen stark gekürzt sind. Wer sich also wissenschaftlich mit den Beziehungen Deutschlands zu Brasilien in den Jahren 1840-1870 befassen will, wird beide Arbeiten von Schramm heranziehen müssen. Die den Abschnitt 14 und 16 (des Buches P. E. Schramm 2) zugrundegelegte Literatur ist bei den Quellenangaben des Aufsatzes P. E. Schramm 1 bereits genannt worden. Auf S. 598 des Buches P. E. Schramm 2 befindet sich jedoch Literatur zur Kolonie Blumenau, die im Aufsatz P. E. Schramm 1 nicht erwähnt ist. Die portugiesischsprachige Arbeit von Carlos Ficker [1] über Joinville enthält eine chronische Schilderung der Entstehungsgeschichte für die Zeit von 1843 bis 1913, basierend auf brasilianischer und deutscher Sekundärliteratur. Die zweite hier zu erwähnende Kolonienbeschreibung von Carlos Ficker [2] behandelt detailliert die Entstehung der Kolonie São Bento in der Zeit von 1860 bis 1875 und berücksichtigt die Herkunftsgebiete der deutschen Einwanderer. Der Aufsatz C. Ficker 2 enthält gegenüber der Arbeit von J. Blau, die ebenfalls São Bento gewidmet ist, noch zusätzliche Sekundärliteratur und Quellenangaben. Die neueste Arbeit über Blumenau von José Ferreira da Silva [3] beinhaltet auf S. 26 eine Einwanderungsstatistik, die den Zeitraum von 1850 bis 1897 umfaßt und Angaben hinsichtlich Religion und Geschlecht der Einwanderer macht. Diese Arbeit stützt sich auf älteste und neueste Schriften über die Einwanderung und Kolonisation und das politische System in Blumenau.

3.3.4.3. São Paulo

Über die Deutschen in São Paulo gibt es Arbeiten von Friedrich Sommer.[4] Am Anfang des Aufsatzes von Karl Heinrich Oberacker [5] findet man eine Geschichte der Entstehung der Kolonie Riograndense (1922), die auch die Herkunftsgebiete der Siedler und ihre Berufsgruppen berücksichtigt. Der Aufsatz von Oberacker enthält keine Quellenangaben.

---

1) Carlos Ficker: Historia de Joinville, Subsidios para a cronica da Colonia Dona Francisca. Joinville 1965, 447 S. (zit. C. Ficker 1)
2) Carlos Ficker: São Bento, das Wagnis einer Koloniegründung. In: Staden – Jahrbuch, Bd. 15. 1967, S. 63-80 (zit. C. Ficker 2)
3) José Ferreira da Silva: História de Blumenau. Florianopolis o. J. (1972), 380 S.
4) Friedrich Sommer: Die Deutschen in São Paulo. 3 Bände, (zit. F. Sommer 2). Die Arbeiten liegen nur als Manuskripte vor, die sich im Hans-Staden-Institut (São Paulo) befinden.
5) Karl Heinrich Oberacker: Die Kolonie Riograndense "im Staate São Paulo" und ihre Nachbarkolonien im Jahr 1941. In: Jahrbuch Lateinamerika, Bd. 2.1965, S. 373-398 (zit. K.H. Oberacker 5)

3.3.5. Brasilianische Einwanderungsgesetzgebung und deutsche Auswanderungsgesetzgebung und -politik bezüglich Brasilien

Die von Rathgen, Mayo-Smith und Hehl [1] verfaßte und gegen Ende des 19. Jahrhunderts veröffentlichte Arbeit enthält einen von R. A. Hehl geschriebenen Abschnitt III "Die Entwicklung der Einwanderungsgesetzgebung in Brasilien" (S. 273-302), der den Zeitraum von 1818 bis 1894 berücksichtigt. Ausführlich bespricht Hehl das Dekret von 1818, das Landesgesetz von 1850, das Dekret von 1867 und die neue Kolonisationsordnung von 1890, wobei er auch auf die politischen und ökonomischen Hintergründe und auf die Auswirkungen dieser Bestimmungen eingeht. Der Abschnitt III basiert auf Auszügen der entsprechenden Dekrete und Gesetze der brasilianischen Einwanderungsgesetzgebung. Die von Rathgen, Mayo-Smith und Hehl zusammengestellte Veröffentlichung stellt eine Ergänzung zu der Arbeit von Philippovich [2] dar und beschreibt die Einwanderungsgesetze der Zielländer der deutschen Auswanderungen aus der Perspektive der Einwanderungsländer. Alfred Vagts [3] beschäftigt sich in Abschnitt VIII "Deutsche Auswanderung und Deutschamerikanertum" (S. 527-604) zunächst mit der Behandlung der Auswandererfrage in Deutschland (volkswirtschaftliche Wirkung auf das Mutterland). Dann schildert er die Ursachen und Pläne zur (staatlichen) Lenkung der Auswanderung (u.a. nach Brasilien) in den 90er Jahren des 19. Jahrhunderts, die Widerstände gegen die Lenkung im Zusammenhang mit der Monroe-Doktrin, das Drängen der Kolonialgesellschaften zur Aufhebung des Heydt'schen Reskripts und den Widerstand der Stadtstaaten Bremen und Hamburg gegen das Auswanderungsgesetz von 1897. Die Ausführungen zur Lenkung der Auswanderung stützen sich hauptsächlich auf ungedruckte Quellen des Archivs des Auswärtigen Amtes Berlin. Der Aufsatz von Karl Fouquet [4] behandelt die Hintergründe des Heydt'schen Reskripts und seine Wirkung auf die Auswanderungsquote. Außerdem wird das "Gesetz betreffend die Beförderung von Auswanderern vom 7. Mai 1853" und das "Gesetz über das Auswanderungswesen vom 9. Juni 1897" in die Betrachtung mit einbezogen. Der Aufsatz von Fouquet basiert im wesentlichen auf der "Gesetz-Sammlung für die Preußischen Staaten. Nr. 49", auf dem "Reichsgesetzblatt. Nr. 26" und auf dem "Königlich-preußischen Staatsanzeiger. Nr. 266".

---

1) Karl Rathgen, Richmond Mayo-Smith, R. A. Hehl: Englische Auswanderung und Auswanderungspolitik im 19. Jahrhundert. Einwanderung und Einwanderungsgesetzgebung in Nordamerika und in Brasilien (Schriften des Vereins für Sozialpolitik, Bd. 72) Leipzig 1896
2) siehe Rezensionsnachweis
3) Alfred Vagts: Deutschland und die Vereinigten Staaten in der Weltpolitik, Bd. 1, New York 1937
4) Karl Fouquet: Der von der Heydt'sche Erlaß vom Jahre 1859. In: Staden-Jahrbuch, Bd. 14. 1966, S. 71-81 (zit. K. Fouquet 3)

3.3.6. Genealogie Brasilien

Hier ist hinzuweisen auf die zwei kurzen Aufsätze aus den 30er Jahren von Hellmut Cullmann[1] und Walter Quiring[2] sowie auf die Veröffentlichungen von Carlos C. Hunsche[3],[4] und Jeneral Klinger.[5] Listen über die brasilianischen Geschlechter deutscher Herkunft sind in den Subsidios Genealogicos[6] enthalten. Im Registro de Estrangeiros[7] befinden sich Namen, Geburtstage, Beruf und andere Angaben zu den in Brasilien ansässigen Ausländern (einschließlich Deutschen) für den jeweiligen Zeitraum, wobei die Aufstellungen alphabetisch nach den Namen angeordnet sind.

3.4. La-Plata-Staaten

3.4.1. Argentinien

3.4.1.1. Auswanderungsliteratur

Die Literatur zu deutschen Auswanderung nach Argentinien steht quantitativ und qualitativ gegenüber der Literatur zur Brasilienauswanderung weit zurück.

Als erste Arbeit ist diejenige von Adolf N. Schuster[8] zu erwähnen, die auf S. 184-271 einen Bericht über die Gründung und Entwicklung der deutschen und schweizer Kolonien in Argentinien (für die Zeit von 1854-1882) enthält. Interessant ist die von Schuster zusammengestellte und alphabetisch

---

1) Hellmut Cullmann: Deutsche Familien- und Sippenkunde in Brasilien. In: Jahrbuch für auslanddeutsche Sippenkunde, Bd. 1, Stuttgart 1936, S. 129-131
2) Walter Quiring: Das mennonitische Deutschtum in Übersee und die Sippenforschung. In: Jahrbuch für auslanddeutsche Sippenkunde, Bd. 1, Stuttgart 1936, S. 134-135 (zit. W. Quiring 2)
3) Carlos H. Hunsche: Trein/Moog. Eine 1825 nach Brasilien ausgewanderte Familie und deren rheinische Vorfahren. São Paulo o. J. (1960), 63 S. (zit. C. H. Hunsche 2)
4) Carlos H. Hunsche: Ritter/Roth und Kessler. Zwei 1846 nach Brasilien ausgewanderte Familien und deren rheinische Vorfahren. São Leopoldo 1961, 88 S. (zit. C.H. Hunsche 3)
5) Jeneral Klinger: Uma familia Ritter no Braszil dezde 1846, Rio de Janeiro 1965, 152 S.
6) Subsidios Genealogicos. Familias Brasileiras de Origem Germânica. Publicação conjunta do Instituto Genealogico Brasileiro e do Instituto Hans Staden. Vol. I-V, São Paulo 1962-1967
7) Registro de Estrangeiros. Publicação do Ministerio da Justica e Negócios Interiores Arquivo Nacional. Rio de Janeiro Vol. 46.1960: 1808-1822, Vol. 49.1961: 1923-1830, Vol. 50.1962: 1831-1839 und Vol 54.1964: 1840-1842
8) Adolf N. Schuster: Argentinien. Land, Volk, Wirtschaftsleben und Kolonisation. Band 2. Diessen vor München 1913 (zit. A. N. Schuster 1)

angeordnete Siedlerliste deutscher und französischer Gründerfamilien von Esperanza, die auf argentinischen Aufzeichnungen des Jahres 1856 basiert. Ausführlich widmet sich Schuster dem Kapitel über die Siedlungen in Santa Fé. Auf S. 220 sind diese Siedlungsnamen nach ihrem Gründungsjahr (für den Zeitraum 1867-1882) angeordnet. Ebenfalls in dem Buch von Schuster befindet sich eine systematische alphabetische Zusammenstellung der Hauptzentren der "germanischen" Niederlassungen in der Provinz Santa Fé (Stand ca. 1885) mit Angaben über Gründerpersönlichkeiten und den Anteil der deutschen Siedler an der jeweiligen Kolonie. Die Veröffentlichung von Schuster stützt sich auf seine eigenen Reisestudien aus dem Jahre 1909. Die französische Arbeit von Pierre Berne[1] enthält auf S. 122-132 eine kurze und allgemeine Besprechung der deutschen Einwanderung in Argentinien im Vergleich zur französischen, italienischen und englischen Einwanderung (Zeitpunkte der Einwanderung, Bedeutsamkeit der Leistungen usw.) für den Zeitraum von 1880 bis 1913 (ohne statistische Angaben). Die Arbeit von Berne stützt sich auf Veröffentlichungen von Juan A. Alsina und auf französische Literatur des frühen 20. Jahrhunderts. Im Verlauf seiner Ausführungen befaßt sich Berne auch mit der argentinischen Einwanderungswerbung, Einwanderungspolitik und mit den Ursachen der europäischen Einwanderung aus der Perspektive Argentiniens. Der Aufsatz von Fritz Regel[2] behandelt in Teil II (S. 771-776) die deutsche Auswanderung (Zahl und Herkunftsgebiete der Auswanderer) nur kurz und in allgemeiner Form für die Zeit von 1820 bis 1914. Gut ist ein Vergleich zwischen vorhandenen Schätzungen zur deutschen Einwandererzahl von 1867 bis 1910 und den Ergebnissen von argentinischen Berechnungen. Die Schrift von Alexander Backhaus[3] enthält nur sehr allgemeine Berichte über verschiedene Kolonien und Kolonisationsbedingungen in Argentinien. Ein Aufsatz von Kurt Martin[4] beschreibt sehr allgemein

---

1) Pierre Berne: L'immigration européenne en Argentine. Paris 1915, 242 S.
2) Fritz Regel: Die Deutschen in Argentinien und die deutschen Interessen dasselbst. In: Forschungen und Versuche zur Geschichte des Mittelalters und der Neuzeit. Festschrift, Dietrich Schäfer zum siebzigsten Geburtstag, dargebracht von seinen Schülern. Jena 1915, S. 747-796
3) Alexander Backhaus: Die Auswanderung nach den La-Plata-Staaten (Schriften des Instituts für Auslandkunde und Auslanddeutschtum, Heft 13) Berlin o. J. (1920)
4) Kurt Martin: Argentinien als Ziel deutscher Auswanderung. In: Argentinien. Wirtschaft und Wirtschaftsgrundlagen, hrsg. von Josef Hellauer, Berlin und Leipzig 1921, S. 69-76

den Charakter der deutschen Einwanderung in Argentinien (Berufsgruppen und Siedlungsgebiete). Außerdem befaßt sich Martin mit der argentinischen Einwanderungsgesetzgebung und mit den Siedlungsproblemen der deutschen Einwanderer. Der Aufsatz von Martin, der keinerlei Angaben über Namenslisten oder Einwanderungsstatistik enthält, stützt sich auf deutsche Veröffentlichungen des frühen 20. Jahrhunderts. Über die russlanddeutsche Einwanderung ist die Arbeit von Jacob Riffel [1] vorhanden, die auf S. 23 - 41 für den Einwanderungszeitraum von 1877 bis 1882 viele Namensangaben der russlanddeutschen Einwanderer enthält. Die Veröffentlichung von Riffel stellt eine Ergänzung zu der Arbeit von Brepohl und Fugmann dar und stützt sich auf russlanddeutsche Literatur des frühen 20. Jahrhunderts sowie auf Beiträge aus Zeitschriften, Zeitungen und Kalendern. Die von Ludger Grüter herausgegebene Festschrift [2] über die wolgadeutsche Einwanderung schildert u.a. sehr allgemein die Entstehung und Entwicklung der Mutterkolonien Hinojo (Provinz Buenos Aires) und Alvear (Provinz Entre Rios) und die Gründung ihrer Tochterkolonien, ohne Angaben zu den benutzten Quellen zu geben. Die Veröffentlichung von Louis Ferdinand Prinz von Preußen [3] beschreibt eine Einwanderungstheorie, die ausgeht von der Attraktivität eines Einwanderungslandes. Im 1. Teil des Buches werden die Faktoren der Attraktivität formal analysiert, im 2. Teil inhaltlich am Beispiel Argentiniens besprochen. Die Arbeit von Louis Ferdinand stützt sich auf Reisestudien des Jahres 1926 und auf umfangreiche argentinische Literatur des frühen 20. Jahrhunderts zu argentinischen Wirtschaftsfragen. An dieser Stelle ist auf den Artikel "Argentinien" (S. 3 - 26) in dem Buch von Hugo Grothe hinzuweisen. Grothe gibt in diesem Artikel einen guten Überblick über die deutsche Auswanderung und Kolonisation in Argentinien für die Zeit von 1800 bis ca. 1930/31. Die Ausführungen zur Wanderungsstatistik für 1849 - 1866 (Hamburger und Bremer Hafenstatistik) und für 1919 - 1928 (argentinische und reichsdeutsche Statistik) sind umfangreicher und detaillierter als in der von Lütge, Hoffmann und Körner [4] verfaßten wichtigsten Veröffentlichung zur deutschen Auswanderung nach Argentinien. Der Abschnitt "Argentinien" im Handwörterbuch des Grenz- und Auslanddeutschtums [5] beinhaltet in den Artikeln III und IV Bemerkungen zum argentinischen Einwanderungswesen (Politik und Recht), Aufstellungen der amtlichen argentinischen Einwanderungsstatistik (die u.a. auch die deutschen Einwanderer getrennt von anderen Nationalitäten erfaßte) und eine Schilderung der Geschichte des

---

1) Jacob Riffel: Die Russlanddeutschen, insbesondere die Wolgadeutschen am La Plata (Argentinien, Uruguay und Paraguay). Festschrift zum 50-jährigen Jubiläum ihrer Einwanderung (1878-1928). O. O. o. J., 2. Auflage (1928)
2) Ludger Grüter (Hrsg.): Festschrift zum Fünfzig-Jahr-Jubliäum (1878-1928) der Einwanderung der Wolga-Deutschen in Argentinien. Buenos Aires 1928, 116 S.
3) Louis Ferdinand Prinz von Preußen: Theorie der Einwanderung, dargestellt am Beispiel Argentiniens. Berlin 1931, 153 S.
4) siehe Rezensionsnachweis
5) "Argentinien". In: Handwörterbuch des Grenz- und Auslanddeutschtum, hrsg. von C. Petersen u.a., Bd. 1, Breslau 1933, S. 115-143

Deutschtums in Argentinien. Die Ausführungen stützen sich auf eine Wanderungsstatistik von 1857-1924 (die vom Landwirtschaftsministerium und anderen amtlichen argentinischen Stellen herausgegeben worden ist), auf die Arbeiten von Grothe und Riffel und auf viele ältere deutsche Zeitschriftenaufsätze. Der von Wilhelm Lütge [1] verfaßte Aufsatz berichtet über den Charakter der russlanddeutschen Einwanderung seit 1877 (Weiterwanderung von Brasilien; Einwanderung von Russland über Bremen und Hamburg) und über die Anfangsschwierigkeiten der Besiedlung und Kolonisation in den verschiedenen Provinzen Argentiniens (hauptsächlich Entre Rios, Santa Fé und Buenos Aires) bis zum Jahre 1920. Auf S. 241 und S. 245 befinden sich Karten über die russlanddeutschen Siedlungen in Argentinien (Stand 1939). Der Aufsatz von Lütge stützt sich auf Materialien des DAI Stuttgart, u.a. auch auf die von L. Grüter herausgegebene Festschrift. Der umfangreiche Aufsatz von Wilhelm Keiper [2] enthält Literaturangaben zu im wesentlichen belletristischen und populärwissenschaftlichen Büchern. Der Bericht über Zeitungen, Zeitschriften und Kalender, die das Deutschtum in Argentinien behandeln, ist jedoch für detaillierte Quellenstudien heranzuziehen. Ein Aufsatz von Wilhelm Schulz [3] beschreibt die erste deutsche Gruppen-Einwanderung der Jahre 1825/26 in Verbindung mit dem Kolonisationsprojekt des deutschen Einwanderungsagenten Heine, wobei Schulz auch Angaben über die Zahl und die Herkunftsgebiete der Siedler macht. Weiterhin schildert der Verfasser das Schicksal der obengenannten Siedler bis zur Auflösung ihrer Kolonie Chorroarin (Gebiet Chacarita de los Colegiales). Dieser Aufsatz von Schulz, der auch teilweise in dem nächstrezensierten Werk von Lütge, Hoffmann und Körner verarbeitet ist, stützt sich auf die Zeitschrift "Der Weg" [4]. Hier ist noch auf die neuere Arbeit von Matias Seitz [5] über die Wolgadeutschen hinzuweisen.

Bereits im Vorwort des für die deutsche Auswanderung nach Argentinien wichtigsten Werkes von Wilhelm Lütge, Werner Hoffmann und Karl-Wilhelm Körner [6] wird festgestellt, daß eine Geschichte des Deutschtums bisher noch nicht geschrieben worden ist. Ebenfalls im Vorwort erwähnen die Verfasser ein Manuskript von Prof. Dr. Keiper "Das Deutschtum in Argentinien", das eine Zusammenstellung seiner zahlreichen Einzelpublikationen darstellen soll. Vermutlich ist dieses Manuskript aber nicht veröffentlicht worden, jedenfalls konnte es in den von mir

---

1) Wilhelm Lütge: Russlanddeutsche in Argentinien. In: Der Wanderweg der Russlanddeutschen. Jahrbuch der Hauptstelle für die Sippenkunde des Deutschtums im Ausland, Bd. 4, Stuttgart und Berlin 1939, S. 237-251
2) Wilhelm Keiper: Argentinien in der deutschen Literatur. In: Iberoamerikanisches Archiv, Berlin und Bonn, Jg. 9.1941, Heft 4, S. 256-299 (zit. W. Keiper 1)
3) Wilhelm Schulz: Die erste deutsche Siedlung in Argentinien. In: Zeitschrift für Kulturaustausch, Jg. 14, Heft 4, Stuttgart 1964, S. 236-240
4) Revista mental cultural "Der Weg" (El Sendero). Buenos Aires 1950, S. 149, S. 257, S. 273, S. 462 und S. 542
5) Matias Seitz: Los Alemanes del Volga y sus descendientes. 1764-1968. Buenos Aires 1968, 197 S.
6) Wilhelm Lütge, Werner Hoffmann, Karl-Wilhelm Körner: Geschichte des Deutschtums in Argentinien. Hrsg. vom Deutschen Klub in Buenos Aires zur Feier seines hundertjährigen Bestehens. Buenos Aires 1955, 385 S.

konsultierten Bibliothekskatalogen nicht ermittelt werden.[1] Ebenfalls unauffindbar blieben die von den Verfassern erwähnten Einzelstudien von Prof. Dr. W. Schulz, von dem nur der (bereits rezensierte) Aufsatz über die erste deutsche Siedlung in Argentinien gefunden werden konnte. In den ersten drei Kapiteln setzen sich Lütge, Hoffmann und Körner mit den deutschen Konquistadoren, den deutschen Jesuitenmissionaren und den Deutschen im Vizekönigreich Rio de la Plata auseinander. Im vierten Kapitel "Im Zeichen der Unabhängigkeit (1810-1830)" beschreiben die Verfasser die berufliche Zusammensetzung der ersten deutschen Einwanderer dieser Periode (Offiziere, Kaufleute, Industrielle, Handwerker; weniger Landwirte). Besonders intensiv beschäftigen sich die Autoren mit dem Hauptkontingent der Auswanderung, das sich auf Buenos Aires konzentriert hatte: den Kaufleuten aus den Hansestädten sowie den Vertretern der rheinischen Metallindustrie und der westfälischen Textilindustrie. Die positive Rolle des amerikanischen Konsuls Zimmermann und des argentinischen Präsidenten Rivadavia bei der Förderung der vereinzelten deutschen Auswanderung wird ebenfalls berücksichtigt. Da die in Argentinien lebenden Deutschen keinen diplomatischen Schutz von ihrem politisch zersplitterten Heimatland erwarten konnten, traten sie, insbesondere in Buenos Aires, in engen Kontakt mit der englischen Kolonie. Anschließend gehen die Verfasser auf den ersten deutschen Siedlungsversuch in Argentinien und sein Scheitern[2] sowie auf die Widerstände der einheimischen Bevölkerung gegenüber den Einwanderern ein. Im Kapitel 5 "Unter der Santa Federación (1830/1852)" beschreiben die Verfasser die Machtübernahme des Diktators Rosas,der schon frühzeitig das von Präsident Rivadavia angeordnete Einwanderungsgesetz außer Kraft setzte und die Einwanderungskommission auflöste. Durch diese Maßnahme Rosas' wurde die staatliche Förderung der Einwanderung für 24 Jahre ausgesetzt. Trotzdem setzte sich die vereinzelte deutsche Einwanderung, die auf Privatinitiative beruhte, fort. Auch die neue Fremdenpolitik Rosas', der die Ausländer von jeglicher politischer Tätigkeit ausschloß, brachte keine Verminderung der Einwanderung mit sich, sondern begünstigte die Gründung selbständiger ausländischer Kolonien. Im Verlauf dieses 5. Kapitels befassen sich die Autoren auch mit den Leistungen der verschiedenen deutschen Auswandererschichten in Argentinien und mit ihrer beruflichen Zusammensetzung, die in der Rosas'-Zeit durch Viehzüchter und Ackerbauern erweitert wurde. Dann beschreiben die Verfasser noch die unter dem Einfluß der neuen Fremdenpolitik sich verstärkende kirchliche

---

1) vorhanden sind:
- Wilhelm Keiper: Das Deutschtum in Argentinien während des Weltkrieges 1914-1918. (Übersee-Geschichte. Bd. 13) O. O. 1942, 68 S. (zit. W. Keiper 2)
- Wilhelm Keiper: Der Deutsche in Argentinien (Der Deutsche im Auslande, hrsg. vom Deutschen Zentralinstitut für Erziehung und Unterricht, Heft 57) Leipzig 1936 (zit. W. Keiper 3); die belletristisch orientierte Veröffentlichung W. Keiper 3 enthält allerdings nur allgemeine und kurze Berichte über die ersten Deutschen in Santa Fé und Esperanza
2) vgl. dazu auch den Aufsatz von Wilhelm Schulz, der von Lütge, Hoffmann und Körner teilweise zitiert wird

Organisation der Deutschen in Buenos Aires [1] sowie den Sturz Rosas' in dessen "Amtszeit" sich die Deutschen verschiedener sozialer Schichten unterschiedlich assimiliert hatten. Das Kapitel 6 "Im Zeitalter der Nationalen Organisation" enthält für die Zeit von 1852-1871 Ausführungen zum deutschen Vereinsleben in Buenos Aires (wobei der Einfluß der 48er Einwanderung auf die Demokratisierung verschiedener Vereine berücksichtigt wird) und eine Schilderung der landwirtschaftlichen Kolonisation. Die Verfasser weisen auf S. 200 hin, daß die organisierte Einwanderung von Europäern, wenn man von den ersten Versuchen Rivadavia's absieht, erst nach dem Sturz von Rosas erfolgt ist. Bei der Schilderung des Verlaufs der landwirtschaftlichen Kolonisation besprechen die Verfasser zuerst die Vorversuche in Villa Urquiza und Baradero und im Anschluß daran die deutsch-schweizerischen Koloniengründungen in der Provinz Santa Fé (insbesondere Esperanza und San Carlos). Auch die russlanddeutsche Einwanderung, die seit 1877/78 einsetzte und sich in die Provinz Entre Rios ergoss, wird kurz erwähnt. Für eine gründliche Bearbeitung der russlanddeutschen Einwanderung sollte man jedoch Veröffentlichungen von Lütge und Riffel mit heranziehen. Im 7. Kapitel "Wachstum und Differenzierung des Deutschtums in Argentinien" schildern die Autoren zunächst die Beteiligung Deutscher bei der Eroberung Pagatoniens und bei der Erschließung des Chaco. Dann befassen sie sich mit den deutschen Siedlungen in Misiones, die vor allem durch eine verstärkte Einwanderung nach dem 1. Weltkrieg ihren Aufschwung nahmen (insbesondere die drei Kolonien Eldorado, Monte Carlo und Puerto Rico). Stellvertretend für die Lage des Deutschtums in den Provinzstädten Argentiniens erwähnen die Verfasser dann die Situation der deutschen Stadtkolonie Mendoza. Gegen Ende des 7. Kapitels wird die Frage untersucht, warum die Deutschen im fruchtbarsten Teil des Landes, dem Getreidegürtel im Zentrum Argentiniens, nur vereinzelt und unbedeutend gesiedelt haben. Im 8. Kapitel "Deutsches Geistesleben in Argentinien" beschäftigen sich die Verfasser mit den deutschen Wissenschaftlern am Rio de la Plata (Chemiker, Zoologen, Botaniker und andere Naturwissenschaftler), dem deutschen Schulwesen in den verschiedenen Provinzen Argentiniens und dem Einfluß der deutschen Literatur, Malerei und Musik auf das argentinische Geistesleben. Das 9. Kapitel schildert (für den Zeitraum von ca. 1860 bis 1950) die Stellungnahmen des argentinischen Deutschtums zu den politischen Vorgängen in Europa.

Zur Quellenlage ist zu sagen, daß die Verfasser bei diesem Werk sowohl argentinische Quellen (Nationalarchiv) und Sekundärliteratur als auch deutsche Quellen und Sekundärliteratur verwendet haben. Dabei ist es vorteilhaft, daß die Autoren die Quellenangaben für jedes Kapitel gesondert erwähnen, so daß zu jeder inhaltlichen Ausführung das Ausmaß und der Stand der Quellenlage

---

1) vgl. dazu die ausführlichen Bemerkungen in der Arbeit von Hermann Schmidt; siehe Rezensionsnachweis

erkenntlich ist. Insbesondere bei der Heranziehung von privaten Quellen für die Beschreibung einzelner bedeutender deutscher Einwandererfamilien haben die Verfasser bisher unbekanntes Material erschlossen. Die immer wieder zitierten Bände des Jahrbuches des deutschen Volksbundes (1941-45) konnten in den benutzten Bibliotheken nicht ermittelt werden. Besonders wertvoll ist die Bearbeitung der Auszüge aus den (von Josef Winiger durchgesehenen) deutschen Zeitungen in Argentinien von 1863-1871, da diese Jahrgänge heute nicht mehr vorhanden sind. Weil die Verfasser sich schwerpunktmäßig auf argentinische Quellen und Veröffentlichungen stützten, vernachlässigten sie z. T. deutschsprachige Vorarbeiten, u. a. die Beiträge von F. Regel, J. Riffel und K. Martin.

Weiterhin unberücksichtigt geblieben sind die Abschnitte "Argentinien" bei Hugo Grothe und im Handwörterbuch des Grenz- und Auslandsdeutschtum, die von L. Grüter herausgegebene Festschrift sowie die hier nicht rezensierte Arbeit von Oskar Schmieder und Herbert Wilhelmy [1].

Die deutsche Kirche in Argentinien wurde von den Verfassern nur wenig behandelt und hätte zumindest einen selbständigen Abschnitt im Rahmen dieses Buches einnehmen können. Allerdings läßt sich diese Lücke durch die Arbeit von Hermann Schmidt [2] teilweise wieder ausfüllen. Die statistische Aufbereitung der deutschen Auswanderung nach Argentinien fehlt in diesem Buch bis auf wenige Ausnahmen fast gänzlich, ebenso wie die Veröffentlichung von Einwanderernamenslisten. Die Verfasser nennen zwar viele vereinzelte Auswanderernamen, aber sie stellen keine geschlossenen oder systematisierten Einwandererlisten oder -statistiken auf. Die Autoren hätten diese statistische Mängel zumindest durch die Heranziehung der Arbeiten von W. Keiper 4 und 5 [3] mindern können. Da sich das Buch von Lütge, Hoffmann und Körner an eine breite Öffentlichkeit wendet und deshalb Wert legt auf die Betonung der menschlichen Züge der einzelnen Schicksale ausgewanderter Deutschen,[4] kann es strengen wissenschaftlichen Ansprüchen nicht genügen. Bei einigen Ausführungen dieses Buches hätten sich (insbesondere bei Kapitel 5.3 "Deutsche Viehzüchter und Ackerbauern") die von den Verfassern häufig zitierten Reiseschilderungen des 19. und des frühen 20. Jahrhunderts ersetzen lassen durch die von den Autoren übersehenen Vorarbeiten. Erstaunlicherweise gehen die Verfasser auf die von Deutschland ausgehenden Lenkungsversuche zur Auswanderung nach Argentinien nur sehr kurz ein, obwohl hierzu Arbeiten vorhanden sind,

---

1) Oskar Schmieder, Herbert Wilhelmy: Deutsche Ackerbausiedlungen im südamerikanischen Grasland, Pampa und Gran Chaco (Deutsches Museum für Länderkunde. Wissenschaftliche Veröffentlichungen. Neue Folge 6) Leipzig 1938, 134 S.
2) und 3) siehe Rezensionsnachweis
4) vgl. Lütge, Hoffmann, Körner: a.a.O., Vorwort, S. 5 f

u. a. in den Veröffentlichungen des Deutschen Kolonialkongresses [1],[2]. Eine grundsätzliche Kritik sollte jedoch an der Verfahrensweise der Autoren geübt werden, die einzelnen reichen deutschen Familien (allzu) ausführlich zu beschreiben und darüber eine zusammenhängende und systematische Darstellung der deutschen Einwanderung und Siedlung zu vernachlässigen.

3.4.1.2. Kolonienbeschreibungen Argentinien

An Kolonienbeschreibungen ist zuerst die Arbeit von Erich Elsner[3] zu erwähnen. Diese Veröffentlichung enthält neben den Berichten zum Deutschtum auch einen Abschnitt "Geschichte der deutschen Kolonie Rosarios" (S. 64-79), der den Zeitraum von 1850 bis 1930 umfaßt und viele Namen der Deutschen (z. T. mit Ankunftsjahr in Argentinien) enthält. Zwei Aufsätze über die deutsche Bevölkerung von Buenos Aires kommen von Wilhelm Keiper.[4] Der Aufsatz W. Keiper 4 beinhaltet nur wenige Zahlenangaben, u. a. einen Vergleich des Verhältnisses männlichen zu weiblichen Deutschen und einen Vergleich der deutschen ansässigen Bevölkerung mit den anderen europäischen Bevölkerungsteilen. Im zweiten Aufsatz W. Keiper 5 macht der Verfasser gute statistische Angaben, z. T. mit Interpretation und Diskussion der einzelnen Statistiken. Die beiden Aufsätze beruhen auf Statistiken der Stadt Buenos Aires, auf Statistiken des argentinischen Ackerbauministeriums von 1857-1924, auf argentinischen Volkszählungen von 1869, 1895 und 1914 und auf Auszügen aus dem deutschen La-Plata-Kalender. Die von Hermann Schmidt[5] verfaßte Arbeit beschreibt neben der Entwicklung der deutschen Kirchengemeinde in Buenos Aires im Abschnitt "Deutsche in Buenos Aires von 1810-1842" die ersten vereinzelten deutschen Einwanderer und untersucht die Gründe der geringen deutschen Einwanderung. Auf S. 19-27 beschäftigt sich Schmidt mit der Bedeutung der Unabhängigkeitserklärung für die Einwanderung der protestantischen Europäer. Dann beschreibt er (auf S. 127-134) die Förderung der Einwanderung durch die Regierung in Buenos Aires (um 1852). Auf S. 265-273 befindet sich eine Namensliste der Deutschen mit

---

1) R. Jannasch: Argentinien als Wirtschafts- und Auswanderungsgebiet. In: Verhandlungen des Deutschen Kolonialkongresses 1905. Berlin 1906, S. 753-773 (mit statistischem Anhang auf den S. 769-773)
2) W. Arent: Pagatonien, ein deutsches Kolonisationsgebiet. In: Verhandlungen des Deutschen Kolonialkongresses 1905. Berlin 1906, S. 723-740
3) Erich Elsner: Chronik der deutschen Kolonie Rosarios. Buenos Aires 1932, 356 S.
4) Wilhelm Keiper: Die deutsche Bevölkerung von Buenos Aires. I. Von der Kolonialzeit bis 1870, II. Von 1871-1918. In: Auslanddeutsche Volksforschung. Vierteljahresschrift des Deutschen Auslandsinstituts Stuttgart, Bd. VI, Stuttgart 1942/43, (I.) S. 43-49, (II.) S.155-167 (zit. W. Keiper 4 und 5)
5) Hermann Schmidt: Geschichte der deutschen evangelischen Gemeinde in Buenos Aires, 1843-1943. Buenos Aires 1943

Herkunftsgebieten und -orten, z. T. mit Berufsangaben, für die Zeit von 1820-1843, basierend auf anglikanischen, schottischen und methodistischen Kirchenbüchern. Schmidt gibt auch Beschreibungen des Prozesses, wie aus den vereinzelt eingewanderten Deutschen eine in sich geschlossene Gemeinschaft wurde. Man kann aus diesen Ausführungen schließen, daß der Beginn des evangelischen Gemeindelebens in Buenos Aires zugleich eine Vorgeschichte der deutschen Kolonie ist. Die Arbeit von Schmidt stützt sich neben der Sekundärliteratur auf viele ungedruckte Quellen (Protokolle und Kirchenbüchern der Gemeinde) und auf eine Vielzahl von Zeitschriften, Zeitungen, Jahrbücher und Festschriften.

3.4.1.3. Argentinische Einwanderungsgesetzgebung und -politik

Zur Einwanderungsgesetzgebung und -politik sind die Arbeit von Georg Hiller [1] zu erwähnen. Er beschäftigt sich in seinem Buch mit der konförderalen und provinziellen Einwanderungspolitik, deren Zentralisation und der Entwicklung der Einwanderungsgesetzgebung für den Zeitraum von 1852-1910 (S. 32-78). Die deutsche Einwanderung wird hinsichtlich Berufszusammensetzung, Anteil an der Gesamteinwanderung und allgemeiner Entwicklung behandelt (S. 118-136). Die zahlreichen statistischen Angaben enthalten u. a. eine Aufstellung der Zahl der deutschen Einwanderer von 1857-1911. Zum Teil stellt Hiller die Angaben der amtlichen deutschen Statistik denjenigen der amtlichen argentinischen Statistik gegenüber. Ausführungen zu den Herkunftsgebieten der deutschen Einwanderer macht Hiller nicht. Seine Arbeit stützt sich hauptsächlich auf deutsche und argentinische Quellen bzw. Sekundärliteratur des 19. Jahrhunderts. Die Veröffentlichung von Gustav Niederlein [2] enthält auf S. 24-26 eine Übersicht über die argentinische Einwanderungs- und Kolonisationsgesetzgebung, wobei besonders das argentinische Einwanderungsgesetz von 1876 und das argentinische Landgesetz von 1903 behandelt werden. Neben den beiden genannten Arbeiten befassen sich auch die meisten wichtigen Schriften zur Argentinienauswanderung mit der argentinischen Einwanderungsgesetzgebung und -politik.

---

1) Georg Hiller: Einwanderung und Einwanderungspolitik in Argentinien. Bd. 1. Berlin 1912, 159 S.
2) Gustav Niederlein: Argentinien als deutsches Siedlungsland. Sonderdruck aus: "Lateinamerika". Organ des Deutsch-Argentinischen Zentralverbandes. Berlin 1922, 30 S.

3.4.2. Uruguay

Als Vorarbeiten kommen hier die Arbeiten von Wilhelm Nelke [1], Walter von Hauff [2] und Otto Bürger [3] in Frage. Die erste grundlegende Veröffentlichung bezüglich der deutschen Auswanderung nach Uruguay kommt von Wilhelm Nelke [4]. Obwohl diese Arbeit ergänzt wird durch die Ausführungen zur deutschen Uruguayauswanderung in dem Buch von Hugo Grothe und später durch einen Aufsatz Nelke's [5] über die Russlanddeutschen in Uruguay, ist das Buch W. Nelke 2 die Hauptquelle der Information über die Deutschen in Uruguay. Leider gibt es keine neueren Veröffentlichungen zur deutschen Auswanderung nach Uruguay, die den gesamten Zeitraum der deutschen Auswanderung in systematischer Weise darstellen. Das Buch von Nelke ist als Auskunftgeber für Auswanderungswillige gedacht und beinhaltet deshalb auch viel inzwischen veraltete Information. Trotzdem enthält Nelke's Veröffentlichung einige brauchbare Angaben zur deutschen Einwanderung, wenn sie auch nicht systematisch geordnet sind. In Teil II "Deutsche Einwanderung in Uruguay" (S. 134-206) vermißt man Ausführungen über die Auswanderungsgründe (nur die Ursachen der Nachkriegs-Auswanderung seit 1918 werden kurz erwähnt). Die Herkunftsgebiete der deutschen Auswanderer werden von Nelke vereinzelt genannt, doch geben diese zufälligen Nennungen keinen Aufschluß über den Schwerpunkt der Herkunftsgebiete insgesamt. Die Berufe der Auswanderer werden bei Nelke hingegen genau und häufig erfaßt, ebenso wie die Namen bedeutender Auswanderer. Nelke sieht das Jahr 1852 als Beginn der deutschen Auswanderung an, die von Beginn der 60er-Jahre an zunahm und 1873 ihren Höhepunkt erreichte [6]. Die europäischen Einwanderungsströme gliedert Nelke nach ihrem Verlauf und ihrer Herkunft: Der erste Strom führte über "Fray-Bentos und die deutschen Estanzien an der Ostseite des Uruguayflusses" [7] und der zweite über Neu Helvetia. Der dritte Einwandererstrom (nach der Stadt) ging hauptsächlich zu den deutschen Geschäftshäusern, der vierte brachte Einwanderer aus dem südlichen Brasilien und der

---

1) Wilhelm Nelke: Die deutsche Kolonie in Montevideo. Montevideo 1919 (zit. W. Nelke 1)
2) Walter von Hauff: Das Deutschtum in Uruguay. In: Deutsche im Ausland, hrsg. von W. Mohr u. a., Breslau 1926^2, S. 231-233
3) Otto Bürger: Uruguay. Leipzig 1928 (zit. O. Bürger 3)
4) Wilhelm Nelke: Das Deutschtum in Uruguay (Schriften des Deutschen Auslandsinstituts Stuttgart, A. Kulturhistorische Reihe, Bd. 5) Stuttgart 1921, 381 S. (zit. W. Nelke 2)
5) Wilhelm Nelke: Das Russlanddeutschtum in Uruguay. In: Der Wanderweg der Russlanddeutschen. Jahrbuch der Hauptstelle für die Sippenkunde des Deutschtums im Ausland. Jg. 4. Stuttgart und Berlin 1939, S. 203-236 (zit. W. Nelke 3)
6) vgl. W. Nelke 2, S. 140
7) ebenda, S. 140

fünfte Strom führte desertierte Seeleute (für kürzere oder längere Zeit) nach Uruguay. Dann geht Nelke auf die in den 70er Jahren des 19. Jahrhunderts unternommenen Kolonisationsversuche ein und befaßt sich kurz mit ihrem Scheitern. Für den dritten Einwandererstrom, der die deutsche Kolonie in Montevideo stärkte, gibt Nelke als Herkunftsgebiete die Hansestädte Bremen und Hamburg an.[1] Der vierte Einwanderungsstrom, der u. a. von Deutschen aus Brasilien gebildet wurde, brachte nur vereinzelte Personen oder Familien nach Uruguay, jedoch schon ab 1840/50 und in ständigem Fluß bis ca. 1920. Die Herkunftsgebiete der deutschen Schäfer und Ackerbauern von den Estanzien der westlichen Departemente Uruguay's sowie die Herkunftsgebiete der Handwerker, Techniker, Chemiker und Kaufleute Fray Bentos nennt Nelke nicht. Die statistischen Angaben zur deutschen Einwanderung sind sehr selten und dann noch ohne Quellenangaben versehen. Zu den relativ starken Einwanderungen der 60er und 70er Jahre bemerkt Nelke, daß sie sich hauptsächlich aufs Land wendeten. Interessant ist die Feststellung des Verfassers [2] über die Änderung der Berufsstruktur der Einwanderer (vorher fast ausschließlich Kaufleute, nun auch Handwerker). Auf S. 155 f geht Nelke auf die Auf- und Abwärtsbewegung der deutschen Auswanderung von 1873 bis ca. 1920 ein. Anschließend erwähnt Nelke [3] auch zwei Quellen über die deutsche Kolonie in Montevideo, zum einen das Jahrbuch und den Adresskalender "Buenos Aires 1884" und die Schrift "Die Republik Oriental del Uruguay und einige Worte über die Deutsche Kolonie in Montevideo", verfaßt von W. J. Boeni und L. Wagenknecht. Diese beiden Quellen geben u. a. über das Vereinswesen in Montevideo Auskunft. In den Kapiteln X-XVI finden sich Ausführungen über die deutsche Landwirtschaft in Uruguay (von Prof. Dr. Backhaus), über das Kolonistenleben in der Kolonie Nueva Helvetia (von A. Richter), die deutschen Kirchengemeinden (von W. Nelke u. a.), das deutsche Schulwesen (von H. Schmidt und A. Richter) und das deutsche Vereinsleben und die Stellung der Uruguay-Deutschen zum 1. Weltkrieg (von W. Nelke). Im Kapitel XVII "Die deutschen Einwanderer und Rückwanderer nach dem Kriege" (S. 316-347) erläutert der Verfasser (anhand der Briefe und Bitten des Deutschen Hilfsvereins von Uruguay) die geringe deutsche Nachkriegsauswanderung nach Uruguay. Anschließend untersucht Nelke die Ursachen für die hohe Rückwanderung nach Deutschland, die er hauptsächlich auf die Währungsunterschiede zwischen Goldpeso und Mark zurückführt. Das Kapitel XVII ist gekennzeichnet durch einen Überhang an Informationen für Auswanderungswillige und einem Mangel an statistischem Zahlenmaterial über Ein- und Rückwanderungen.Im Kapitel IX "Die Geschichte der deutschen Einwanderung in Uruguay" liefert Nelke

---

1) vgl. W. Nelke 2, S. 145
2) vgl. W. Nelke 2, S. 149
3) vgl. ebenda, S. 164

genausowenig eine gründliche Analyse für das Scheitern der deutschen Kolonisationsversuche wie Backhaus in Kapitel "Deutsche Landwirtschaft in Uruguay". Erwähnenswert ist das "Verzeichnis aller Deutschsprechenden in Uruguay" (S. 352-382), das (ohne Quellenangaben zu enthalten) Aufzeichnungen über Namen, Berufe und Niederlassungsorte der Deutschsprechenden enthält, aufgeteilt nach den Regionen Montevideo's, nach Nueva Helvetia und dem übrigen Uruguay. Die Veröffentlichung von Nelke, die ohne Vorhandensein von Vorarbeiten [1] erarbeitet werden mußte, enthält keine oder nur ungenügende Quellenangaben oder statistische Aufbereitungen. Vermutlich stützt sich dieses Buch deshalb hauptsächlich auf die Informationen, die Nelke in Uruguay selbst ermittelt hat.

An dieser Stelle ist auf den Abschnitt "Uruguay" (S. 104-110) des Buches von Hugo Grothe hinzuweisen, der insbesondere in statistischer Hinsicht ergänzende Materialien zur Arbeit W. Nelke 2 enthält.

Bezüglich der deutschen Auswanderung nach Uruguay müßte noch erkundet werden, ob irgendwelche uruguayischen Archive oder Vereins- bzw. Kirchenregister herangezogen werden könnten, um mehr und genaueres Material zu erschließen.

3.4.3. Paraguay

Die hier als erste zu erwähnende Arbeit kommt von Otto Bürger [2] und enthält im 3. Abschnitt "Einwanderung und Kolonisation"(S. 218-263) einige statistische Daten zur deutschen Einwanderung (für den Zeitraum von 1896-1922), die auf amtlicher paraguayischer Statistik basieren. Auf S. 224-227 befindet sich eine Übersicht der Regierungskolonien in Paraguay mit Angaben der Gründungsjahre und dem Anteil der Deutschen. Nach dieser Darstellung beschreibt Bürger die einzelnen Kolonien am Alto Paraná, im Gebiet des Rio Paraguay, im Innern des Landes und in den Industriegebieten, wobei er den deutschen Anteil am Aufbau und an der Entwicklung dieser Kolonien nur in allgemeiner Weise berücksichtigt. Die Veröffentlichung von A. Schuster [3] geht im

---

1) mit Ausnahme der bereits erwähnten Schriften W. Nelke 1 und O. Bürger 3
2) Otto Bürger: Paraguay. Der "Garten Südamerikas". Ein Wegweiser für Handel, Industrie und Einwanderung. Leipzig 1927 (zit. O. Bürger 4)
3) Adolf N. Schuster: Paraguay. Land, Volk, Geschichte, Wirtschaftleben und Kolonisation. Stuttgart 1929 (zit. A. N. Schuster 2)

- 99 -

Abschnitt VI "Einwanderung und Kolonisation" (S. 590-657) nur sehr kurz und allgemein auf die deutschen Kolonien (u. a. San Bernardino, Hohenau, Independencia und Nueva Germania) ein für die Zeit von 1870 bis 1919. Der Verfasser widmet sich aber ausführlich dem paraguayischen Einwanderungsgesetz von 1903, dem Besiedlungsgesetz von 1904 sowie den Vorschriften über Privatkolonisation und der Entwicklung dieser Gesetze und Verordnungen bis 1920 (auf S. 612-633). Schuster stützt sich bei seiner Veröffentlichung auf eigene Reiseaufzeichnungen und auf amtliches paraguayisches Material (Beschlüsse der Handelskammer und Regierungserlasse). Der kurze Aufsatz von K. E. Kempski [1] berichtet über die landwirtschaftlichen Schwierigkeiten der deutschen Siedler im Chaco (für den Zeitraum 1920-1930). Außer der Nennung verschiedener deutscher Siedlungsorte enthält der Aufsatz keine besonderen Angaben zur deutschen Auswanderung. Der englischsprachige Aufsatz von Walter Quiring [2] behandelt die Hintergründe der Auswanderung der deutschen Mennoniten aus Rußland, ihren Wanderweg und die Schwierigkeiten ihrer Kolonisation in Paraguay. Der Verfasser beschreibt die (in zwei größeren Wellen verlaufene) Einwanderung dieser Rußlanddeutschen für den Zeitraum 1930-1932 und erwähnt auch die einzelnen Siedlungsgründungen mit dem Zeitpunkt ihrer Entstehung. Die Zahl und die Herkunftsgebiete der Siedler werden genannt, während Namenslisten fehlen. Dieser Aufsatz von Quiring beinhaltet keine Quellenangaben. Ein Aufsatz von Friedrich Kliewer [3] enthält eine übersichtsartige Geschichte der russlanddeutschen Einwanderung und Besiedlung Paraguay's seit den Anfängen bis 1938. Auf S. 255 stellte der Verfasser eine Karte der russlanddeutschen Siedlungsgebiete (Stand 1939) dar, die vermutlich wie die übrigen Ausführungen Kliewer's auf Materialien des (ehemaligen) DAI Stuttgart beruht. Die geographisch orientierte Studie von Herbert Wilhelmy [4] über die Geschichte der deutschen Kolonien in Mittelparaguay umfaßt den Zeitraum von 1880-1937. Besondere Ausführungen macht der Verfasser über die Entstehung und die Entwicklung der deutschen Kolonien San Bernardino, Altos, Villarica, Independencia, Carlos Pfannl und Sudetia, wobei die Gründungsjahre der Kolonien und die Zahl der in ihr ansässigen Deutschen i. d. R. berücksichtigt werden.

---

1) K. E. Kempski: Die deutschen Siedlungen im paraguayischen Chaco. In: Die Flotte. Beiblatt: Der Auslanddeutsche. Jg. 14, Berlin 1931, S. 324-326
2) Walter Quiring: The colonization of the German Mennonites from Russia in the Paraguayan Chaco. In: The Mennonite Quarterly Review, VIII, 1934, 2., S. 62-72 (zit. W. Quiring 3)
3) Friedrich Kliewer: Die Russlanddeutschen in Paraguay. In: Der Wanderweg der Russlanddeutschen. Jahrbuch, Jg. 4, Stuttgart und Berlin 1939, S. 252-257 (zit. Friedrich Kliewer 1)
4) Herbert Wilhelmy: Die deutschen Siedlungen in Mittelparaguay (Schriften des Geographischen Instituts der Universität Kiel, Bd. 11.1) Kiel 1941, 40 S.

Die Arbeit von Wilhelmy enthält nur wenige Angaben zu Einwanderungszahlen und den Herkunftsgebieten der Siedler. Der Verfasser stützt sich auf seine eigenen (früheren) Veröffentlichungen,
auf Tagebuchaufzeichnungen verschiedener Reisen (der Jahre 1936 und 1937), auf Literatur des
19. Jahrhunderts und auf Aufsätzen aus "Der Auslanddeutsche".

Bei dem für die deutsche Auswanderung nach Paraguay wichtigsten Werk von Friedrich Kliewer [1]
werden die im Vorwort gemachten Bemerkungen (zum Stand der Quellenlage und zur seitherigen
Bearbeitung des Problems in der Literatur) der Rezension vorangestellt. Kliewer schreibt über
seine eigene Arbeit: "Diese Untersuchung über die deutsche Volksgruppe in Paraguay ist die erste
ihrer Art. Die bisherigen Veröffentlichungen über Paraguay enthielten nur wenige Angaben über
das Leben der Deutschen. Es lag lediglich eine Arbeit über die ersten Jahre der deutschen Siedlungstätigkeit im Chaco vor (Quiring: Deutsche erschließen den Chaco). Es mußten daher folgende Quellen
für die Untersuchung herangezogen werden:

1. alle in Paraguay erscheinenden deutschen Zeitschriften;
2. alle erreichbaren Satzungen und Jahresberichte der deutschen Vereine und Verbände in Paraguay;
3. gelegentliche, in reichsdeutschen Zeitungen und Zeitschriften erschienene Aufsätze und kurze
   Meldungen über das Deutschtum in Paraguay;
4. Berichte und Briefe aus den deutschen Kolonien in Paraguay;
5. ein Fragebogen zur Erforschung des Deutschtums in Paraguay, den ich für diesen Zweck auf-
   stellte und der im Sommersemester 1937 mit Unterstützung der Arbeitsstelle für auslanddeutsche
   Volksforschung in Stuttgart an alle deutschen Siedlungen in Ostparaguay verschickt wurde;
6. persönlicher Briefwechsel mit den leitenden Männern der deutschen Mennonitenkolonien im Chaco
   und in Ostparaguay;
7. eigene Landeskenntnis, besonders der Chacosiedlungen, in denen ich von 1930-1934 als
   Lehrer arbeitete.

Als Aufgabe hatte ich mir die Untersuchung der volkspolitischen Lage der deutschen Volksgruppe
in Paraguay gestellt. Da aber eine zusammenfassende Arbeit über das Deutschtum dieses Landes

---

[1] Friedrich Kliewer: Die deutsche Volksgruppe in Paraguay. Eine siedlungsgeschichtliche,
    volkskundliche und volkspolitische Untersuchung (Übersee-Geschichte. Bd. 12) Hamburg 1941,
    223 S. (zit. Friedrich Kliewer 2)

fehlte, mußte zunächst die Entstehung und Entwicklung der deutschen Kolonien dargestellt werden. Das ist im ersten Teil der Arbeit geschehen, wobei gleichzeitig die wirtschaftlichen und die sonstigen Leistungen der Deutschen für Paraguay dargelegt wurden. Im zweiten Teil bin ich auf das völkisch-kulturelle Leben dieser kleinen Volksgruppe eingegangen und habe am Schluß ihre gegenwärtige volkspolitische Lage zu zeichnen versucht. In dem einleitenden Teil habe ich einen kurzen Überblick über die natürlichen und geschichtlichen Grundlagen des Landes gegeben, um dadurch das Verständnis für die besondere Lage der Deutschen in Paraguay zu erleichtern. - Die Unterlagen für die beigefügten Karten wurden mir von Siedlern der betreffenden Kolonien und Siedlungsgebiete zur Verfügung gestellt."[1]

Im Anschluß an diese Ausführungen Kliewer's soll zur ausführlichen Rezension übergegangen werden. Kliewer behandelt im I. Teil "Die Entwicklungsgeschichte der deutschen Kolonien" in Punkt 7 und 8 die Einwanderungsbedingungen und die Kolonisationsgesetze Paraguay's von 1853 bis ca. 1937 (Übergang von der rein geschäftlichen Behandlung der Einwandererfrage zu gesetzlichen Regelungen). Dabei geht Kliewer auf die Einwanderungsgesetze von 1881 und 1903 ein, während er eine ausführliche Besprechung der von 1900-1920 verabschiedeten Gesetze und Bestimmungen über Einwanderung und Kolonisation vermeidet und auf die Arbeit von Schuster verweist, der für den obengenannten Zeitraum umfangreiche Erläuterungen zu den jeweiligen Gesetzen gibt. Als besonders bedeutsam für die Entstehung geschlossener deutscher Kolonien betrachtet Kliewer die liberalen Kolonisationsgesetze und ihre Ausführungsbestimmungen, die den Siedlern weitgehende Freiheit bei der Wahl der Siedlungsform gelassen haben.[2] In Punkt 9 b) geht Kliewer auf die ersten deutschen Siedler in Paraguay ein (Einwanderung im Jahr 1871 aus den Nachbarländern Brasilien, Uruguay und Argentinien). Die Kolonie dieser ersten Siedler war aber aus verschiedenen Ursachen heraus, die Kliewer zu analysieren versucht, bereits nach 3 Jahren nahezu aufgelöst. Nach der Schilderung einiger mißglückter europäischer Siedlungsversuche befaßt sich Kliewer mit den ersten Ansätzen eines "bodenständigen Deutschtums" in Paraguay[3] und den deutschen Niederlassungen San Bernardino und Altos. Obwohl es sich bei diesen zwei Niederlassungen noch nicht um geschlossene deutsche Siedlungen handelte, erlangten sie für die weitere deutsche Einwanderung und Kolonisation eine große Bedeutung infolge der wahrgenommenen Fähigkeit, das paraguayische

---

1) F. Kliewer 2: a. a. O., Vorbemerkungen
2) vgl. ebenda, S. 31
3) vgl. ebenda, S. 38

Klima ohne gesundheitliche Schäden zu ertragen und sich als Bauern zu behaupten.[1] Dann beschreibt Kliewer den ersten Versuch einer geschlossenen deutschen Siedlung in Paraguay: Nueva Germania. Nach den Plänen von Dr. Bernhard Förster sollte ein "Neu-Deutschland" geschaffen werden, das die Voraussetzung für eine Durchdringung des südamerikanischen Kontinents mit dem deutschen Element darstellen sollte. Wegen der fehlerhaften Planung hatte die 1887 gegründete Kolonie jedoch so hart um ihre Existenz zu kämpfen, daß sie nur durch die von Fritz Neumann eingeführte Yerbakultur ihr Überleben sichern konnte. Da ein größerer Zuzug deutscher Einwanderer nicht stattfand, strömten Guarani-Paraguayer in die Siedlung ein und bildeten mit den früheren Ansiedlern eine Mischsiedlung.[2] In Punkt 11 untersucht Kliewer das deutsche Siedlungsgebiet am paraguayischen Alto Paraná (Südostparaguay) mit den Kolonien Hohenau, Capitan Meza, Obligado, Bella Vista, Jesus y Trinidad, Cambyrete, Alborada, Fram und der Stadtkolonie Encarnación hinsichtlich Gründungsschwierigkeiten, Zu- und Abwanderungen und kolonisatorischem Erfolg. Er kommt dabei zu dem Ergebnis, daß die größte Leistung der (hauptsächlich aus Brasilien eingewanderten) Deutschen die Einführung der Waldbrand-Hackwirtschaft war. Der seit ca. 1914 erfolgreich versuchte Anbau von Yerba verlor nach den großen Preisstürzen der 30er Jahre an Bedeutung, so daß die meisten Kolonien von dieser Monokultur auf Mischwirtschaft umsteigen mußten. Dank der großen Anpassungsfähigkeit dieser Siedler war es kurze Zeit später möglich, durch Maisanbau, Schweinezucht und Herstellung von Rohrzucker eine neue Lebensgrundlage herzustellen.[3] Für das in Punkt 13 besprochene Siedlungsgebiet Villarica (mit den Kolonien Independencia, Carlos Pfannl, Sudetia und der Stadtkolonie Villarica) war der hauptsächlich von ehemals deutsch-afrikanischen Siedlern betriebene Weinanbau eine Haupterwerbsquelle. Durch die Einwanderung von Süddeutschen, die von Haus aus mit dem Weinanbau vertraut waren, nahm die Verbreitung des Weinanbaus noch erheblich zu. Aber erst nach dem gelungenen Anbau edler Weinsorten und der Verdrängung ausländischer Konkurrenzweine vom heimischen Markt konnte sich die wirtschaftliche Lage der Deutschen verbessern und die (sich auch in Mittelparaguay auswirkende) Krise des Yerbaanbaus ausgleichen. Der kurze Bericht über die deutschen Siedlungen am Alto Paraguay (Niederlassungen bei San Pedro, Gebiet Concepción und Kolonie Friesland) enthält keine Angaben über besondere Leistungen der Deutschen, wenn man von der Kultivierung der Yerbapflanze absieht, die nach den im Siedlungsgebiet Villarica praktizierten Methoden angebaut wurde. Nur kurz geht Kliewer auf die mennonitischen Siedlungsgründungen Menno und Fernheim ein,

---

1) vgl. F. Kliewer 2: a. a. O., S. 43
2) vgl. ebenda, S. 51
3) vgl. ebenda, S. 67 ff

die bei neueren Untersuchungen von J. W. Fretz 3[1]) und H. Hack[2]) ausführlicher besprochen werden, wobei dort auch die wirtschaftliche Entwicklung bis in die 60er Jahre unter Einschluß der erst 1947/48 gegründeten Kolonie Neuland berücksichtigt werden konnte. In Punkt 15 befaßt sich Kliewer mit den wirtschaftlichen Erfolgen der Deutschen im Gebiet der Landeshauptstadt Asuncion, die außer in den von Kliewer bereits erwähnten Kolonien San Bernardino und Altos in den Kolonien Nueva Italia, Canadita, Elisa und in der Stadtkolonie Asuncion lebten. Anschließend bespricht Kliewer das Verwaltungswesen in den deutschen Kolonien. Da die Wahl und die Ernennung deutscher Einwanderer als Verwalter durch die paraguayische Gesetzgebung zugelassen wurde, konnte man von einer großen Liberalität des paraguayischen Staates gegenüber seinen neuen Bürgern sprechen. Die mennonitischen Siedlungen waren von staatlicher Einmischung vollständig frei und besaßen eine reine Selbstverwaltung. In Punkt 17 gibt der Verfasser nocheinmal einen kurzen Überblick über die gesamte deutsche Siedlungstätigkeit in Paraguay und untersucht dabei die Gründe für Erfolg und Mißerfolg der verschiedenen Kolonien. Aufgrund einer Fragebogenaktion ermittelte Kliewer die Zahl der Deutschen (Stand 1937/38) in den Siedlungsgebieten Alto Paraná, Villarica, Alto Paraguay, Chaco, Asuncion und Umgebung, wobei er auch jeweils Daten zur Zahl der Deutschen in den einzelnen Kolonien der jeweiligen Siedlungsgebiete erheben konnte. Diese für die Einwanderung wichtigen Daten sind in Punkt 19 "Die zahlenmäßige Stärkte der deutschen Volksgruppe in Paraguay" aufgeführt. Leider vermißt man bei diesem Grundlagenwerk die Angaben der jährlichen deutschen Einwandererquote für den Zeitraum der deutschen Auswanderung bzw. eine Zusammenfassung der bei den einzelnen Kolonienbeschreibungen (von Kliewer) angegebenen Einwandererzahlen zu einer statistischen Tabelle (mit Angabe der Einwanderungswellen). Diese eben vorgeschlagene Vorgehensweise hätte einen Vergleich der vom Verfasser genannten Zahlen mit der amtlichen deutschen Statistik (die Kliewer nicht verwendet hat) erleichtert. Für den Teil I dieses Buches ist abschließend zu sagen, daß die Ursachen der deutschen Auswanderung nach Paraguay relativ wenig beachtet wurden. Durch die Darstellung der Rückwirkungen zwischen den erlassenen liberalen (und finanziell großzügigen) Einwanderungsbestimmungen und der Einwanderung konnte aber eine (aus der Sicht des Einwanderungslandes Paraguay) hinreichende Erklärung für das Wanderungsphänomen gegeben werden.

In Teil II "Das völkisch kulturelle Leben der deutschen Volksgruppe in Paraguay" setzt sich Kliewer in Punkt 20 mit der Herkunft der deutschen Siedler auseinander. Die Frage nach der Herkunft ist deshalb nicht leicht zu beantworten, weil die größte Anzahl der deutschen Siedler nicht direkt aus dem

---

1) und 2) siehe Rezensionsnachweis

Mutterland gekommen ist, sondern auf Umwegen über andere Staaten (u. a. Brasilien), in denen sie sich vorübergehend aufgehalten, z. T. bereits sesshaft gemacht hatten. Zur Herkunft stellt Kliewer fest, daß sich die deutsche Volksgruppe aus Angehörigen aller deutschen Stämme und Volksgruppen zusammensetzte und nur die Mennoniten (in ihren Siedlungen im Chaco) eine einheitliche Gruppe bildeten. Wörtlich führt Kliewer aus: "Weitere stammesmäßige und landesmannschaftliche Gruppierungen finden wir außerdem im Siedlungsgebiet Alto Paraná, und zwar in den Kolonien Hohenau, Obligado und Bella Vista, wo Deutsch-Brasilianer hunsrückischer Herkunft vorherrschen und im Siedlungsgebiet Villarica, wo wir in der Kolonie Independencia eine starke baden-württembergische Gruppe haben und wo in den Kolonien Carlos Pfannl und Sudetia das österreichische Element das Übergewicht hat. In den übrigen Kolonien und besonders in den Stadtkolonien lassen sich Landsmannschaften oder Stammesgruppen nicht feststellen."[1] Bei der Untersuchung der Frage, wie sich der deutsche Einwanderer mit seiner neuen Umgebung zurechtgefunden hat, gibt Kliewer in Kapitel 21 Auskunft. Zunächst stellt er fest, daß schon bei der Auswahl des Siedlungsplatzes und seiner Landschaft die Vorstellungen und Eindrücke der früheren Heimat sowie kulturelle und soziale Einflüsse eine Rolle gespielt haben. Weiter befaßt sich der Autor mit den Siedlungsformen, den Auswirkungen des neuen Klimas auf die Neueingewanderten und der bevölkerungspolitischen Lage der Deutschen in Paraguay. Das deutsche Schulwesen wird in Kapitel 23 untersucht (statistischer Überblick, Träger der Schulen, Lehrpläne und Aufbau der Schulen, Entwicklung der bedeutendsten Schulen usw.). Zusammenfassend läßt sich feststellen, daß das deutsche Schulwesen in Paraguay bezüglich Entstehung, Organisation und Lehrplan vielfältige Formen aufgewiesen hat, die voneinander stark abgewichen sind. Zum Schluß befaßt sich Kliewer mit dem deutschen Vereinswesen, den deutschen Organisationen, der Jungendarbeit, der Volkswohlfahrt und dem Fürsorgewesen. Das kirchliche Leben in Paraguay konnte (außer in Asuncion und in den Mennonitenkolonien) mangels selbständiger Kirchengemeinden zu keiner großen Entfaltung kommen und somit keine günstigen Auswirkungen auf die Kulturerhaltung und Sprachbewahrung ausüben. Zum Schluß ist nocheinmal hinzuweisen auf die vielen Kolonienbeschreibungen, die Kliewer im Verlauf seines Buches gibt. Diese Kolonienbeschreibungen enthalten i. d. R. Angaben zur Zahl, Herkunft und Berufszusammensetzung der Einwanderer (-gruppen) und informieren auch über die aufgrund der besonderen Kolonienverhältnisse entstandenen neuen Berufsstrukturen. Der Zeitraum der Kolonien-Besprechungen geht vom Gründungsjahr bis ca. 1940. Insgesamt kann man die Arbeit Kliewer's als gut gelungen bezeichnen.

---

1) F. Kliewer 2: a.a.O., S. 125

Weitere Ausführungen zur Paraguay-Auswanderung enthält der von verschiedenen Verfassern zusammengestellte Abschnitt "Paraguay" in den Mitteilungen des Instituts für Auslandsbeziehungen[1]. In Teil IV dieses Abschnitts "Paraguay" (S. 278-279) befindet sich eine übersichtsartige Beschreibung der wichtigsten europäischen Einwanderungsperioden in Beziehung zu der wirtschaftlichen und politischen Lage Paraguay's für den Zeitraum von 1885 bis 1945, wobei der deutsche Anteil mit berücksichtigt wird. Auf S. 293-304 folgen Darstellungen über die deutschsprachigen (einschließlich mennonitischen) Siedlungen und Siedlungsexperimente in Paraguay für die Zeit von 1881 bis 1950. Eine Bibliographie zur deutschen (einschließlich russlanddeutscher und mennonitischer) Siedlung stellten die Verfasser auf S. 329 auf. Die Aufsätze über die deutschen Siedlungen stützen sich hauptsächlich auf Veröffentlichungen von F. Kliewer und H. Wilhelmy, während die Berichte über die europäische Einwanderung ausschließlich von H. Wilhelmy verfaßt wurden. Der ohne Quellenangaben versehene Aufsatz von Hans Bloecker[2] gibt eine grobe, aber zusammenfassende Übersicht über die deutsche Kolonisation (von 1534-1948) mit Bemerkungen zu den Grundschwierigkeiten und dem Erfolg der einzelnen Kolonien sowie den Herkunftsgebieten ihrer Kolonisten. Bezüglich der mennonitischen Kolonisation und Siedlung gibt es neuere Arbeiten von Annemarie Elisabeth Krause[3], Joseph Winfield Fretz[4] und H. Hack[5]. Die Arbeit von Hack enthält Ausführungen zu den Mennonitensiedlungen Menno, Fernheim und Neuland mit Angaben zu ihrer Gründung, ihrer Einwohnerzahl, ihrer bebauten Fläche und ihren einzelnen Koloniendörfern. Die Ergebnisse der Hack'schen Untersuchung basieren auf einer 8-monatigen Studienreise in Paraguay (1957/58), auf statistischem Material der Kolonien und auf den wichtigsten Veröffentlichungen von H. Wilhelmy, F. Kliewer, J.W. Fretz und J. Schauff zur mennonitischen Kolonisation.

---

1) "Paraguay". In:Mitteilungen des Instituts für Auslandsbeziehungen, Jg. 4, Nr. 11/12, Stuttgart 1954, S. 275-330
2) Hans Bloecker: Deutsche Kolonisation in Paraguay, In: Überseerundschau, Jg. 7, Heft 10, Hamburg 1955, S. 44-46
3) Annemarie Elisabeth Krause: Mennonite settlement in the Paraguayan Chaco (Universitiy of Chicago. Departement of Geography. Res. pap. 25) Chicago/Ill. 1952
4) siehe J. W. Fretz 1. Diese Arbeit wurde bereits in Punkt 2.1. behandelt, da sie auch Ausführungen über Brasilien, Argentinien und Uruguay enthält
5) H. Hack: Die Kolonisation der Mennoniten im paraguayischen Chaco. Amsterdam 1961 (Übersetzung des ursprünglichen Textes: A.M. la Croix-Jacobs), 232 S.

Die neueste von mir ermittelte Arbeit über die Kolonisation und Siedlung in Paraguay kommt von Joseph Winfield Fretz[1] und berücksichtigt die deutsche (reichsdeutsche und mennonitische) Kolonisation seit Ende des 19. Jahrhunderts sowie die Entwicklung der verschiedenen deutschen Kolonien (Erfolge/ Mißerfolge; Kontakte zu anderen Nationalitäten und Religionen). Die Veröffentlichung J. W. Fretz 3 enthält auf S. 51 eine Tabelle der deutschsprachigen Gruppensiedlungen in Paraguay von 1881-1948 mit Angabe der Herkunftsgebiete der Kolonisten, Gründungszeit und Einwohnerzahlen. Fretz stützt sich hauptsächlich auf die in diesem Abschnitt rezensierten Arbeiten.

3.5. Westküste

3.5.1. Chile

Die Literatur zur deutschen Auswanderung nach Chile setzt sich zusammen aus zwei ausgezeichneten neuen Arbeiten von J.-P. Blancpain[2] und G. F. W. Young[3] aus dem Jahre 1974 und aus einer umfangreichen Zahl unbefriedigender Vorarbeiten zum Auswanderungsthema. Da die überwiegende Mehrzahl aller Vorarbeiten in dem umfangreichen Hauptwerk von Blancpain berücksichtigt sind, werden hier nur die wichtigsten Vorarbeiten erwähnt. Als erste Veröffentlichungen sind zu nennen: die "Deutsche Arbeit in Chile"[4], die spanischsprachige Arbeit von Diego Aranda, José Llarena und Rafael Tenajo[5], die Dissertation von Edmund Ruszcynski[6], der Aufsatz von Walter Knoche[7] und die Arbeiten von Kurt Bauer [8), 9)]. Der Abschnitt "Chile" im Handwörterbuch des Grenz- und Auslanddeutschtums[10] enthält in den Artikeln III und IV Hinweise auf das chilenische Einwanderungswesen (Politik und Recht), einige statistische Tabellen (Einwanderungsstatistik von 1914-1934;

---

1) Joseph Winifield Fretz: Immigrant group settlements in Paraguay. A study in the sociology of colonization. North Newton/Kanada 1962, 194 S. (mit Bibliographie) (zit. J.W. Fretz 3)
2) und 3) siehe Rezensionsnachweis
4) Deutsche Arbeit in Chile. Festschrift des deutschen wissenschaftlichen Vereins zu Santiago zur Centenarfeier der Republik Chile. Bd. 1 und Bd. 2, Santiago de Chile 1910 und 1913, 352 S. und 202 S. (Der 2. Band von "Deutsche Arbeit in Chile" enthält im Gegensatz zum 1. Band nur wenige Informationen über die Auswanderung nach Chile)
5) Diego Aranda, José M. Llarena, Rafael Tenajo: La colonia alemana en Chile. Santiago de Chile 1920, 835 S.
6) Edmund Ruszcynski: Deutsche Kolonisationsarbeit in Südchile. Ein Beitrag zur Kenntnis deutscher Arbeit im Ausland. Diss. Frankfurt a. M. 1923 (Masch.)
7) Walter Knoche: Chile und die deutsche Einwanderung. In: Zeitschrift für Geopolitik, Jg. 5, Heft 2, Berlin 1928, S. 153-159
8) Kurt Bauer: Das Gewissen der Stadt. Geschichte der deutschen Schule zu Valdivia in Chile. Concepcion 1925 (zit. K. Bauer 1)
9) Kurt Bauer: Helden der Arbeit. Ein Buch vom deutschen Seebauer in Chile (Schriften des Deutschen Auslandsinstituts Stuttgart, Reihe A, 23.) Stuttgart 1929 (zit. K. Bauer 2)
10) "Chile". In: Handwörterbuch des Grenz- und Auslanddeutschtumgs, hrsg. von C. Petersen u. a., Band 2, Breslau 1936, S. 10-36

Vergleich der Einwanderungsziffern verschiedener Nationen von 1854 bis 1930) und eine Geschichte des Deutschtums. Weiterhin beachtenswert sind die Aufsätze von Gottfried Fittbogen[1], von Kurt Bauer Ose[2] und die Schrift von Rudolf Maeser[3]. Als brauchbar sind auch die zwei spanischsprachigen Veröffentlichungen "Alemanes en Chile"[4], "100 años de Colonización"[5] und die Arbeit von Held, Schuenemann und C. von Plate (Hrsg.)[6] anzusehen. Das Buch von Held, Schuenemann und Claus von Plate übernahm auch (mit wenigen Korrekturen) die erstmalig im "Deutschen Sonntagsboten" veröffentlichte und von J. Harter[7] aufgestellte Liste der deutschen Familien, die in den Jahren 1852 bis 1875 als Kolonisten an den Llanquihuesee und seine weitere Umgebung kamen. Die ebengenannte Liste ist auch in der Arbeit "100 (cientos) años de colonización alemana en Llanquihue" enthalten. Der Aufsatz von Ingeborg Schwarzenberg de Schmalz[8] beschreibt die Gründungsgeschichte des vom Deutsch-Chilenischen Bund betreuten "Archiv für Familien- und Einwanderungskunde". Außerdem geht die Verfasserin auf die Arbeit der in diesem Archiv gesammelten Bestände ein (Ahnentafeln, Stammbäume, Kirchenbuchabschriften, Personenkarteien und anderes mehr). In diesem kurzen Aufsatz wird auch die Geschichte der Familien- und Einwanderungskunde seit 1904 besprochen mit Hinweisen auf die besonderen Leistungen einzelner Persönlichkeiten (F. Gädecke, Kurt Bauer Ose, Peter Härter, Emil Held und Georg Schwarzenberg). Ein weiterer Aufsatz, von Armin Clasen[9] verfaßt, enthält eine Aufstellung der von 1850-52 nach

---

1) Gottfried Fittbogen: Von Philippi bis Anwandter. Die Entwicklung des Gedankens der deutschen Einwanderung in Südchile. In: Iberoamerikanisches Archiv, Jg. 10, Bonn und Berlin 1936/37, S. 271-286
2) Kurt Bauer Ose: Aufgabe und Stand der deutschen Volksforschung in Chile. In: Auslanddeutsche Volksforschung. I. Band, Stuttgart 1937, S. 320-322 (zit. K. Bauer 3)
3) Rudolf Maeser: Zwischen See und Vulkan. Leben und Arbeit chiledeutscher Bauern. Mit einer Einführung von W. Drascher und einem Beitrag von S. Fröhlich. Berlin 1939, 95 S.
4) Los alemanes en Chile en su primer centenario. Resumen histórico de la colonización alemana do las provincias del Sud de Chile. Santiago de Chile 1950, 207 S.
5) 100 (cientos) años de colonización alemana en Llanquihue (La Prensa, 35.1952) Osorno 1952
6) Emil Held, Helmut Schuenemann, Claus von Plate (Hrsg.): Hundert Jahre deutsche Siedlung in der Provinz Llanquihue, 1852-1952. Festschrift. Santiago de Chile 1952, 198 S.
7) J. Harter: Liste der deutschen Einwanderer, die von 1852 bis 1875 nach der Provinz Llanquihue kamen. Deutscher Sonntagsbote, Puerta Varas, Jg. 4, Nr. 41, 22. und 27.10.1927, S. 891-915 und S. 936-960
8) Ingeborg Schwarzenberg de Schmalz: Archiv für Familien- und Einwanderungskunde. In: Mitteilungen des Instituts für Auslandsbeziehungen Stuttgart, Jg. 5, Heft 9/12, Stuttgart 1955 (zit. I. Schwarzenberg 1)
9) Armin Clasen: Deutsche Auswanderung nach Chile 1850-1852. In: Zeitschrift für Niedersächsische Familienkunde, Hamburg, März 1957, S. 47-56 (zit. A. Clasen 1)

Chile ausgewanderten Deutschen mit Angabe des Herkunftsortes und des Berufes der Ausgewanderten. Diese Aufstellung basiert auf den im Hamburger Staatsarchiv befindlichen Schiffslisten. Die Schiffslisten (bzw. Auswandererlisten) enthalten ab 1850 Angaben über die direkte Auswanderung, seit 1855 auch Angaben zur indirekten Auswanderung über England. Leider sind die Hamburger Schiffslisten nicht nach detaillierten Zielorten unterteilt. Jedoch läßt sich aus den Listen ersehen, daß der überwiegende Teil der Chile-Auswanderer (von 1850-52) aus Württemberg, Hessen-Kassel, etwas weniger von Sachsen und Schlesien kam, während Norddeutschland nur geringfügig beteiligt war.[1] Clasen vergleicht in seinem Aufsatz auch stichprobenartig Angaben der von J. Harter zusammengestellten Liste mit den Angaben der Hamburger Schiffslisten. Dabei stellt Clasen eine große Übereinstimmung fest und vermutet gegenseitige Ergänzungsmöglichkeiten. In den Jahren 1958 und 1959 veröffentlichte Clasen in der Niedersächsischen Familienzeitschrift weitere Aufsätze zur deutschen Auswanderung[2],[3], die aber ebenfalls wie der Aufsatz A. Clasen 1 in dem Hauptwerk von J.-P. Blancpain berücksichtigt wurden. Die tabellarische Aufstellung von Ingeborg Schwarzenberg Clericus[4] ist entstanden durch die Auswahl von Einwanderergruppen aus den chronologisch geordneten Hamburger Schiffslisten (für die Einwanderungsjahre 1846-1850). Dabei wählte die Verfasserin diejenigen Einwanderer aus, über deren Abstammung das "Deutsch-chilenische genealogische Archiv" Angaben führt. Ziel dieser Aufstellung war es, Beweismaterial für die Annahme zu finden, daß die deutschen Einwanderer (ob es sich nun um Siedler oder Kaufleute handelte) sozial gesehen dem Bürgertum angehörten, das im 19. Jahrhundert in Chile noch nicht existierte. Zu jeder Ahnenliste fügte Schwarzenberg Angaben zur Entwicklung der besprochenen Familie in Chile hinzu (die soziale Stellung dieser Familie im Laufe der letzten 100 Jahre wurde ebenfalls berücksichtigt). Somit konnte ein Zusammenhang zwischen der sozialen Stellung der Familie in Deutschland und der wirtschaftlichen und sozialen Einordnung in die neue Umgebung hergestellt werden. Als Ergebnis dieses Vergleichs läßt sich bemerken, daß der Aufbau eines chilenischen Mittelstandes hauptsächlich durch die deutsche mittelständische Einwanderung herbeigeführt worden ist.

---

1) vgl. A. Clasen 1: a.a.O., S. 47 f
2) Armin Clasen: Deutsche Auswanderung nach Chile 1853-1856. In: Zeitschrift für Niedersächsische Familienkunde, Hamburg, Juli 1958, S. 86-101 (zit. A. Clasen 2)
3) Armin Clasen: Deutsche Auswanderung nach Chile 1857-1875. In: Zeitschrift für Niedersächsische Familienkunde, Hamburg, Januar 1959, S. 1-17 (zit. A. Clasen 3)
4) Ingeborg Schwarzenberg Clericus: Soziale Herkunft und Entwicklung einiger deutschstämmiger Familien in Chile. In: Genealogisches Jahrbuch, 5.1965, S. 23-75 (zit. I. Schwarzenberg 2)

Hermann Kellenbenz weist in einem Aufsatz [1] zunächst auf einige Veröffentlichungen zur deutschen Auswanderung nach Lateinamerika hin (die hier rezensiert sind). Bezüglich Chile erwähnt Kellenbenz die Arbeit von Fernando Guarda Geywitz [2], die das von Hermann Wätjen [3] veröffentlichte Buch in verschiedenen Bereichen ergänzen kann. Nach diesen einführenden Bemerkungen widmet sich Kellenbenz dem Werk "Documentos sobre la Colonización del Sud de Chile" [4], das von Emilio Held Winkler zusammengestellt worden ist. Die von Kellenbenz besprochene Veröffentlichung enthält "... die Liste der Schiffe, die in den Jahren 1840 bis 1875 von Hamburg kommend in einem chilenischen Hafen (Valparaiso, Valdivia, Puerto Montt) anlegten und Auswanderer an Bord hatten." [5] Kellenbenz macht darauf aufmerksam, daß E. Held die aufgrund der obengenannten Listen vorhandenen Daten in systematischer Weise dargestellt hat (unter Berücksichtigung der Namen, der Herkunftsgebiete und der Berufe der Auswanderer).

Die nun folgende ausführliche Rezension des Werkes von J.-P. Blancpain [6] beruht im wesentlichen auf dem Resümee der deutschsprachigen Inhaltsangabe (S. 885-897) und auf den Ausführungen Blancpain's im französischsprachigen Hauptteil des Buches.

Die Leistung von Blancpain besteht darin, die deutsche Einwanderung und den deutschen Einfluß in Chile für einen so großen Zeitraum wie 1816-1945 übersichtlich und trotzdem detailliert dargestellt zu haben. Besondere Mühe gab sich der Verfasser, um die wesentlichen Grundzüge der deutschen Einwanderung und des deutschen Einflusses herauszuarbeiten: geringe Assimilation der Deutschen in die chilenische Kultur, Homogenität der eingewanderten Deutschen bezüglich ihrer Pioniertugenden und -werten und ständiger Dialog der von ihrer Herkunft und Bildung unterschiedlichen Einwanderer mit der ungewohnten chilenischen Umwelt.

---

1) Hermann Kellenbenz: -Documentos sobre la Colonización del Sud de Chile, De la Colección Historica de EMILIO HELD, Bosquejo Historico, Nomina de Barcos y Personas que llegaron entre los anos 1840-1875; Santiago/Chile 1970, Talleres Gráficos, Claus von Plate, 214 S. - In: Vierteljahrsschrift für Sozial- und Wirtschaftsgeschichte, hrsg. von O. Brunner u.a., Band 59, Heft 2, 2. Quartal, Wiesbaden 1972 S. 266-268 (zit. H. Kellenbenz 5)
2) Fernando Guarda Geywitz: Historia de Valdivia 1552-1952. Santiago de Chile 1953
3) Hermann Wätjen: Der deutsche Anteil am Wirtschaftsaufbau der Westküste Amerikas. Leipzig 1942 (zit. H. Wätjen 2)
4) Documentos sobre la Colonización del Sud de Chile, De la Colección de EMILIO HELD, Bosque jo Historico, Nomina de Barcos y Personas que llegaron entre los anos 1840-1875; Santiago/Chile 1970, Talleres Gráficos, Claus von Plate, 214 S.
5) H. Kellenbenz 5: a.a. O., S. 267
6) Jean-Pierre Blancpain: Les allemands au Chili (1816-1945) (Lateinamerikanische Forschungen. Beiheft zum Jahrbuch für Gesellschaft von Staat, Wirtschaft und Gesellschaft Lateinamerikas. Hrsg. von R. Konetzke, H.Kellenbenz, G. Kahle, H. Pohl. Bd. 6) Köln-Wien 1974, 1162 S.

In Buch I "Entdeckung und Erkundung (1816-1848)"[1] geht Blancpain in Kapitel 1 auf die in Deutschland bis zur Mitte des 19. Jahrhunderts herrschende Unkenntnis bezüglich Klima, Bevölkerung, Wirtschaft und politischen Verhältnisse Chile's ein. Dabei befaßt er sich auch mit den wenigen Ausnahmen der über Chile volkstümlich oder wissenschaftlich schreibenden Deutschen dieser Zeit. Im Kapitel 2 "Valdivia und Chiloé um 1850. Chile, eine schlummernde Kraft" setzt sich Blancpain mit den Gebieten südlich der Araukanergrenze, die später zum Zentrum der deutschen Einwanderungen wurden, auseinander. Er beschreibt die geringe und zerstreut wohnende Bevölkerung, die Siedlungen und die trostlosen wirtschaftlichen und landwirtschaftlichen Zustände in Valdivia und Chiloé. Durch die ausführliche Darstellung dieses zweiten Kapitels gelingt es dem Verfasser später leicht, die großartigen Kolonisationsleistungen der Deutschen in Südchile sichtbar zu machen. Das 3. Kapitel "Vorboten und Pioniere der deutschen Kolonisation" beschäftigt sich mit den Erkundungsreisen Bernhard Eunom Philippi's in Chile und mit seinem Plan einer deutschen Kolonisation im Süden Chile's, der sogar von dem chilenischen Staatspräsidenten Bulnes positiv aufgenommen wurde. Wilhelm Frick, der in chilenischen Diensten stand, befürwortete in diesem Zusammenhang eine Assimilation künftiger Einwanderer, während Aquinas Ried, ein deutscher Patriot, in vielen Veröffentlichungen um eine Einwanderung geschlossener deutscher Gruppen warb, die ihre Sprache und Kultur beibehalten sollten - ein Gedanke, der sich adäquat zu den Einheitsbestrebungen in Deutschland verhielt, bei den misstrauischen Chilenen aber das Gefühl einer "deutschen Gefahr" entstehen liess. Neben den Persönlichkeiten Philippi, Frick und Ried behandelt Blancpain auch den Maler Karl Alexander Simon und dessen Gedankenspiele, die von einem genossenschaftlich organisierten und demokratisch geführten System in Chile ausgingen. Aber weder die von Blancpain als "utopische Visionen" angesehenen Vorstellungen Simon's noch die werbenden Schriften eines Philippi oder Ried setzten die deutsche Auswanderung nach Chile in Bewegung, sondern die Ereignisse der Revolution von 1848.[2] Das 4. Kapitel "Die ersten Versuche und die Machenschaften privater Unternehmer: von Kindermann bis Anwandter" beschreibt den von Johann Renous und Franz Kindermann erstmals angewandten Versuch einer Kolonisation in Chile, der auf privaten und spekulativen Interessen beruhte. Bei dieser Form der Kolonisation kauften Renous und Kindermann große Landstriche im südlichen Chile auf und veräußerten sie durch Vermittlung der "Stuttgarter Gesellschaft für Kolonisation". Die Profitsucht der beiden Männer führte aber dazu, daß sie unerreichbare und fiktive Landanteile verkauften und auf diese Weise sich selbst in Verruf

---

1) bei der Übertragung von französischsprachigen Überschriften ins Deutsche werden die Übersetzungen der deutschsprachigen Inhaltsangabe zugrundegelegt
2) vgl. dazu auch den bereits erwähnten Aufsatz von G. Fittbogen

und ihre Unternehmung zum Scheitern brachten. Die aufgrund der Werbungen Kindermann's ausgewanderten Deutschen, die 1847 mit dem Schiff "Hermann", 1848 mit "Condor" und 1849-50 mit den Schiffen "Victoria", "Middleton", "Helene" und "Steinwärder" nach Chile befördert wurden, beliefen sich auf über einhundert Menschen, darunter Karl Anwandter, der als erstes "Senfkorn" der deutschen Einwanderung angesehen wird. Im 5. Kapitel "Staatlich gelenkte Einwanderung und Werbebüros" beschreibt Blancpain die Entstehung des Gesetzes von 1845, das notwendig wurde, weil sämtliche Kolonisationsvorhaben seit der Unabhängigkeit Chile's gescheitert waren. Das Kolonisationsgesetz von 1845 enthielt zwar fortschrittliche Regelungen, wirkte aber für protestantische Auswanderungslustige abschreckend, da es vom Grundsatz der Erhaltung der katholischen Glaubenseinheit ausging. Um dem Gesetz von 1845 größere Wirksamkeit verschaffen zu können, wurde B.E. Philippi zum Werbeagenten in Deutschland ernannt. Als Philippi 1852 starb, nahm seine Stelle Vicente Perez Rosales ein, dessen erweiterte Agententätigkeit sich auf ganz Europa erstreckte. Blancpain untersucht dann, warum trotz des Dranges zur Auswanderung durch die Folgen der 48er Revolution die Auswanderungsagenten Philippi und Rosales so wenig erfolgreich waren im Vergleich zu den entsprechenden Werbungen für Brasilien oder Argentinien. Der Verfasser kommt zu dem Ergebnis, daß vor der Revolution in Deutschland die chilenische Aristokratie einem vom demokratischen Geist "durchlebten" Einwanderungsstrom Widerstand entgegensetzte (um ihre Privilegien zu schützen), während sie erst einige Zeit nach dem Scheitern der Erhebung ihre Meinung änderte (zumal durch das Scheitern dieser deutschen Einigung die "deutsche Gefahr" allgemein geringer eingeschätzt wurde als vorher). Doch trotz der Aufnahmebereitschaft Chile's blieb die deutsche Einwanderung nach Chile zahlenmäßig bescheiden, da sich das Hauptkontingent der Auswanderung in die geographische besser bekannten und rascher zu erreichenden Gebiete des La Plata und Brasiliens wandte.[1] Zum Schluß dieses 5. Kapitels geht Blancpain auf das sich steigernde Interesse verschiedener deutscher Interessengruppen an einer deutschen Auswanderung nach Chile ein, wobei der Autor sich hauptsächlich auf die Berichte von Franz Fonck, einem Mitarbeiter der "Allgemeinen Auswanderungs-Zeitung" stützt, der die Vorteile einer Deutschtumserhaltung und die Chancen von verstärkten Handelsbeziehungen zwischen Ein- und Auswanderungsland besonders betonte.

Das für die Auswanderung bedeutendste Buch II "Die Kolonisation des Südens (1848-1920)" stellt vor allem die Person des Auswanderers in den Vordergrund und sucht aus der Verknüpfung von verschiedenen Auswanderungsursachen den Widerstand des deutschen Kolonisten gegen eine Integration in das Gastvolk herzuleiten. Im 1. Kapitel "Bilanz und Charakter der ersten Einwanderungswelle nach Valdivia und Llanquihue (1840-1875)" teilt Blancpain die deutsche Einwanderung in 3 Phasen

---

1) vergleiche bei den Ursachen für die geringe Auswanderung nach Chile auch die Ausführungen Blancpain's in Buch I, Kapitel 1

verschiedener Bedeutung ein, die er nach Umfang, Ziel und Zeitraum gliedert. Zu diesem Komplex schreibt Blancpain: "Man kann drei Einwanderungsphasen von unterschiedlicher Bedeutung feststellen, die erste war die wichtigste und dauerte von 1846 bis 1875. Ihre Ziele waren Valdivia, Osorno und Llanquihue. Von 1882 bis 1890 nahmen die Deutschen an der multinationalen Wanderung in das Gebiet der endlich durchlässigen und befriedeten "Frontera" teil. Zwischen 1890 und 1914 warben die Kolonisationsgesellschaften noch eine gewisse Auswahl von Siedlern an, ebenso Chiloé in den Jahren 1894 und 1895. Zwei Höhepunkte sind 1906 und 1909 festzustellen. Nach 1918 gab es außer vereinzelten Einwandererschüben nur noch wenig Kolonisationsversuche, wie z. B. 1929 und 1946. Die Zeit der Einwanderung war endgültig vorbei."[1] Im 1. Kapitel geht Blancpain noch ausführlich ein auf die Herkunftsgebiete der Siedler, ihre gesellschaftliche Stellung vor der Auswanderung und ihr weiteres Schicksal im Land, wobei er sich hauptsächlich auf Angaben der Hamburger Schiffslisten, auf einzelne Familienarchive und auf das Nationalarchiv von Chile stützt. Hinsichtlich der Aus- bzw. Einwanderungsstatistik gibt Blancpain manchmal genaue Zahlenangaben und Listen an über die Abreisenden (bzw. Auswanderer) einzelner Städte und einzelner deutscher Staaten (wie z. B. für Berlin, Sachsen und Brandenburg), aber nicht für den Raum des gesamten Deutschlands. Leider geben die chilenischen Primärquellen (im Nationalarchiv) nur wenig Auskunft über die Zahl der Einwanderer, da die Hauptsorge der Behörden sich auf die Assimilation erstreckte. Die Berichte der Intendanten enthalten zwar Einbürgerungsanträge, die aber nur unvollständige und ungenaue Schlüsse auf die Zahl der Einwanderer zulassen, zumal die Namen der Siedler manchmal hispanisiert oder häufig bis zur Unkenntlichkeit zerstümmelt worden sind.[2] Wegen dem eben erwähnten Mangel an chilenischen Quellen mußte sich Blancpain vor allem auf deutsche Materialien stützen. Die erste, von Blancpain verwendete "Bilanz" ist die bereits erwähnte Liste von J. Harter. Als weitere Vorarbeiten konnte Blancpain die Arbeiten von A. Clasen heranziehen und somit ein vollständiges Tableau der offiziellen deutschen Auswanderung von 1850 bis 1870 aufstellen, das alle Angaben enthält über die (für den erwähnten Zeitraum) auf den Seglern der Reederei Godeffroy beförderten Auswanderer. Über diese Vorarbeiten hinaus konnte Blancpain jedoch zusätzliches Material in den Familienarchiven und in sonstigen Arbeiten über die Deutschen in Chile ermitteln, besonders über die frühe Periode bis 1852 und über die seltenen Schiffe, die von Bremen oder Emden ausgeschifft sind.[3] Es ist also ein Verdienst Blancpain's (trotz fehlender bzw. unzureichender chilenischer Quellen) erstmals eine Wanderungsstatistik für die Jahre 1846-1880 aufgestellt zu haben, die auf einer Zusammenfassung deutscher Quellen[4] beruht. Im 2. Kapitel "Von der

---

1) Blancpain: a.a.O., deutsche Kurzfassung S. 888
2) vgl. Blancpain: a.a.O., S. 195
3) vgl. ebenda, S. 196
4) die amtliche deutsche Statistik wurde von Blancpain allerdings nicht berücksichtigt

Unsicherheit des Anfangs zur neuen Heimat: Deutsche Gemeinschaft und chilenische Umwelt (1850-1875)" schildert Blancpain die Schwierigkeiten der ersten Einwanderer, sich eine gesicherte Existenz aufzubauen. Die Probleme der Einwanderer entstanden, weil Südchile auf die Einwanderung nicht genügend vorbereitet war und der Boden nicht die erwartete Fruchtbarkeit aufwies. Zudem stand die einheimische Adelsschicht der Einwanderung öfters mißtrauisch gegenüber. Mancher unsichere Neuankömmling brachte sich durch den Erwerb "unrechtmäßiger Besitztitel" oder durch Zahlung überhöhter Bodenpreise in Schwierigkeiten. Außerdem waren die meisten Neuankömmlinge aufgrund ihres früheren Berufes für eine Agrarkolonisation nicht geeignet und auch nicht mit dem dafür notwendigen Inventar ausgerüstet. Für diese erste Gruppe von Einwanderern, die sich zum Teil auf der Insel Teja, zum Teil im Binnenland niedergelassen hatten, blieb nur ein harter Daseinskampf übrig. Deshalb gingen viele Neuankömmlinge in die Stadt und brachten durch Handel und Gewerbe Valdivia, La Union, Osorno und verschiedene Ortschaften zu einer wirtschaftlichen Blüte. Erst seit der Erschließung und Besiedlung des Ufers des Llanquihuesee's durch Landwirte und für die Landwirtschaft geeignete Menschen kann man vom Beginn einer wirklichen Kolonisation sprechen. Durch eine, im Gegensatz zu den anderen Niederlassungsgebieten, gelungene Verteilung und Vermessung der Bodenparzellen schufen sich die Siedler am Llanquihuesee eine günstige Voraussetzung für eine erfolgreiche Kolonisation. Das 3. Kapitel "Pioniere und Bauern am Llanquihuesee (1850-1875)" enthält eine Beschreibung der Rodungskolonisation, die trotz natürlicher Schwierigkeiten (mooriger Boden; periodisch über die Ufer tretende Flüsse), bürokratischer Hindernisse (Quereleien mit der Lokalverwaltung) und technischer Probleme (Ameliorationsverfahren) sich nach und nach erfolgreich entwickelte. Dann untersucht Blancpain den demographischen Aufschwung der Deutschen von Llanquihue anhand der Familienarchive von Ingeborg Schwarzenberg und der Register verschiedener Kirchengemeinden. Die soziale und geografische Stabilität und Homogenität der deutschen Volksgruppe führt Blancpain auf die von Generation zu Generation in den Händen der Familie bleibenden Landparzellen zurück. Zum Schluß von Kapitel 3 geht Blancpain auf die wirtschaftlichen Erwerbs- und Finanzierungsquellen der Siedler und auf ihre Wohnformen ein. Im 4. Kapitel "Die neue Blütenzeit von Valdivia und Osorno (1875-1910)" beschreibt Blancpain, wie trotz Erdbeben, Feuersbrünsten und Überschwemmungen die Koloisation im Süden Fortschritte machte, dank der verstärkten deutschen Einwanderung, die u. a. auch den Städten Osorno und Valdivia (mit Umgebung) zu industriellem Aufschwung verhalf. Über das Verhältnis zwischen Zahl der Einwanderer und ihrer Leistung schreibt Blancpain: "In der als "deutsch" angesehenen Provinz Valdivia ging die Dynamik von einer verschwindenden Minderheit aus, deren Leistungen in keinem Verhältnis zu dem geringen Anteil standen, den die Deutschen an der Gesamtbevölkerungszahl einnahmen."[1] Eine der herausragenden Leistungen der Deutschen war der Aufbau und die Führung

---

1) Blancpain: a. a. O., deutsche Kurzfassung, S. 891

der drei großen industriellen Gewerbezweige des Südens: Brennereien, Brauereien und Gerbereien. Trotz eines erheblichen Widerstandes des deutschchilenischen Bürgertums beschloß die chilenische Regierung im Jahre 1910 zoll- und steuerpolitische Maßnahmen, die den obengenannten Wirtschaftszweigen ein Absinken in die Bedeutungslosigkeit brachten. Mit dem industriellen Aufschwung der Südprovinzen war eine erhebliche Zunahme der deutschchilenischer Vermögensbildungen verbunden, die umso erstaunlicher ist, wenn man die Motivationen und Zusammenhänge der 48er Auswanderung kennt. In Kapitel 5 "Araukanien und Chiloé. Die Wiederaufnahme der Kolonisation und das Scheitern der neuen Kolonien (1880-1916)" schildert Blancpain, wie nach dem Scheitern der chilenischen Kolonisationsversuche (in der Zeit von 1875-82) in dem bis Mitte des 19. Jahrhunderts noch ausschließlich von Mapuches (-indianern) bewohnten Gebiete der Frontera sich die chilenische Regierung um die Einwanderung europäischer Kolonisten bemühte. Durch die Erfolge der deutschen Kolonisation in Valdivia und Chiloé misstrauisch geworden, legte die chilenische Einwanderungspolitik großen Wert auf eine multinationale Einwanderung. Die Organisation der Werbung und "Rekrutierung" unterlag von 1882 bis 1904 den chilenischen Kolonisationsagenturen für Euorpa, die hauptsächlich Menschen aus den unteren Schichten der Bevölkerung für ihre Pläne gewinnen konnten. Blancpain stellte für den Zeitraum 1876-1909 wiederum eine jährliche Einwanderungsstatistik für die Deutschen auf, die sich auf die verschiedenen, von Schwarzenberg de Schmalz zusammengestellten Auswandererlisten des Hamburger Staatsarchivs und auf die von Karl Werner Klüber[1] erarbeiteten Passagierlisten - alles jeweils ungedruckte Quellen - stützt. Auffallend sind die Unterschiede zwischen der ebengenannten von Blancpain auf S. 486 dargestellten Statistik und auf der amtlichen chilenischen Quellen beruhenden Statistik (auf S. 481) der europäischen und multinationalen Auswanderung (von 1882 bis 1897) bezüglich der Zahl der deutschen Auswanderer. Blancpain erklärt die Unterschiede aus der Erfassungsmethode der amtlichen chilenischen Statistik. Sie vernachlässigte optimistischerweise die Ausfälle an der Einwanderungszahl, die am Anlegehafen oder bei Zwischenstationen der Reise entstehen konnten, während sie wiederum den Strom der spontanen Einwanderer unberücksichtigt ließ. Nach der zahlenmäßigen Erfassung untersucht Blancpain die Alters- und Berufsstruktur der Einwanderer ebenso wie ihre regionale und soziale Herkunft. Als Hauptgründe des Scheiterns der meisten Kolonisationsanstrengungen in der Frontera und auf Chiloé sieht Blancpain neben der multinationalen Einwanderung die Schwierigkeiten an, die europäische Siedler bei Verträgen oder anderen Arten

---

1) K. W. Klüber stellte Tabellen auch zur deutschen Auswanderung nach Peru auf; siehe Rezensionsnachweis

der Zusammenarbeit mit den Chilenen hatten. Das 6. und letzte Kapitel (des II. Buches) "Deutsches Kulturleben in Chile. Bewahrung und Förderung deutscher Lebens- und Wertvorstellungen" beschreibt die Suche der Siedler, die sich in der Spannung zwischen ihrer alten Nationalität und ihrer neuen Rolle als chilenischer Bürger befanden, nach einer Identität. Dabei untersucht der Autor die Beziehungen zwischen den deutschen Institutionen (Schulen, Kirche, Vereine usw.) und Aktivitäten (z.B. Reisen in das Heimatland) im Hinblick auf die Kulturerhaltung der Deutschen. Der Verfasser kommt zu dem Ergebnis, daß neben der einheitlichen Religion die Beibehaltung und Pflege der Muttersprache eine wesentliche Rolle bei der Bewahrung deutscher Kultur und Tradition spielte. Die Voraussetzungen für die Spracherhaltung waren die eifrigen und beständigen Kontakte zum Mutterland und eine stetige (wenn auch z. T. zahlenmäßig geringe) Einwanderung. Dann beschäftigt sich Blancpain mit der Art und Tiefe der Anpassung der Deutschen an die chilenische Umwelt und mit dem politischen Denken und Handeln der Deutschen, das stark von dem erworbenen Wohlstand geprägt war.

In Buch III "Die deutsche "Verhexung" Chiles (1885-1914) und die Folgezeit" geht Blancpain im 1. Kapitel "Chilenisches Schulsystem und deutsche Pädagogen" auf die unbefriedigende Situation der öffentlichen Volksschulen und auf die pädagogische Rückständigkeit der Gymnasien und Universitäten des damaligen Chile's ein. Dann untersucht Blancpain die Leistungen einzelner deutscher Wissenschaftler auf den Gebieten der Medizin, Botanik, Chemie, Mineralogie und Pädagogik. Nach dem deutschen Sieg über Napoleon III. in Sedan im Jahre 1879 verlor der seitherige französische Einfluß auf die chilenische Pädagogik rasch an Bedeutung und wurde durch den deutschen Einfluß ersetzt. Bis zum Jahre 1914 übte die deutsche Pädagogik einen solchen Reiz auf Chile aus, daß sie zur Triebfeder einer Reform des gesamten chilenischen Unterrichtswesens wurde. Die Lehrerausbildung basierte auf deutschem Vorbild und wurde von Dozenten, die in Deutschland vertraglich verpflichtet wurden, ausgeführt. Besonders seit 1890 unterrichteten deutsche Lehrer an den meisten Schulen und Universitäten des Landes. Die aus der plötzlichen Übermacht des deutschen Einflusses erwachsene Gegenreaktion chilenischer Ideologen in Form von groben Verunglimpfungen der deutschen Pädagogik blieb in der chilenischen Öffentlichkeit isoliert, regte die betroffenen deutschen Lehrer aber zu größerer Nachdenklichkeit und Selbstkritik an. Zusammenfassend kann gesagt werden, daß der deutsche Einfluß auf die chilenische Pädagogik zwar vorhanden war, aber keine konkreten Resultate hinterlassen hat. Im 2. Kapitel "Die deutschen Instrukteure und die Umgestaltung der chilenischen Armee" erläutert Blancpain die Tradition der auf napoleonischen und kolonialspanischen Erbe beruhenden chilenischen Armee, die bis zum Salpeterkrieg mangelhaft ausgerüstet und organisiert war. Aus dem Konflikt mit Peru heraus ergab sich die Notwendigkeit einer Neugestaltung der Armee, die dann vor allem unter der Mithilfe deutscher Offiziere (als Militärberater) durchgeführt wurde. Blancpain befasst sich besonders ausführlich mit dem bedeutendsten deutschen Militärberater, Emil Körner, der (während sich die deutschen Siedler in Chile weitgehend neutral verhalten hatten) durch die Parteinahme zugunsten des Kongresses den innenpolitischen Konflikt von 1891 wesentlich mitentschieden hat. In den drei letzten Kapiteln dieses III. Buches widmet sich Blancpain der Missionierung der Mapuches durch die bayerischen Kapuziner, der Erziehung der städtischen Oberschicht durch Steyler Missionare und den deutsch-chilenischen Beziehungen seit 1835 bis zum Ende des 2. Weltkrieges. Zum Abschluß führt Blancpain aus, daß der deutsche Einfluß zwar in verschiedenen Gebieten von Staat und Gesellschaft Chile's spürbar war, für einen tiefgreifenden Wandel über längere Zeit hinweg jedoch nicht ausreichte.

Das IV. Buch "Quellen, Studien und Dokumente"/Annexe I (S. 885-1060) soll anhand der wesentlichsten, von Blancpain benutzten Quellen und Archiven besprochen werden. Dabei finden auch die wichtigsten vom Autor gemachten erläuternden Bemerkungen zu einzelnen Quellenbeständen oder Archiven mit Verwendung. Die statistischen Ausführungen von Blancpain beruhen neben den bereits erwähnten deutschen Quellen auf chilenischen Volkszählungen und allgemeiner chilenischer Statistik,[1] u. a. auf: I. Anuario Estadistico de la República de Chile, 45 Bände von 1860 bis 1914; II. Censos generales der Jahre 1854, 1865, 1875, 1885 und 1895; III. Oficina central de Estadistica, 1890 bis 1900. Im Abschnitt "Archivo nacional de Chile" (S. 900-913) schreibt Blancpain:[2] "Die von den seitherigen Verfassern der Veröffentlichungen über deutsche Einwanderung und Kolonisation in Chile immer vernachlässigten republikanischen chilenischen Archive liefern trotz ihrer Unordnung wesentliche Informationen über das Studium der Probleme, die sich der lokalen Verwaltung, insbesondere in den Provinzen des Südens, durch die fremde Einwanderung stellten. Das Büro der Kolonisationsaufsichtsbehörde, das am Ende des 19. Jahrhunderts als Filialstelle des Ministeriums für auswärtige Angelegenheiten geschaffen wurde, hätte niemals ein vollständiges Verzeichnig der ausländischen Kolonisten liefern können, die sich bis 1875 mit Hilfe der Intendanten von Puerto Montt und Valdivia im Süden niedergelassen hatten. Die Kolonisation hat von 1858-1895 zum Ressort dieser Intendanten gehört, aber die örtlichen Archive von Ancud, Puerto Montt und

---

1) nähere Angaben dazu finden sich bei Blancpain: a.a.O., S. 898-899
2) die hier und im folgenden vorgenommenen Übersetzungsversuche lehen sich eng an das französische Original an

Valdivia sind in den großen Feuersbrünsten verschwunden, die so oft die Ansiedlungen des Südens verwüstet haben. Deshalb bleiben nur noch die ministeriellen Archive übrig, die diese Lücken teilweise ausfüllen können."[1] Zu Abschnitt I "Ministerio del Interior" führt Blancpain aus: "Die als Hauptquelle anzusehenden Akten des "Ministerio del Interior" berichten über die ersten Siedler, geben Rechenschaft über ihren Kontakt mit der chilenischen Umwelt, der Bevölkerung, der oberen Gesellschaftsschicht und der lokalen Verwaltung. Mit diesen Archivalien kann man die Kolonisationsarbeiten, die erlebten Schicksale und die abgefassten Beschwerden verfolgen. Berichte und Briefwechsel der Intendanten und Gouverneure machen die abgestuften Modalitäten der Kontakte und einer schwierigen Integration begreiflich. Die "Memorias" über den allgemeinen Zustand oder über die Provinz sind normalerweise von den Intendanten an die Zentralregierung gerichtet. Die "Memorias" bilden so, seit Mai 1832, eine genaue Informationsquelle, zu der man immer wieder Zuflucht nehmen muß. Auch wenn die subalterne Verwaltung von mittelmäßiger Qualität war - die deutschen Kolonisten mußten das erfahren - waren die Intendanten häufig bemerkenswerte Leute, die über die Versäumnisse ihres Regierungsbezirkes und der möglichen Abhilfe Bescheid wußten (so wie Garcia Reyes in Valdivia oder Del Rio in Llanquihue). Es scheint, daß die Konterrevolution von 1891 und der Fall von Balmaceda in dieser Hinsicht eine Katastrophe gewesen sind. Die "Memorias" enden mit diesem Datum und die Archive bieten von da an nur ein sehr geringes Interesse für unseren Untersuchungsgegenstand."[2] Die unter Abschnitt II behandelten Archive des "Ministerio de Relaciones exteriores" beziehen sich neben den diplomatischen Beziehungen auf die chilenische Einwanderungs- und Kolonisationspolitik. Die Kolonisationsämter, die bis 1850 beinahe gegenstandslos waren und die bis dahin vom Innenministerium abhingen, wurden durch das Gesetz vom 2. Dezember 1871 dem Ministerium für Auswärtige Angelegenheiten zugeordnet. Die zunehmende Bedeutung der Araucanie und die Einwanderungspolitik bestimmten im Jahre 1882 die Gründung einer "Generalagentur für Kolonisation in Europa", mit Sitz in Paris. Diese Agentur übte ihre Funktion bis 1898 aus, vollzog ihre praktischen Aufgaben aber nur bis 1890. Die spontane Einwanderung wurde überwacht von einer "Direktion für freie Einwanderung", während die Einwanderung der Arbeiter und Handwerker durch die "Sociedad de Fomento Fabril" gefördert wurde. Zwei andere Behörden der Kolonisation wurden dann geschaffen: im Jahr 1887 eine "Inspección General de Tierras y Colonización", im Jahr 1907 eine "Oficina de Mensura de Tierras", die direkt vom Kolonisationsamt, das in die Stellung eines Ministeriums erhoben wurde, abhingen. Jede der erwähnten Behörden hat

---

1) Blancpain: a.a.O., S. 900
2) ebenda,

ihre Arbeiten in den jährlichen "Memorias" kurz zusammengefasst, die leichter zu konsultieren sind als die hier reichlich vorhandenen Archive. Bezüglich der Aufstellung der einzelnen "Memorias" meint Blancpain: "Wir geben hier, nach ihrem Inhalt und dem Mittelpunkt ihres Interesses eingeteilt, die zahlreichen Bände an, die wir befragt haben und von denen wir Zahlen oder Auskünfte entnehmen konnten, die die europäische Einwanderung im allgemeinen und die deutsche Einwanderung im besonderen betreffen. Nebenbei erwähnen wir den diplomatischen Briefwechsel zwischen Chile und den deutschen Ländern."[1] Zu II. B. "Kolonisation der 'Frontera' und des Südens" schreibt Blancpain: "Hier liegt wenig interessantes für unseren Untersuchungsgegenstand vor. Die meisten Bände geben Auskunft über die (von Einheimischen oder von ausländischen Einwanderern ausgehende) Nachfrage nach Landparzellen und über die Niederlassung der Einwanderer, die sich mit Unterstützung der Intendanten der neuen Provinzen vollzog. Die deutschen Jahrbücher, deren Konsultation viel leichter fällt, erlauben auf eine sichere und vollständigere Weise zu ermitteln, wie sich die fremden Kolonien gebildet haben und wie sich die spätere Zerstreuung (zumindest der Kolonisten deutscher Sprache) vollzogen hat. Die chilenischen Archive haben wiederum den Vorteil, die Beteiligung der Fremden bei dem allgemeinen Prozess der Aneignung der araukanischen Besitzungen vor der militärischen Eroberung besser nachvollziehen zu lassen."[2] Zum Kapitel II. D. "Propaganda und Anwerbung in Europa, 1882 bis 1889" führt der Autor folgendes aus: "Die Berichte der 'Generalagentur für Kolonisation in Europa' teilten die Einwanderer, die durch eine Agenturvermittlung von 1882-1889 nach Chile gekommen waren, nach dem Herkunftsland und dem Beruf ein. Sie liefern nur globale Auskünfte für das jeweilige Jahr und Schiff und geben weder die Namen der Abreisenden noch ihre Familienzusammensetzung an. Die deutschen Listen, die wir anderswo[3] erwähnt haben (für die wesentlichen Jahre 1884 bis 1886, 1895, 1912) sind sehr viel detaillierter. Die häufig vertraulichen Briefe der Auswanderungsagenten und Unteragenten geben dafür Auskunft über die Aktivitäten der Ämter und die Schwierigkeiten der Anwerbung."[4] Zu Kapitel III "Notarial" bemerkt Blancpain: "Die notariellen Archive von Valdivia dürfen nicht vernachlässigt werden. Sie enthalten Angaben über die Transaktionen der Einwanderer unter sich oder mit den Chilenen (Ein- und Verkauf von Land; Gesellschaftsgründungen; Hypothekenforderungen usw.). Diese Quellen liefern also wichtiges Material über den deutschen Bürger, über erworbenes Vermögen, über den Rythmus des industriellen Wachstums und über das "Erwachen" Valdivia's in den Jahren, die der Einwanderung folgten."[5] Über die "Memorias Mimisteriales" (S. 914-918) schreibt Blancpain:

---

1) Blancpain; a.a.O., S. 901 f
2) ebenda, S. 905
3) vgl. Buch II, Kapitel 5 (Anm. d. Verf.)
4) Blancpain: a.a.O., S. 905
5) ebenda, S. 907

"Diese jährlichen Veröffentlichungen sind eine Quelle der Informationen über die Aktivitäten der verschiedenen Ministerien. Die "Memorias Ministeriales" erlauben es, die Bedrohung der chilenischen Politik durch die Einwanderung zu verstehen und festzustellen, bei welchem Punkt die Gesetzgebung bezüglich der Kolonisation untätig geblieben ist (vor der Habsucht der wucherischen Aufkäufer der "Frontera"). Statistiken und jährliche Quellen bestätigen die schnelle Zerstreuung der fremden Siedler, die Tendenz der Deutschen zur Gruppierung in einigen schon vorher existierenden Kolonien und die Stagnation der Niederlassungen in Chiloé von 1895-1913."[1] Neben den bereits erwähnten chilenischen Archivalien bearbeitete Blancpain im "Deutschen diplomatischen Archiv" die "Akten zur Deutschen Auswärtigen Politik" von 1914 bis 1945. Von den benutzten Privatarchiven ist zuerst das "Archivo Philippi" ("Papiere aus dem Nachlass von Bernhard Eunom Philippi") zu erwähnen. "Die dort befindlichen Manuskripte enthalten private Korrespondenz und öffentliche Dokumente, die erstaunlicherweise in den Nationalarchiven nicht vorhanden sind. ... Die Manuskripte betreffen die chilenischen Naturforschungen, füllen die biographischen Lücken auf und helfen eine Reihe von zunächst privaten, dann offiziellen Aktivitäten zugunsten der deutschen Einwanderung nach Südchile zu erkennen. Die Genauigkeit der Daten und die Bezugnahme auf direkte Quellen erlauben die Korrektur kurzsichtiger oder leidenschaftlicher Interpretationen, die durch Wiederholungen oder Plagiat entstanden sind."[2] Die "Sammlung Geisse-Schwarzenberg" ist untrennbar verbunden mit dem "Archivo Philippi" und dem geschichtlichen Jahrbuch von Georg Schwarzenberg. Die "Sammlung Geisse-Schwarzenberg" enthält außer den kollektiven Briefen der ersten Siedler (Proteste oder Versicherungen der Loyalität) wichtige Berichte oder Tagebuchaufzeichnungen bekannter Persönlichkeiten (Poeppig, Kindermann, Renous und W. Frick). Außerdem beinhaltet diese Sammlung biographische Skizzen, die Georg Schwarzenberg aufgrund von Büchern und mündlichen Berichten angefertigt hat.[3] Nach der Darstellung über die "Sammlung Geisse-Schwarzenberg" folgt eine Bibliographie (mit den Rubriken "Chile", "Südamerika" und "Deutschtum im Ausland"), eine Sammlung der Dekrete und Gesetze zur Kolonisation und ein "Alphabetischer Gesamtkatalog der benutzten Werke" (S. 933 bis S. 977). Im Anschluß daran werden die Veröffentlichungen nach inhaltlichen Gesichtspunkten aufgeführt (u. a. deutsche Vereine, Schulen, religiöses Leben; chilenische Armee und deutsche Instrukteure; Chile und zwei Weltkonflikte). Dann folgen die ungedruckten Quellen (A. Statistiken, B. Archive Georg Schwarzenberg und C. Diverse Quellen). Die ungedruckten Quellen sind sehr verschieden. Sie enthalten Betrachtungen über den Zustand der deutschen Kolonien, Briefwechsel, Reiseberichte und niedergeschriebene Erzählungen der ersten Siedler. Zu Punkt B. bemerkt Blancpain: "Die Aufstellung offenbart den Umfang

---

1) Blancpain: a.a.O., S. 914
2) ebenda, S. 921
3) vgl. ebenda, S. 1004

unserer Schuld gegenüber Frau Ingeborg Schwarzenberg de Schmalz. Sie hat uns die unerschöpfliche Fundgrube der verschiedenen Auskünfte zur Verfügung gestellt, die ihre Familienarchive und privaten Archive seit 40 Jahren geduldig gesammelt haben. Zwei Quellen von besonderer Wichtigkeit müssen besonders erwähnt werden: zunächst die detaillierte und geheime statistische Untersuchung des deutsch-chilenischen Bundes im Jahre 1916-17, dann die Materialien, die vor 1940 durch Georg Schwarzenberg gesammelt worden sind für die Anfertigung eines zweiten Bandes der "Erinnerungen", dem die "Geschichtlichen Monatsblätter" gefolgt sind, die während des 2. Weltkrieges veröffentlicht wurden."[1] Im Anschluß an C. "Diverse Quellen" schreibt Blancpain: "Das Familienarchiv von Ingeborg Schwarzenberg de Schmalz ist im wesentlichen eine genealgoische Ansammlung, deren Interpretation uns eine Fundgrube von Auskünften liefert über Ursprung und Entwicklung der bürgerlichen oder bäuerlichen deutschen Familien, die sich in Chile niedergelassen haben. Mehrere hundert individuelle Untersuchungen erlauben eine Analyse der ursprünglichen Charakterzüge der deutschen Volksgruppe: soziale und geographische Herkunft der Kontingente; konfessionale Zugehörigkeit; Wachstumsrate der Generationen; Tendenz zur Endogamie oder Exogamie, zur geographischen Gruppenbildung oder "Ausschwärmung"; Aufrechterhaltung unterschiedlicher (deutscher) Charakterzüge oder Chilenisierung ..."[2] Schließlich erwähnt Blancpain die Register der deutschen Konsulate, die Sterberegister, katholische und protestantische Kirchenbücher, deren Quellenmaterial die offiziellen Quellen auf statistischem Gebiet vervollständigen.[3] Außerdem ist noch die Literaturzusammenstellung über den Germanismus in Südamerika (S. 1015-1020) zu erwähnen, die nahezu alle wichtigen neueren Werke über die Deutschen in Argentinien, Brasilien, Paraguay, Peru, Uruguay und Venezuela berücksichtigt. Zum Schluß des Buches folgen Literatur- und Quellenangaben über die Bulletin's und Fachzeitschriften bezüglich der deutschen Anwesenheit in Chile, aufgeteilt nach deutschen und chilenischen Veröffentlichungen. Die periodisch erscheinenden Schriften in deutscher Sprache gehören zum Kapitel "Monographische Studien", das auch Material enthält über den deutsch-chilenischen Bund, über die in Chile erschienenen deutschsprachigen Zeitungen und über die nationalsozialistische Presse in Chile. Der Annexe II (S. 1061-1162) enthält ausgewählte Texte zur deutschen Auswanderung und Kolonisation, die zum größten Teil auf unbekannten oder ungedruckten chilenischen oder deutschen Quellen beruhen.

Zum Schluß soll auf einige herausragende Leistungen Blancpain's eingegangen werden. Es ist sein Verdienst, erstmals in der Geschichte der Forschung über die Deutschen in Chile unveröffentlichtes

---

1) vgl. Blancpain: a.a.O., S. 1004
2) Blancpain: a.a.O., S. 1007
3) vgl. ebenda

Material d e u t s c h e r und a u s l ä n d i s c h e r Archive benützt und durch umfangreiche Hinweise[1] überschaubar und zugänglich gemacht zu haben. Durch die Verwendung chilenischer Archive und chilenischer Literatur ist es dem Verfasser gelungen, ein relativ objektives Bild der Deutschen und ihrer Leistungen in Chile zu entwerfen (im Gegensatz zu manchen deutschen Veröffentlichungen, die einseitig positive,z. T. überhebliche Stellungnahmen zum "Deutschtum" in Chile enthalten). Weiterhin fällt an der Arbeit von Blancpain auf, daß sie keine isolierte Betrachtung einzelner Sachverhalte (z.B. Einwanderungsproblem) präsentiert, sondern sie ständig eingebettet in den Gesamtzusammenhang (der Geschichte, Wirtschaft und Kultur Chile's) und in die Voraussetzungen und Bedingungen der zu erklärenden Phänomene. Als nützlich sind auch die Vergleiche anzusehen, die Blancpain zwischen den Determinanten der Kolonisation und Assimilation in Chile und in RGdS (Brasilien)[2] anstellt. Bei der statistischen Bearbeitung der deutschen Auswanderung ist anzumerken, daß Blancpain die amtliche deutsche Statistik unberücksichtigt gelassen hat. Aus arbeitstechnischer Sicht ist die vom Autor vorgenommene Numerierung der in den Fußnoten angegebenen Veröffentlichungen vorteilhaft, weil dieses Verfahren ein rasches Auffinden der Arbeiten im Quellenverzeichnis ermöglicht. Diese Vorgehensweise ist besonders angesichts des großen Umfangs des von Blancpain benutzten Quellenmaterials äußerst nützlich. Außerdem liefert Blancpain im bibliographischen Anhang zu verschiedenen Gliederungspunkten (z.B. deutsche Schule, religiöses Leben, deutscher Einfluß in Militärangelegenheiten) ein gesondertes Quellen- und Literaturverzeichnis, das die Quellenforschung über spezielle Aspekte des deutschen Lebens in Chile erleichtert.

Das zweite ausgezeichnete Werk über die Deutschen in Chile kommt von George F. W. Young[3] und umfaßt inhaltlich einen wesentlich kleineren Zeitumfang (1849-1919) als die Arbeit von Blancpain, die von 1816 bis 1945 geht. Über den Inhalt und die Zielsetzung der Arbeit von Young kann gesagt werden: "Das Werk versucht eine vollständige Darstellung des Vorlebens und der Geschichte der deutschen Einwanderung und Siedlung zu geben. Weiterhin analysiert dieses Buch die speziellen Umstände, die für die Gründung einer kräftigen deutschen Gemeinschaft günstig waren."[4] Zu der Stellung dieser Arbeit im Rahmen der amerikanischen Sozialwissenschaften schreibt Young: "Deutsche Einwanderung und Kolonisation verdient besondere Beachtung

---

1) siehe Annexe I und II über Inhalte und Quellenstand der Archive
2) bei diesen Vergleichen stützt sich Blancpain hauptsächlich auf die Arbeit J. Roche 1
3) George F.W. Young: The Germans in Chile: Immigration and colonization, 1849-1914. New York (Center for Migration Studies) 1974, 234 S.
4) Ausführungen auf der Umschlagrückseite des Buches von Young; (die Übersetzung lehnt sich eng an das englische Original an)

sogar außerhalb des chilenischen Zusammenhangs. Die neue Entwicklung der Studien über Intergruppenbeziehungen in den Sozialwissenschaften zeigt, daß solche Forschung vergleichbar sein muß mit einem weltweiten Maßstab. Dieser wird erreicht, indem man den amerikanischen Provinzialismus überwindet und die Intergruppenbeziehungen in einer Weltperspektive neu durchdenkt."[1]

Im folgenden soll übergangen werden zu der inhaltlichen Besprechung der Young'schen Arbeit. In der Einführung "Die Statistiken über Einwanderung in Chile im 19. Jahrhundert" (S. 1-21) setzt sich Young anfangs mit der Statistik zur europäischen Auswanderung nach Übersee auseinander, dann beschäftigt er sich mit der europäischen Einwanderung nach Chile, mit den Ergebnissen der verschiedenen chilenischen Volkszählungen und schließlich mit der deutschen Auswanderung nach Übersee und nach Chile. Bei einem Vergleich der jährlichen Angaben zur deutschen Einwanderung in Chile bei Blancpain und Young läßt sich folgendes feststellen: zum größten Teil weichen die Angaben nur wenig ab und die Wellenbewegung der Auswanderung ist bei den beiden Verfassern ungefähr gleich aufgezeichnet worden. Selten ergeben sich bei einzelnen Jahren größere Unterschiede, die wohl durch die z. T. unterschiedliche Quellenkonsultationen bedingt sind. Während die Statistiken bei Blancpain und Young jeweils mit dem Jahr 1846 beginnen, führen sie bei Blancpain bis 1909, bei Young bis 1914. In Kapitel I "Vorgeschichte der deutschen Einwanderung" (S. 23-44) erwähnt Young anfangs die drei Voraussetzungen der deutschen Einwanderung in Chile: 1. Die Bereitschaft und der Willen der chilenischen Regierung, deutsche Einwanderer aufzunehmen; 2. Das Vorhandensein einer Person oder Institution, die eine Auswanderung nach Chile lenken will und 3. das Vorhandensein einer Neigung zur Auswanderung nach Chile. Dann behandelt Young den Punkt 1 anhand der Entwicklung der chilenischen Kolonisationsgesetzgebung, Punkt 2 erklärt er mit den Bemühungen Philippi's (in den 40er Jahren des 19. Jahrhunderts), die deutsche Einwanderung und Kolonisation in Chile zu beleben. Punkt 3 wird von Young in diesem Kapitel vernachlässigt, aber umso genauer behandelt im Kapitel 2 "Der nationale deutsche Koloniegedanke" (S. 45-67), wobei auch Punkt 2 in Verbindung dazu besprochen wird. Young weist auf die Alternative der Handwerker und Bauern hin, entweder ins Fabrikproletariat abzusinken oder auszuwandern. Diese Situation führt Young zurück auf die Ausbreitung des Kapitalismus bzw. auf die maschinelle Ausstattung der Manufakturen. Dann untersucht der Verfasser die Rolle des Entstehens einer nationalen Kolonienidee in Bezug auf die Steuerung und Leitung der deutschen Auswanderung nach Chile. Auch die Haltung der Liberalen für einen Schutz der

---

1) Ausführungen auf der Umschlagrückseite des Buches von Young; (die Übersetzung lehnt sich eng an das englische Original an)

Auswandernden und für die Bewahrung ihrer Sprache und Kultur wird erwähnt, im Zusammenhang mit der Eignung Südchile's für diese Ziele. In Südchile war die Gefahr einer Assimilierung als gering anzusehen, weil ein einheimischer (chilenischer) Wettbewerb nicht zu erwarten war. Weiter beschreibt Young, wie Philippi zum Träger der nationalen Kolonienidee wurde, die durch Veröffentlichungen von J. E. Wappäus und A. Ried weiter unterstützt wurde. In Kapitel III "Deutsche Einwanderung und Kolonisation in Valdivia" (S. 69-101) befaßt sich Young zuerst mit der günstigen Resonanz auf die Werbungen Philippi's und mit der Auswanderungsbereitschaft der 50er Jahre (des 19. Jahrhunderts), die Young mehr auf wirtschaftliche Ursachen (Wettbewerbsprobleme) zurückführt als auf politische Ursachen. Bei eben diesen Ausführungen stützt sich Young öfters auf die Arbeit von Walker, der jedoch die Ursachen der Auswanderung i. d. R. unabhängig vom Zielland der Auswanderung untersucht hat. Es ist deshalb fraglich, ob die Analyse von Walker (in der Übertragung auf die deutsche Chileauswanderung) zutreffend ist. Dann beschäftigt sich Young mit den Ursachen der Neigung der chilenischen Regierung, gerade deutsche Kolonisten aufzunehmen. Hauptsächlich bekannt waren die Deutschen durch ihren Arbeitsethos und ihren Respekt vor öffentlicher Ordnung und Autorität. Weiter kam begünstigend hinzu, daß die Deutschen aus einem politisch gespaltenen Land kamen (im Gegensatz zu Franzosen und Engländern), was die Angst Chile's vor fremdem Machteinfluß minderte. Young erwähnt auch die Rekrutierungsversuche und -erfolge verschiedener Einzelpersonen und Vereine. Besonders die Tätigkeit der Auswanderervereine scheinen die These Young's vom Einfluß des nationalen Koloniegedankens auf die Lenkung der deutschen Auswanderung nach Chile zu bestätigen. Gegen Schluß des 4. Kapitels widmet sich Young den Tätigkeiten von Pérez Rosales bei der Ansiedlung der ersten Einwanderungsgruppen. Im Kapitel IV "Deutsche Einwanderung und Kolonisation in Llanqihue" (S. 103-129) beschreibt der Verfasser (für die 50er Jahre des 19. Jahrhunderts) die politischen Wandlungen in Chile und den wachsenden Widerstand klerikaler Kreise gegen eine protestantische Einwanderung. Dabei wird auch Carlos Muschgay erwähnt, der sich stark um das Modell einer katholischen Siedlung bemühte. Trotz der eben erwähnten Widerstände setzte sich die deutsche Einwanderung in den 50er Jahren weiter fort. Bei seinen weiteren Ausführungen gelingt es Young, die Wahl des Niederlassungsortes als eine Determinante der finanziellen Lage des jeweiligen Siedlers zu schildern. Dann beschreibt Young die Gründung von Puerto Montt (1853), die Entwicklung der Kolonisation in Llanquihue und den positiven Einfluß von Pérez Rosales, der sich trotz des Misstrauens seitens der klerikalen Opposition behaupten konnte. Zum Schluß des IV. Kapitels geht Young ein auf die Schwierigkeiten der Auswanderungswerbung in Deutschland angesichts der Popularität der Auswanderung nach den Vereinigten Staaten und den Zeitungspolemiken gegen eine Chileauswanderung. Besonders erwähnenswert sind die vergleichenden Bemerkungen von Young über die deutschen Siedlungen und Leistungen in Llanquihue und Valdivia. Auf S. 114 befindet sich, ergänzend zu den statistischen Angaben des Einführungskapitels, eine Tabelle zur deutschen Einwanderung in Llanquihue von 1852-1869. Im Kapitel V "Deutsche Einwanderung und Kolonisation in der Frontera und Chiloé" (S. 131-151) werden anfangs die Ursachen der raschen Assimilation der deutschen Fronteraauswanderer behandelt. Dann schildert Young die Versuche der chilenischen Regierung, die europäische Einwanderung durch die Gründung verschiedener Gesellschaften zu beleben. So führte u. a. die Begründung der "Gesellschaft für industrielle Einwanderung" (im Jahre 1883) zu einer Förderung des industriell ausgerichteten Einwanderers. Die daraus resultierende Änderung der Einwanderungsstruktur (hinsichtlich der Berufszusammensetzung) wurde besonders in den späten 80er Jahren des 19. Jahrhunderts spürbar. Außerdem stellt Young fest, daß sich die Auswanderung nach Chile gegen Ende des 19. und zu Beginn des 20. Jahrhunderts genauso verhalten hat (zahlenmäßig und von der Berufszusammensetzung her) wie die allgemeine europäische Auswanderung nach Übersee. Nach den allgemeinen Ausführungen zur Einwanderung in Chile wendet sich Young wieder den Kolonien in der Frontera zu, die auf S. 136 in einer Liste enthalten sind, die Angaben zum Gründungsjahr und zur Familien- bzw. Einwohnerzahl der einzelnen Kolonien macht. Dabei konnte wegen der gemischtnationalen Einwanderung keine Trennung nach national dominanten Kolonien vorgenommen werden. Ausführlich erörtert Young die Fehler, die bei der Kolonisation der Frontera gemacht wurden (u.a. Heranziehung von ungeeigneten Siedlern; von der Regierung verursachte Rechtsunsicherheit bei Landerwerb). Anschließend analysiert Young die Einwanderung und die mißglückte Kolonisation auf der Insel Chiloé. Die Gründe für das Scheitern der Chiloé-Kolonisation werden vom Verfasser anhand der Einwandererzusammensetzung untersucht (Nationalitätenmischung; Unterschiede des Charakters und der Ausdauer; hohe Anzahl an körperlich Kranken). Diese negativen Faktoren trafen zusammen mit ungünstigen klimatischen Verhältnissen (starke Niederschlagshäufigkeit), so daß ein Scheitern der Kolonisation verständlich wird. In Kapitel 6 "Das chilenische Deutschtum bis zum ersten Weltkrieg" (S. 153-180) untersucht Young die Gründe für die Erhaltung der kulturellen und ethnischen Identität der deutschen Einwanderer. Als wesentliche Faktoren führt er an: die Isolation der Deutschen; ihre kulturelle Überlegenheit gegenüber der einheimischen Bevölkerung; das Anwachsen des deutschen Selbstbewußtseins nach dem Erreichen der deutschen Einheit im Jahre 1871 und die eigenen Anstrengungen zur Erhaltung der deutschen Kultur. Ausführlich widmet sich Young den verschiedenen Arten von Vereinen und der Rolle der Kirche und der Presse als Träger der deutschen Kultur. Dann folgen Untersuchungen über das Ausmaß der Assimilation in Abhängigkeit vom gesellschaftlichen Status, von der Konfession und vom Vermögen. Zum Schluß geht Young ein auf die Auswirkungen, die der 1. Weltkrieg für die Deutschen in Chile gehabt hat. Der Appendix

"Auswanderung von Deutschland nach Chile: 1846-1874" (S. 181-187) enthält Tabellen über die Auswandererschiffe mit dem Ziel Chile und verschiedenen Angaben zu diesen Schiffen: Jahr des Auslaufens, Abfahrtshafen und Zahl der Passagiere (Tabelle A); berufliche Zusammensetzung der deutschen Auswanderung nach Chile und Zahl der einzelnen Berufsträger (Tabelle B) und absolute Zahlen sowie prozentuale Angaben zum Status der deutschen Auswanderer nach Chile (Tabelle C). Diese Tabellen sind von Young vor allem zusammengestellt worden auf der Basis der Passagierlisten des Hamburger Staatsarchivs und chilenischer Quellen. Die Bibliographie (S. 189-229) des Buches von Young ist eingeteilt in A. "Manuskript sources" (S. 189), B. "Government Documents" (S. 189-190), C. "Newspapers and Periodica" (S. 191) und D. "Bibliographies" (S. 191-228). Der Abschnitt A. "Manuskript sources" enthält als Quellenangabe den Band 378 der Biblioteca Americana J. T. Medina (Nationalarchiv Santiago)[1]. Der Band 378 wurde auch von Blancpain benutzt, der jedoch die einzelnen Überschriften und Beziehungen der Mansukripte sowie die entsprechenden Seitenzahlen des Bandes 378 angab.[2] Die restlichen Manuskripte (Band 220, 273, 277 und 582) aus dem Nationalarchiv, auf die sich Young stützt, wurden bei Blancpain nicht konsultiert. Hinsichtlich Abschnitt B. "Government Documents" läßt sich folgendes feststellen: Bei den "Menorias" stützen sich beide Chile-Forscher auf die Bände (der Jahre 1895-97) der "Generalagentur für Kolonisation in Europa", wobei Young aber die "Memorias" für die Jahre 1898-1902 zusätzlich heranzieht. Auch bei den Quellen des Nationsalkongresses verwendet Young ergänzendes Material (über die Arbeit von Blancpain hinaus). Für den Rest der "Government Documents" kann gesagt werden, daß es sich ähnlich verhält wie eben beschrieben. Teilweise benutzten Young und Blancpain die gleichen Informationsquellen (z.B. Akten des chilenischen Innenministeriums und des Zentralen Büros für Statistik) mit identischem oder unterschiedlichem Material, teilweise befaßt sich Young dann wieder mit bei Blancpain nicht vorhandenen Informationsquellen (u.a. Veröffentlichungen des Parlaments und des Industrieministeriums).

Grundsätzlich kann über den Quellenstand zur Chile-Auswanderung bemerkt werden, daß Blancpain weitaus umfangreicheres Material verwendet hat, das über lange und geschlossene Zeiträume Auskunft gibt und das Blancpain sehr ausführlich und exakt angibt, während Young auswahlartig verschiedene Quellen heranzieht, sie nicht über längere Zeit hinweg relativ lückenlos zusammenstellt und keine Information über Untertitel und/oder Inhaltsbeschreibung der verschiedenen Bände bzw. Quellen liefert. Die zusätzlichen Informationsquellen Young's, die Blancpain nicht erschlossen hat,

---

1) vgl. Young: a.a.O., S. 189
2) vgl. Blancpain: a.a.O., S. 912 f

sind vereinzelt und können die inhaltlichen Aussagen bei Blancpain nicht wesentlich verändern, sie höchstens in wenigen Details ergänzen. Umgekehrt gilt, daß Young viele von Blancpain benutzte Informationsquellen nicht berücksichtigt hat, wozu u. a. gehören die Notariatsarchive Valdivia's und vor allem die privaten Archive ("Archivo Philippi",'Sammlung Geisse-Schwarzenberg") und das von Blancpain genannte sonstige ungedruckte Quellenmaterial.[1] Außerdem gibt Blancpain ausführliche Beschreibungen der Charakteristika der von ihm benutzten Archive und deren Quellenstand, während Young nur knappe Bezeichnungen der von ihm konsultierten Archive und Quellen angibt. Der Abschnitt D "Bibliographies"[2] enthält in alphabetischer Reihenfolge Sekundärliteratur, u. a. mit Aufsätzen über regionale Auswanderung nach Chile und über Familienforschungen. Einige dieser Aufsätze sind bei Blancpain nicht berücksichtigt worden. Weiterhin enthält dieser Abschnitt eine große Menge kurzer Aufsätze, die sich mit Chile oder der deutschen Wirtschafts- und Sozialgeschichte befassen. Neben den erwähnten Veröffentlichungen befindet sich auch vereinzelte Literatur zur Auswanderung nach Gesamt-Lateinamerika in dem Verzeichnis, aber nicht in einem selbständigen Kapitel zusammengestellt wie bei Blancpain.[3] Schwerpunktmäßig stützt sich die von Young benutzte Sekundärliteratur auf die "Deutsche Arbeit", die "Geschichtlichen Monatshefte" und auf die bei Blancpain bereits genannten Vorarbeiten. Dann verwendete Young auch eine Menge chilenischer Literatur, insbesondere Veröffentlichungen der Auswanderungsagenten Chiles. Als nützlich kann man die Verfahrensweise Young's ansehen, am Ende eines jeden Kapitels eine Sammlung der Fußnotenerläuterungen anzufügen.

Hinsichtlich des Chile-Forschungsstandes kann abschließend bemerkt werden: Young arbeitete die w e s e n t l i c h e n Züge der deutschen Einwanderung und die Gründe für den Erfolg der deutschen Kolonisation und Kulturbewahrung heraus (im Rahmen soziologischer Fragestellungen), während Blancpain umfassende Detailinformationen zu allen Phänomenen der deutschen Einwanderung und des deutschen Einflusses in Chile ermittelte. Erstaunlicherweise haben Young und Blancpain ohne gegenseitigen Kontakt am gleichen Thema gearbeitet, da keiner der beiden Verfasser Hinweise auf die Forschungen des anderen gibt.

---

1) vgl. hierzu Blancpain: a.a.O., S. 1004-1008
2) vgl. hierzu Young: a.a.O., S. 191-228
3) vgl. hierzu Blancpain: a.a.O., S. 1015-1020

3.5.2. Bolivien

Zunächst ist auf den Abschnitt "Bolivien" im Handwörterbuch des Grenz- und Auslanddeutschtums[1] aufmerksam zu machen. Dieser Abschnitt beschreibt in Artikel IV die Geschichte des Deutschtums, während die deutsche Auswanderung nach Bolivien (mangels Vorarbeiten bzw. Forschungen) nur sehr unbedeutend berücksichtigt wird. In Abschnitt III 2. "Bevölkerung" finden sich einige Zahlenabgaben (ohne Quellenvermerk) über die ansässigen Deutschen in Bolivien (1862: 80 Deutsche, vorwiegend Bergleute; 1914: 500 Reichsdeutsche; 1932: 1 000 Reichsdeutsche und 120 Deutsche aus Argentinien, Brasilien und Chile). Der Abschnitt "Bolivien" stützt sich im wesentlichen auf Zeitschriftenaufsätze. Das teilweise in belletristischer Form geschriebene Buch von Fritz Kübler[2] kann nicht als befriedigender Beitrag zum Forschungsstand der deutschen Auswanderung nach Bolivien angesehen werden, weil es nur einen Überblick über das deutsche Leben in Bolivien zu geben vermag, der allein auf den Erfahrungen und Erlebnissen des Verfassers während seines mehrjährigen Aufenthaltes in Bolivien fußt, ergänzt durch die Mitteilungen oder Unterlagen anderer in Bolivien lebender Deutschen (u. a. dem damaligen Deutschen Gesandten in Bolivien). Da Kübler im Verlauf des Buches auf statistische Beiträge verzichtet, kann man sich über den Verlauf oder die Höhe der Auswanderung keine (genauen) Vorstellungen machen. Das einzige statistische Hilfsmittel ist die Karte (am Schluß des Buches), die Auskunft über die Zahl der in verschiedenen bolivianischen Städten ansässigen Deutschen (insgesamt 1050 Menschen) gibt. Leider fehlen bei dieser Zusammenstellung die Quellenangaben bzw. die Ermittlungsverfahren sowie das Jahr der Ermittlung (vermutlich 1936). Trotzdem erlaubt die Übersichtskarte eine Interpretation zur deutschen Auswanderung nach Bolivien. Es kam zu keinen geschlossenen Siedlungen, zu keiner Agrarkolonisation und die Deutschen haben sich i. d. R. in den Städten niedergelassen. Zur beruflichen Zusammensetzung der deutschen Einwanderer bemerkt Kübler, daß sie hauptsächlich aus Kaufleuten und weniger aus Landwirten bestand. Im Kapitel "Der deutsche Handel" schildert Kübler in chronischer Reihenfolge die Ausbreitung der Deutschen durch die Errichtung von Handelshäusern, ohne jedoch statistisches Material oder die Herkunftsgebiete der deutschen Kaufleute anzugeben. Der Verfasser datiert den Beginn der Eindringung der deutschen Kaufleute in Bolivien auf

---

[1] "Bolivien". In: Handwörterbuch des Grenz- und Auslanddeutschtums. Hrsg. von C. Petersen u. a., Bd. 1, Breslau 1933, S. 486–489
[2] Fritz Kübler: Deutsche in Bolivien. Stuttgart 1936, 91 S.

die 70er Jahre des 19. Jahrhunderts und beschreibt die Entwicklung und den Verlauf des deutschen Handels bis 1936. Kurz geht Kübler auch auf die kontroversen deutschen Stellungnahmen zu einer eventuellen deutschen landwirtschaftlichen Kolonisation in Bolivien ein. Dann folgen Ausführungen über das deutsche Vereinswesen und die deutsche Schule in Bolivien. Ausführlich beschreibt Kübler die Leistungen des Deutschen Wilhelm Kyllmann, der das bolivianische Verkehrsflugwesen gegründet hat. Im letzten Kapitel befaßt sich Kübler mit weiteren bedeutenden Leistungen einzelner Deutschen in Bolivien. Leider konnte Kübler keine Angaben über die Herkunftsgebiete der Deutschen, den Zeitpunkt ihrer Einwanderung und ihre Namen ermitteln. Diese Informationen müßten vermutlich aus den Vereinsregistern der einzelnen deutschen Stadtkolonien ermittelbar sein. Kirchenbücher fallen als Quellen wahrscheinlich aus, da Kübler das kirchliche Leben der Deutschen in Bolivien nicht erwähnt (vermutlich war keine organisierte Kirchengemeinde vorhanden). Trotz der aufgezeigten Schwächen (u. a. auch fehlende Konsultation deutscher oder bolivianischer Archive) stellt das Buch von Kübler die wichtigste Informationsquelle über die Deutschen in Bolivien dar. Einige Ausführungen zur deutschen Volksgruppe in Bolivien befinden sich auch in der Arbeit von Federico Nielsen-Reyes.[1)]

3.5.3. Peru

Die erste hier zu erwähnende Arbeit von Kurt Scholich[2)] enthält hauptsächlich Erlebnisberichte über einzelne deutsche Einwanderer und ihre Leistungen (von 1820 bis ca. 1920). Außerdem beschreibt Scholich die Gründung der Kolonie Pozuzo (1857) und gibt Angaben über Zahl und Herkunftsgebiete ihrer Siedler. Das Buch setzt sich aus vielen Einzelaufsätzen zusammen, die sich hauptsächlich auf eigene Reiseerlebnisse und auf Veröffentlichungen des 19. Jahrhunderts stützen. Die Schrift von Scholich kann trotz ihres vielversprechenden Titels keinen Anspruch erheben auf die Darstellung einer umfassenden Geschichte des Deutschtums in Peru. Der kurze Aufsatz

---

1) Federico Nielsen-Reyes: Boliviens Aufbauwille. Berlin 1937
2) Kurt Scholich: Der Deutsche in Peru (Der Deutsche im Auslande. Hrsg. von der Auslandsabteilung des Zentralinstituts für Erziehung und Unterricht, Heft 64) Langensalza o. J. (1930), 62 S.

von Heinz F. Brieger[1] enthält eine detaillierte Schilderung der Geschichte der Kolonie Pozuzo von 1857 bis 1950, basierend auf der Literatur des 19. Jahrhunderts. Die umfangreiche Veröffentlichung von Karl Schmid-Tannwald[2] beschreibt die Auskünfte der in Lima ansässigen Deutschen über die Kolonie Pozuzo und ihre gegenwärtige Lage. Die Entstehung der Kolonie wird sehr ausführlich geschildert, wobei die Leistungen des Gründers Damian Freiherr von Schütz-Holzhausen, die Werbung in Tirol, die wichtigsten Namen der deutschen und tiroler Siedler, die Herkunftsgebiete und -orte der deutschen Einwanderer (Mosel-, Hunsrück- und Eifelgebiet) und die Neueinwanderung des Jahres 1868 (wenig Bayern, hauptsächlich Tiroler) geschildert werden. Die Arbeit von Schmid-Tannwald stützt sich auf Reiseerfahrungen des Jahres 1955 und auf Berichte der ansässigen Siedler.

Das für die Peruauswanderung bedeutendste Werk von Georg G. Petersen[3] ist entstanden aus einem erweiterten Abdruck des auf S. 36-115 der Festschrift "100 Jahre Club Germania 1863-1963" erschienenen Beitrages "Zur Geschichte des Club Germania und des Deutschtums in Peru". Petersen beschreibt die Sesshaftwerdung der Deutschen in Peru (seit Ende des 18. Jahrhunderts). Der Prozess der Sesshaftwerdung vollzog sich zunächst langsam, besonders in den letzten Jahrzehnten des 19. Jahrhunderts aber immer beschleunigter, so daß die Deutschen in Peru immerhin zu der sechstgrößten nationalen Gruppe der Ausländer (oder von Ausländern Abstammenden) gehören (Stand 1964).[4] Das Buch von Petersen gibt ausführliche Auskunft über eine große Anzahl von Einzelpersonen, die von Deutschland nach Peru im Zeitraum von 1788-1963 ausgewandert sind. Die Ausführungen über die betreffenden Deutschen nennen i. d. R. das Jahr der Einwanderung in Peru, den Lebenslauf, den Niederlassungsort und die Leistungen der Einwanderer, ohne jedoch Angaben zu den Auswanderungsgründen zu machen. Da sich das deutsche Leben vor allem in den deutschen Vereinen abgespielt hat, beschreibt der Verfasser die Gründungen und Entwicklungen der verschiedenen Vereine. Dabei erfahren die Gründer oder Vorsitzende dieser Vereine eine ausführliche Würdigung, da über diesen Personenkreis das meiste Quellenmaterial vorhanden ist. Als Hauptzentren der deutschen Siedlungen sieht Petersen die Orte Lima, Callao und später Pozuzo an. Kurz erwähnt der Verfasser das Einwanderungsgesetz vom 17. November 1849, das auch zur Einwanderung von Deutschen beitrug, die von dem Auswanderungsagenten

---

1) Heinz F. Brieger: Pozuzo, die hundertjährige deutsche Kolonie im peruanischen Urwald. In: Mitteilungen des Instituts für Auslandsbeziehungen Stuttgart, Jg. 9, Heft 3, Stuttgart 1953, S. 204-207
2) Karl Schmid-Tannwald: Pozuzo - Vergessen im Urwald. Braunschweig 1957, 262 S.
3) Georg G. Petersen: Über das Deutschtum in Peru. Lima 1964
4) vgl. ebenda, S. 37

Antolin Rudolfo angeworben wurden. Der Autor beschäftigt sich dann mit der Berufszusammensetzung und dem Schicksal der (von Rudolfo angeworbenen) ca. 2 000 Deutschen, die in der Zeit von 1850 bis 1853 nach Peru eingewandert sind. Auf S. 48 präsentiert Petersen eine Liste mit den Familiennamen der 1851 nach Peru ausgewanderten Württemberger, die auf Pfarrer Ernst Mayer (Linsenhofen) zurückgeht. Anschließend widmet sich der Verfasser den Verhandlungen von Damian Freiherr von Schütz-Holzhausen, die im Jahre 1857 zur Gründung der Kolonie Pozuzo führten. Auf S. 49 f stellte Petersen (durch eine Zusammenfassung früherer Einzelangaben) eine Tabelle über die Bevölkerungsentwicklung der Kolonie Pozuzo von 1857-1963 auf. Im Anschluß daran befaßt sich Petersen mit der seit Mitte des 19. Jahrhunderts bedeutsam gewordenen deutschen Einzeleinwanderung in Peru, die zu Einflußnahmen in die Politik, Wirtschaft und Gesellschaft Peru's führte.[1] Auch über die Einwanderung deutschredender Juden macht Petersen Angaben hinsichtlich Herkunftsgebiete, Namen und Einwanderungszeitraum (60er und 70er Jahre des 19. Jahrhunderts).[2] Die Zahl der Deutschen, die in Peru 1876 ansässig war, gibt Petersen (nach Schätzung von E. M. Middendorf) auf 320 Menschen an[3] während sie 1901/2 mit 854 und im Jahre 1906 mit 1 100 Personen weiterhin im Steigen begriffen war.[4] Die bevorzugten deutschen Siedlungszentren in Peru zu Beginn des 19. Jahrhunderts waren (nach Angaben von Therese von Bayern) Lima, Callao, Huancavelica, Ayacucho, Junin, Huánuco, Loreto, Piura, Paita und Trujillo. Keine Erklärung liefert Petersen über die im Vergleich zu seinen Angaben von 1906 (1 100 Deutsche) so stark reduzierte Zahl von 1923 (620 Deutsche).[5] Dann geht Petersen auf den Charakter der in den 20er, 30er und 50er Jahren dieses Jahrhunderts stattgefundene Auswanderung ein. Er bezeichnet sie als wissenschaftliche Einwanderung, da in dieser Zeit hauptsächlich deutsche Akademiker in Peru eingewandert sind. Auf S. 67 f gibt Petersen einige statistische Angaben zu den in den Jahren 1933-1938 in Peru eingewanderten Juden und zu ihren Gemeinden und Vereinen. Anschließend schildert der Autor die Einflüsse und Leistungen der Deutschen in Peru seit dem 2. Weltkrieg bis 1963.[6] Im Anhang befindet sich ein Namensverzeichnis der im Jahre 1853 in Lima und Callao ansässigen Deutschen (mit Berufsangaben). Die Liste ist entnommen aus der "Guia de Domicilio de Lima y Callao para el año de 1852", die von C. Damian von Schütz-Holzhausen und Juan Möller herausgegeben wurde. Die Angaben aus dem eben erwähnten Adressbuch sind deshalb so wichtig, weil sie Auskünfte über diejenigen ansässigen Deutschen geben, die vor den Pozuzo-Deutschen und vor der Typhusepidemie des Jahres 1854 (die viele Opfer forderte) in Peru waren.

---

1) vgl. Petersen: a.a.O., S. 50
2) vgl. ebenda, S. 55
3) vgl. ebenda, S. 57
4) vgl. ebenda, S. 60; zu den Zahlenangaben von 1901/2 und 1906 gibt Petersen keine Quellenangaben an
5) vgl. Petersen: a.a.O., S. 66
6) vgl. ebenda, S. 73 ff

Im Anhang finden sich außerdem weitere Namenslisten über die Deutschen in Lima für die Jahre 1860 (Tabelle 2) und 1886 (Tabelle 3), die auf Einwohnerverzeichnissen von Lima basieren. Die Tabelle 4 enthält Informationen über die im Jahre 1959 in Arequipa ansässigen Deutschen, die sich auf das Mitgliederverzeichnis des Deutschen Clubs Arequipa (von 1959-1960) stützen. Über die 1963 in Cuzco ansässigen Deutschen gibt die Tabelle 14 Auskunft, während Tabelle 15 die in Nordperu (um die Mitte dieses Jahrhunderts) ansässigen deutschen Familien darstellt. Das Werk von Petersen stützt sich auf Materialien der Nationalbibliothek in Lima und auf Quellen deutscher Vereine. Leider hat der Verfasser oftmals nur unzureichende oder überhaupt keine Quellenangaben zu seinen Ausführungen gemacht (was insbesondere für die statistischen Angaben über die Deutschen in Peru gilt). Weiterhin hat Petersen einige wichtige, bereits rezensierte Arbeiten zur deutschen Einwanderung und Kolonisation in Peru unberücksichtigt gelassen.[1] Hilfreich wäre auch eine Bemerkung gewesen, ob irgendwelche peruanische Archive noch Quellen über die Deutschen in Peru (insbesondere über diejenigen Deutschen, die keinem Verein angeschlossen waren) enthalten. Die Leistung von Petersen ist trotzdem außerordentlich bemerkenswert, da er (über die bisher veröffentlichten Kolonienbeschreibungen von Pozuzo hinaus) eine Zusammenfassung über die Deutschen und ihre Leistungen in Peru für den großen Zeitraum von 1790 bis 1964 durchgeführt hat.

An dieser Stelle ist nochmals auf den bereits rezensierten Aufsatz von Walter Dupouy hinzuweisen, der einen Vergleich zwischen der Kolonie Tovar in Venezuela und der Kolonie Pozuzo in Peru vorgenommen hat.

In dem 1970 erschienenen Aufsatz von Karl Werner Klüber[2] schildert der Verfasser kurz die Handelsbeziehungen zwischen Hamburg und Peru bis zum Beginn der Einwanderung, die durch das peruanische Einwanderungsgesetz von 1849 begünstigt wurde. Dann erwähnt er die Anwerbungsversprechungen von Rudolfo und die Verschiffung von 1 150 deutschen Auswanderern von Hamburg nach Lima (Peru), wobei Klüber im Gegensatz zu Engelsing (der 4 Schiffe angibt) von 5 Auswandererschiffen spricht (nach Auskunft des Staatsarchivs Bremen ist die Zahl 5 richtig). Kurz geht Klüber

---

1) aus diesem Grunde sollte man neben der Arbeit von Petersen auch den Abschnitt "Peru" (S. 87-103) der Veröffentlichung von Hugo Grothe heranziehen (dieser Abschnitt enthält insbesondere von Petersen nicht berücksichtigte statistische Daten)
2) Karl Werner Klüber: Deutsche Auswanderung nach Peru. I. Auswanderung aus Württemberg 1851. In: Genealogie. Deutsche Zeitschrift für Familienkunde, Jg. 19, Heft 10, Neustadt a. d. Aisch 1970, S. 76-81

auf die Berufe dieser Auswanderer ein (bei den Württembergern waren es Weinbauern, Tagelöhner, Seidenwurmzüchter und Handwerker). Das Einwanderungskontingent setzte sich auch aus kinderreichen Familien, Kranken und Zuchthäuslern zusammen. Durch Interventionen des damaligen Württembergischen Ministeriums für auswärtige Angelegenheiten (wegen Schadensersatzforderungen an den Schiffsmakler Boedeker) beim Bremer Senat blieben die Akten über die württembergischen Auswanderer von 1851 erhalten, obwohl alle sonstigen bremer Auswandererlisten verlorengegangen sind. Das von Klüber zusammengestellte Verzeichnis der württembergischen Auswanderer (S. 79-81) enthält Angaben zu Namen (326 Personen), Berufen, Ehestand und Geschlecht. Dabei wurde die Liste nach den verschiedenen württembergischen Kreisen regional untergliedert. Der Aufsatz von Klüber stützt sich auf Veröffentlichungen von R. Engelsing, E. Baasch und P. E. Schramm.

Die (bereits in Kapitel 3.3.1. erwähnte) Arbeit von Karl Ilg befaßt sich u. a. mit der gegenwärtigen Situation in Pozuzo hinsichtlich Siedlungstechnik (weit verstreute Einzelhöfe) und Erwerbsleben (Kaffeeanbau und Viehzucht). Ilg stützt sich bei seinen Ausführungen auf eigene Forschungsexpeditionen der Jahre 1965/66 und 1968/69 in Brasilien und Peru.

3.5.4. Ecuador

Zur deutschen Auswanderung nach Ecuador konnten vier Arbeiten ermittelt werden. Der Artikel "Ecuador" im Handwörterbuch des Grenz- und Auslanddeutschtums[1] enthält unter III "Geschichte und Organisation des Deutschtums" nur Angaben über deutsche Einzelpersönlichkeiten, über deutsche Schulen, Vereine usw., während die deutsche Einwanderung kaum berücksichtigt wird. Der Artikel "Ecuador" stützt sich mangels selbständig erschienener Veröffentlichungen auf Aufsätze aus Zeitschriften (u.a. "Export" und "Südamerika-Rundschau") und auf wenig spanische Literatur. Der Aufsatz von Hanns Heimann[2] beschreibt zuerst die Tätigkeit der Jesuiten (von ca. 1650-1750), die Leistungen der deutschen Wissenschaftler (von 1800-1913) und schließlich die vereinzelte deutsche Einwanderung in Ecuador (bis Gegenwart). Die deutschen Auswanderer nach Ecuador waren hauptsächlich Kaufleute und Handwerker, so daß sich in Ecuador keine geschlossene deutsche Siedlung entwickeln konnte. Der Aufsatz von Heimann enthält keine Namenslisten, Einwanderungsstatistiken oder Quellenangaben.

---

1) "Ecuador". In: Handwörterbuch des Grenz- und Auslanddeutschtums. Hrsg. von C. Petersen u.a., Band 2, Breslau 1936, S. 306-307
2) Hanns Heimann: Deutsche Einwanderung und Kulturarbeit in Ecuador. In: Südamerika, Jg. 6, Heft 6, Buenos Aires 1956, S. 577-585

Die Arbeiten von Weilbauer[1] und Vernimen[2] geben Hinweise auf bedeutende deutsche Einwanderer in Ecuador.

4. Literatur über die deutsche Auswanderungsgesetzgebung und -politik
Bibliografía sobre la política e a legislación emigratoria alemana
Bibliografia sobre a politien e a legislação emigratoria alemã

In der frühen Arbeit von A. Altenberg[3] behandelt der Verfasser neben allgemeinen gesetzgeberischen Fragen (Freiheit der Auswanderung und allgemeine Wehrpflicht; Staatsangehörigkeit) ausführlich die für Übersee-Auswanderung besonders wichtigen Probleme (Auswanderungsunternehmer, -agenten; staatliche Maßnahmen und Einrichtungen zum Schutze der Überseeauswanderer). Altenberg stützt seine Abhandlungen auf die Deutsche Reichsverfassung und auf die regionale Gesetzgebung der deutschen Einzelstaaten. Das von E. von Philippovich[4] herausgegebene Werk besteht aus einer Aufsatzsammlung verschiedener Autoren. Die Aufsätze über die Auswanderung und Auswanderungspolitik der einzelnen Staaten stammen von G. Krieg (Königreich Bayern), v. Philippovich (Großherzogtum Baden), Fey (Großherzogtum Hessen), F. C. Huber (Königreich Württemberg), Lindig (Großherzogtum Mecklenburg), L. Pohle (Königreich Sachsen), E. Baasch (Hamburg) und M. Lindemann (Bremen). Die einzelnen Aufsätze erforschen die Auswanderung (in der Zeit von ca. 1861 bis ca. 1890) hinsichtlich Ursachen, Stellung der einzelnen Staaten dazu und Möglichkeiten der Steuerung und Beeinflussung der deutschen Auswanderung durch behördliche Maßnahmen. Eine Darstellung des deutschen Auswanderungswesens für die einzelnen deutschen Staaten war notwendig geworden, weil die Verassung des Frankfurter Reichstages und des Norddeutschen Bundes (bzw. des Deutschen Reiches) zwar eine einheitliche Auswanderungsgesetzgebung vorsahen, diese aber erst 1897 realisiert wurde.[5] Zu den einzelnen Aufsätzen ist zu bemerken, daß sie eine unterschiedliche Qualität aufweisen[6], wobei die Abhandlungen

---

1) Arthur Weilbauer: Die Deutschen in Ecuador. Historische Studie. Quito 1974. Diese Publikation enthält eine vollständige Übersetzung in die spanische Sprache.
2) José Ulloa Vernimen: Los Alemanes en el Ecuador. In: Vistazo, Jg. 17, Nr. 200, Quito 1974, S. 21-24
3) A. Altenberg: Deutsche Auswanderungsgesetzgebung. Übersicht über die gegenwärtig im Reich und in den Einzelstaaten bestehende auf das Auswanderungswesen bezügliche Gesetze und Verordnungen. Separatdruck aus der deutschen Kolonialzeitung. Berlin 1885
4) E. von Philippovich (Hrsg.): Auswanderung und Auswanderungspolitik in Deutschland. Berichte über die Entwicklung und den gegenwärtigen Zustand des Auswanderungswesens in den Einzelstaaten und im Reich (Schriften des Vereins für Sozialpolitik, Bd. 52) Leipzig 1892
5) vgl. v. Philippovich (Hrsg.): a.a.O., Einleitung XIII
6) vgl. Marschalck: a.a.O., S. 27

von v. Philippovich, Huber und Lindig als die wertvollsten anzusehen sind. Die von v. Philippovich herausgegebene Veröffentlichung basiert auf Gesetzen und Bestimmungen der einzelnen Staaten sowie auf Primärquellen aus Archiven der einzelnen Staaten. Die eben rezensierte Untersuchung ist i. d. R. so gründlich betrieben worden, daß sie bei nahezu jeder (auch der neuesten) Veröffentlichung auf dem Gebiet der Auswanderung und Auswanderungspolitik mit herangezogen wird. Eine ebenfalls im Jahre 1892 erschienene Arbeit von Alfred Zimmermann [1] enthält Materialien über die deutsche Auswanderungspolitik in den 40er und 50er Jahren des 19. Jahrhunderts.

Im folgenden sollen drei Arbeiten über das Reichsgesetz von 1897 besprochen werden. Die erste Veröffentlichung von Ernst Hasse [2] enthält die "Vorgeschichte" des Reichsgesetzes (von 1848 bis zur Verabschiedung im Jahre 1897) und geht ausführlich auf die wesentlichsten Grundsätze des Gesetzes ein (Beförderung der Auswanderer, Auswanderungsfreiheit, Agentenzwang, Spezialisierungsprinzip usw.). Die einzelnen Paragraphen werden von Hasse jedoch nicht analysiert. Der Aufsatz von Hasse stützt sich auf die von v. Philippovich herausgegebene Arbeit, auf den Gesetzestext des Reichsgesetzes (S. 408-413) und auf verschiedene Drucksachen des Reichstages. Die zweite Veröffentlichung, von Felix Stoerk [3] verfaßt, enthält neben dem Wortlaut des Reichsgesetzes auch Ausführungsverordnungen und Anlagen dazu. Durch die Heranziehung einiger erläuternder Motivberichte zu den beiden letzten Regierungsentwürfen und durch die Verwendung von Unterlagen zur Interpretation und Ausgestaltung der Entwürfe ist es dem Verfasser gelungen, über die gesetzgeberischen Ziele und den gesetzgeberischen Willen dieses Gesetzes zu informieren. Die dritte Schrift über das Reichsgesetz von 1897 stammt von P. Goetsch [4]. Ergänzend zu den beiden ersten Veröffentlichungen über das Reichsgesetz sind die Ausführungen von Goetsch über die Einwanderungsgesetzgebung und -vorschriften der lateinamerikanischen Zielländer der deutschen Auswanderung (für die Zeit von 1800-1905). Außerdem hat Goetsch Verzeichnisse über Auswanderungsunternehmer, Auswanderungsbehörden und eine Auswanderungsstatistik (basierend auf der Statistik des Deutschen Reichs) zusammengestellt. Die Arbeit von Goetsch stützt sich auf amtliche Primärquellen und auf umfangreiche Literatur des 19. Jahrhunderts zur Auswanderungsgesetzgebung. Die Arbeit von Schulte im Hofe [5] befaßt sich ausführlich mit der Gründung der Zentralauskunftsstelle für Auswanderer im Jahre 1902 und mit den verschiedenen Tätigkeiten dieser Auskunftsstelle bis 1913.

---

1) Alfred Zimmermann: Geschichte der preußisch-deutschen Handelspolitik - aktenmäßig dargestellt. Oldenburg-Leipzig 1892
2) Ernst Hasse: Das Gesetz über das Auswanderungswesen vom 9.6.1897. In: Jahrbücher für Nationalökonomie und Statistik, F. 3, 14., Jena 1897, S. 396-413 (zit. E. Hasse 1)
3) Felix Stoerk: Das Reichsgesetz über das Auswanderungswesen vom 9.6.1897. Berlin 1899
4) P. Goetsch: Das Reichsgesetz über das Auswanderungswesen vom 9.6.1897 nebst Ausführungsverordnungen. 2. Auflage, Berlin 1907
5) A. Schulte im Hofe: Auswanderung und Auswanderungspolitik. Berlin 1918

Der Abschnitt über die Tätigkeiten dieser Auskunftsstelle enthält viele statistische Angaben (Zahl, Beruf, Familienstand, Geschlecht usw.) der Auswanderer und der Auskunftsuchenden, aber ohne Bezug auf die einzelnen Zielländer der Auswanderung. Das Kapitel VI "Die europäische Einwanderung in die Überseeländer" (S. 75-95) beinhaltet nur sehr kurze Abschnitte über Argentinien, Brasilien, Paraguay, Uruguay und Chile (z. T. mit etwas statistischem Material über den deutschen Anteil an der Auswanderung). Die Arbeit von Schulte im Hofe stützt sich neben vielen amtlichen deutschen statistischen Quellen (Statistik des Deutschen Reiches, Statistische Jahrbücher, Vierteljahreshefte zur Statistik) u.a. auch auf die Veröffentlichung von Goetsch. Nur hinzuweisen ist auf die unpublizierte Dissertation von Theodor Mandel[1] über die deutschen Auswandererorganisationen um die Mitte des 19. Jahrhunderts. Eine weitere Dissertation ist von Wolf-Dietrich Gambke[2] abgefasst worden. Sie behandelt allerdings die rechtlichen Seiten der Lateinamerika-Auswanderung (besondere Auswanderungsverbote bei Übersee-Auswanderung) nur kurz, während die rechtsgeschichtliche Entwicklung des Auswanderungsrechts von 1800 bis 1930 ausführlich dargestellt wird. Die ebenfalls in den 30er Jahren dieses Jahrhunderts erschienene Arbeit von Friedrich Karl Wiebe[3] enthält eine Übersicht zur Entwicklung des Auswanderungsrechts von 1500 bis zum Beginn des 20. Jahrhunderts. Weitere Ausführungen befassen sich mit der Auswanderungsfreiheit (Grundrecht; Beschränkungen) und mit der Auswanderungsregelung (Beförderung, Auskunftserteilung, Auslandssiedlung und Auslandsschutz). Die Arbeit von Wiebe stützt sich neben umfangreicher verfassungsrechtlicher Literatur vor allem auf viele Beiträge aus dem "Archiv für Wanderungswesen" und auf die Arbeiten von v. Philippovich und Schulte im Hofe. Die neueste Arbeit kommt von Harald Wilhelm Tetzlaff.[4] Diese Veröffentlichung enthält eine ausführliche Besprechung der historischen Entwicklung der Begriffe Auswanderer und Auswanderung (von ca. 1800 bis c. 1950), wobei Tetzlaff auch Abgrenzungen zwischen der Auswanderung ähnlichen Begriffen (z. B. Durchwanderung) vornimmt. Auf S. 80-90 wird das deutsche Auswanderungswesen in seiner geschichtlichen Entwicklung von 1815 bis 1935 übersichtsartig dargestellt. Dabei geht der Verfasser besonders ein auf Artikel 18 der Deutschen

---

1) Theodor Mandel: Die Tätigkeit der Auswandererorganisationen um die Mitte des 19. Jahrhunderts unter besonderer Berücksichtigung von Südwestdeutschland. Unpub. Diss. Frankfurt a. M. 1922
2) Wolf Dietrich Gambke: Die Auswanderungsfreiheit und ihre rechtlichen Beschränkungen (Diss. Frankfurt a. M.) Leipzig 1930
3) Friedrich Karl Wiebe: Das deutsche Auswanderungsrecht. Göttingen 1932, 81 S.
4) Harald Wilhelm Tetzlaff: Das deutsche Auswanderungswesen unter besonderer Berücksichtigung der Übervölkerung Deutschlands, in staats- und völkerrechtlicher Sicht. Diss. Göttingen 1954 (Masch.)

Bundesakte von 1815, auf die Verfassungen der einzelnen deutschen Staaten, auf die Beschlüsse der Nationalversammlung von 1848 und auf das Reichsgesetz von 1897. Anschließend untersucht Tetzlaff die weitere Entwicklung der Rechtssprechung zur Auswanderung (bis zu dem seit 1949 in Kraft befindlichen Bonner Grundgesetz). Dann folgt eine besondere Studie über die Reichsverfassung von 1919 (unter Berücksichtigung des Grundrechts der Auswanderungsfreiheit) und über die materielle Gesetzgebung auf dem Gebiet des Auswanderungswesens (Gesetz von 1897 mit seinen späteren Änderungs- und Ergänzungsverordnungen). Die Arbeit von Tetzlaff stützt sich auf umfangreiche verfassungsrechtliche Literatur, u. a. auch auf die Veröffentlichung von v. Philippovich und Wiebe.

5. Bibliographien und Quellenführer
Bibliografías y guias de las fuentes
Bibliografias e guios de fontes

5.1. Auswanderungsbibliographien

Als erste Veröffentlichung ist die Auswanderer-Bibliothek[1] zu erwähnen, die umfangreiches selbständig erschienenes Schrifttum der Jahre 1840-1851 enthält (u.a. über die deutsche Auswanderung nach Mittel- und Südamerika). Bei den meisten aufgeführten Schriften handelt es sich um "Ratgeber", "Führer" oder "Geographische Wegweiser" zur Auswanderung. Der Literaturbericht von Ernst Hasse[2] enthält die wichtigsten Veröffentlichungen (selbständig erschienene Schriften und Aufsätze), die in den Jahren von 1875 bis 1882 zur deutschen Auswanderung und Kolonisation erschienen sind. Außerdem befaßt sich der Aufsatz mit verschiedenen Problemen der Auswanderung (Organisation, Politik, Lenkung usw.), wobei besonders Südbrasilien und Argentinien berücksichtigt werden. Eine erste Zusammenstellung von Karl Christian Thalheim[3] beschränkt sich hauptsächlich auf die Nachkriegsliteratur (von 1918 bis ca. 1925) und bringt von den vor 1918 erschienenen Büchern nur die wertvollsten. Die Bibliographie von Thalheim besteht aus Teil I "Allgemeine Abteilung" (Nachschlagewerk; Literatur zur Auswanderungspolitik, -statistik und -fürsorge und Auswandererzeitschriften) und Teil II "Länderabteilung". Der Abschnitt II E. "Lateinamerika" (S. 9-13) enthält außer wenigen wissenschaftlichen Werken viele Bücher zur Auswanderungsberatung. Die Literaturübersicht von Thalheim basiert hauptsächlich auf Büchern der (ehemaligen) Bibliothek des Instituts für Auslandskunde, Grenz- und Auslandsdeutschtum (Leipzig). Ein Nachtrag dieser ebengenannten Bibliographie kommt wiederum von

---

1) Auswanderer-Bibliothek. Verzeichnis der seit den letzten 10 Jahren erschienenen Schriften und Charten für Auswanderer mit einer Übersicht nach den verschiedenen Ländern und Staaten. Rudolstadt 1852, 58 S.
2) Ernst Hasse: Auswanderung und Kolonisation. Literaturbericht. In: Jahrbücher für Nationalökonomie und Statistik. N. F. 4, Jena 1882, S. 306-325 (zit. E. Hasse 2)
3) Karl Christian Thalheim: Führer durch die deutsche Auswanderungsliteratur. Das deutsche Schrifttum zur Auswanderungsfrage (Wissenschaft, Kunst, Volkstum, Nr. 9) Leipzig 1928, 15 S. (zit. K. Ch. Thalheim 3)

K. Ch. Thalheim[1]. Der Nachtrag enthält das Schrifttum des Jahres 1926 und der ersten Hälfte des Jahres 1927, jedoch wurden ergänzend auch einige wichtige, in der ersten Ausgabe noch nicht berücksichtigte ältere Schriften aufgenommen. Zur Gliederung und zum Inhalt des Abschnitts "Lateinamerika" ist das gleiche festzustellen, was bereits bei K. Ch. Thalheim 3 gesagt wurde. Die neuere Veröffentlichung von Karl Schottenloher[2] beinhaltet in Punkt III "Schrifttum und biographische Hinweise" (S. 99-220) eine äußerst umfangreiche Literatur zur altbayerischen, fränkischen, pfälzischen und schwäbischen Auswanderung, die z. T. einzelne Zielländer Lateinamerikas betrifft. Die von Schottenloher erwähnten Veröffentlichungen sind hauptsächlich selbständig erschienene Schriften und Aufsätze aus lokalen Zeitschriften. Die Literaturzusammenstellung von J. -P. Blancpain[3] enthält die meisten wichtigen Veröffentlichungen zur deutschen Auswanderung und Kolonisation in Lateinamerika für die Länder Argentinien, Brasilien, Bolivien, Paraguay, Peru, Uruguay und Venezuela (die Chileliteratur findet sich in der Gesamtbibliographie seines Werkes). Dabei rezensiert Blancpain nur die bedeutendsten (älteren oder neueren) Schriften zur Auswanderung.

Die (allerdings sehr kurze) Bibliographie von Blancpain ist die einzige in diesem Kapitel erwähnte Literaturzusammenstellung, die bezüglich der deutschen Auswanderung nach Lateinamerika die wichtigste und neueste Literatur berücksichtigt.

5.2. Bibliographien über das Deutschtum im Ausland

Eine erste systematische Schriftenzusammenstellung über das Deutschtum im Ausland[4] liegt für den Zeitraum von 1900 bis 1923 vor auf der Literaturgrundlage der (früheren) Preußischen Staatsbibliothek in Berlin und der damaligen 11 Preußischen Universitätsbibliotheken. Nach der Meinung von Ch. Weber[5] enthält die ebengenannte Zusammenstellung jedoch nur einen Bruchteil der in diesen 24 Jahren erschienenen Veröffentlichungen zum Auslanddeutschtum, da die preußischen Bibliotheken diesem Gebiet wenig Beachtung schenkten. Die Schriften zur deutschen Auswanderung

---

1) Karl Christian Thalheim: Führer durch die deutsche Auswanderungsliteratur. Erster Nachtrag (Wissenschaft, Kunst, Volkstum, Nr. 10) Leipzig o. J. (1929) (zit. K. Ch. Thalheim 4)
2) Karl Schottenloher: Die Bayern in der Fremde (Schriftenreihe zur bayerischen Landesgeschichte, Bd. 44) München 1950
3) "Quelques études sur le Germanisme en amérique du sud"; siehe Blancpain: a.a.O., S. 1015-1020
4) Das Deutschtum im Ausland. Eine systematische Zusammenstellung der im Gesamtkatalog der preußischen wissenschaftlichen Bibliotheken verzeichneten Schriften 1900-1923. Berlin 1925
5) Christoph Weber: Die deutschen Bibliotheken und das Auslanddeutschtum. Stuttgart 1926, S. 5

nach Lateinamerika sind in "Das Deutschtum im Ausland" nur in unbedeutendem Maße berücksichtigt worden. Im Gegensatz zu dem eben rezensierten Werk enthält das "Bibliographische Handbuch des Auslanddeutschtums" (Lieferung VII)[1] ein ungewöhnlich umfangreiches Schrifttum über Lateinamerika, das in der Regel systematisch gegliedert ist (z.B. nach Einwanderung, Kolonisation, Siedlungsgeschichte, deutsche Schule, deutsche Kirche usw.). Dabei wird jedes Land Lateinamerikas selbständig behandelt. Der eben erwähnte Aufbau dieses Bibliographischen Handbuchs erleichtert und beschleunigt den Zugriff auf gesuchte Literatur außerordentlich. Weiterhin positiv ist die Berücksichtigung eines großen Erscheinungszeitraumes (ca. 1850-1932). Vermutlich basiert die im Bibliographischen Handbuch zusammengefasste Literatur hauptsächlich auf den Beständen des DAI Stuttgart. Hinzuweisen ist auf das "Handwörterbuch des Grenz- und Auslanddeutschtums"[2], das unter den Länderkapiteln Argentinien, Brasilien, Bolivien, Chile, Ecuador und Guayana auch Literaturangaben zur Lateinamerika-Auswanderung (u. a. über die Bereiche Wanderungsstatistik und lateinamerikanische Einwanderungsgesetzgebung) enthält.[3] Die von Richard Mai[4] verfasste "Auslanddeutsche Quellenkunde" enthält im Abschnitt "Süd- und Mittelamerika" (S. 372-403) für den Zeitraum von 1924 bis 1933 wichtige Quellen (Periodika, Sammlungen, Sammelwerke, Adressbücher, Zeitschriften, Hefte, Zeitungen usw.) zur deutschen Auswanderung. Die von Mai zusammengestellten Quellen basieren auf der Grundlage vieler Allgemeinbibliographien ("Deutsches Bücherverzeichnis", "Bibliographie der deutschen Zeitungen und Zeitschriften", "Bibliographie der Sozialwissenschaften", "Jahresberichten für Deutsche Geschichte", "Jahresberichten des Literarischen Zentralblattes" und "Quellenkunde der Deutschen Geschichte" von Dahlmann-Waitz) sowie auf bereits erwähnten auslanddeutschen Bibliographien ("Das Deutschtum im Ausland" und "Bibliographischen Handbuch des Auslanddeutschtums"). Das vom (früheren) DAI Stuttgart herausgegebene Schriftenverzeichnis[5] enthält die wichtigsten selbständig und/oder periodisch erschienenen Veröffentlichungen der 20er und 30er Jahre dieses Jahrhunderts.

---

1) Bibliographischen Handbuch des Auslanddeutschtums. Hrsg. vom Deutschen Auslands-Institut Stuttgart, Lieferung VII (Ibero-Amerika), Stuttgart 1933
2) Handwörterbuch des Grenz- und Auslanddeutschtums. Hrsg. vom C. Petersen u. a., Wiesbaden, Bd. I.1933, Bd. II. 1936 und Bd. III. 1938
3) leider geht dieses alphabetisch gegliederte Handwörterbuch nur bis zum Buchstaben M
4) Richard Mai: Auslanddeutsche Quellenkunde 1924-1933. Berlin 1936, 504 S.
5) Deutschtum in Übersee und in den Kolonien. Ein Schriftenverzeichnis, Hrsg. vom Deutschen Auslands-Institut Stuttgart. Berlin 1939, 71 S.

In den Abschnitten "Mittelamerika" (S. 22-23) und "Südamerika" (S. 24-36) gibt es auch (i. d. R. rezensierte) Literatur zur deutschen Auswanderung. Die "Bibliographie des Deutschtums im Ausland"[1] beinhaltet quantitativ zwar wenig, aber dafür brauchbare Südamerika-Auswanderungsliteratur für den Erscheinungszeitraum 1917-1941, wobei die aufgeführten Schriften ausschließlich vom DAI Stuttgart herausgegeben wurden. Eine weitere "Bibliographie des Deutschtums im Ausland"[2] versuchte (für die Zeit von 1937-1944) selbständig und/oder periodisch erscheinendes deutsches und fremdsprachiges Schrifttum möglichst lückenlos und laufend zu erfassen. Dabei wurde fast jedesmal eine kritische und ausführliche Rezension angebracht. Neben Veröffentlichungen zur Auswanderung nach Lateinamerika enthält diese Bibliographie auch viele Berichte über die deutsche Kultur im Ausland und über Erlebnisse einzelner Auswanderer. Die als Photokopie vorliegende neuere Arbeit "Literatur über Auslanddeutschtum, Auswanderung, Minderheiten, Umsiedlung"[3] enthält nur wenig Literatur (S. 33-35) zur deutschen Auswanderung und Kolonisation in Lateinamerika, die in den fünfziger Jahren dieses Jahrhunderts erschienen ist und sich hauptsächlich auf Brasilien bezieht. Die Schriftensammlung erwähnt auch Arbeiten, die sich mit allgemeinen Auswanderungsproblemen befassen (Assimilation, gesundheitliche Betreuung der Auswanderer, Auswanderungsgeschichte einzelner deutscher Regionen usw.). Die Veröffentlichung von Margarita Geiselberg[4] enthält viele kleiner Aufsätze über Auswanderung, Siedlungsgemeinschaften und allgemeines Deutschtum (Schule, Kirche usw.) im Ausland, die u. a. auch Lateinamerika betreffen.

Abschließend ist festzustellen, daß die Bibliographien über das Deutschtum im Ausland kein Werk enthalten (außer dem etwas veralteten "Bibliographischen Handbuch des Auslanddeutschtums"), das die deutsche Auswanderung nach Lateinamerika umfassend und auf befriedigende Weise berücksichtigt.

---

1) Bibliographie des Deutschtums im Ausland. Verzeichnis der vom Deutschen Auslands-Institut Stuttgart 1917-1941 herausgegebenen Veröffentlichungen. Beiheft 1, Stuttgart 1942 (zit. Bibliographie Deutschtum 1)
2) Bibliographie des Deutschtums im Ausland. Bearbeitet von der Bücherei des Auslanddeutschtums im Deutschen Auslands-Institut Stuttgart. Jg. 1.1937 - Jg. 8.1944 (zit. Bibliographie Deutschtum 2)
3) Literatur über Auslanddeutschtum, Auswanderung, Minderheiten, Umsiedlung. Hrsg. von der Deutschen Bücherei. Leipzig o. J. (1963), 127 S. (Photokopie)
4) Margarita Geiselberg: Beiträge zum Thema "Deutsche im Ausland" in der "Zeitschrift für Kulturaustausch" 1951-1967 (1951-1961 unter dem Titel "Mitteilungen des Instituts für Auslandsbeziehungen" erschienen). Sonderdruck der "Zeitschrift für Kulturaustausch", Jahrgang 18, Heft 1, Stuttgart 1968

5.3. Brasilienbibliographien (Deutschtums- und Auswanderungsbibliographien)

Als erste Literaturzusammenstellung ist hier die Arbeit von Manfred Kuder[1] zu erwähnen, die auf Materialien des DAI Stuttgart und verschiedener reichsdeutscher Bibliotheken basiert und auch private und teils nur mittelbar erschlossene Quellen berücksichtigt. Kuder stellte ein umfangreiches Quellenverzeichnis auf, das insbesondere Beiträge aus Zeitschriften und Kalendern enthält und neben einer Abhandlung über das deutsch-brasilianische Kalenderwesen Veröffentlichungen über das Kind, die Frau des Einwanderers und die Einwanderung selbst erfassen. Die Literatur wird von Kuder bis ca. 1933 untersucht. Eine zweite Arbeit von Manfred Kuder[2] enthält Hinweise auf die wichtigsten selbständig erschienenen deutschsprachigen Veröffentlichungen (z. T. mit Besprechung versehen) der bis 1937 erschienenen Literatur über die deutsche Auswanderung nach Brasilien. Der Aufsatz von Georg Königk[3] befasst sich mit der Nachkriegsliteratur zum brasilianischen Deutschtum und enthält Besprechungen der wichtigsten Werke, die bis ca. 1937 erschienen sind. Eine ausgezeichnete Zusammenstellung der bis 1938 erschienenen Literatur zur deutschen Einwanderung in Südbrasilien kommt von Reinhard Maack.[4] Neben den wichtigen Kapiteln I "Bibliographische Schriften" und II "Schriften über Einwanderung und Kolonisation" gibt es weitere Abschnitte über das allgemeine Deutschtum, über geographische Schriften, über deutsche Siedlungen, Schriften politischen Inhalts und über Zeitschriften und Kalender. Den Erscheinungszeitraum der Veröffentlichungen gliedert Maack nach 3 Abschnitten (1800-1900, 1900-1919, 1919-1938), die den Hauptperioden der deutschen Auswanderung entsprechen. Ergänzend zu den Schriften über Südbrasilien erwähnt Maack auch die wesentlichsten Arbeiten über ES, Sao Paulo und weitere Staaten Brasiliens. Die Arbeit von Maack stützt sich u. a. auf das "Bibliographische Handbuch des Auslanddeutschtums" und auf die von Mai verfaßte "Auslanddeutsche Quellenkunde". Das in Brasilien erschienene deutsche Schrifttum fand bei Maack ebenfalls eine außerordentlich starke Berücksichtigung. Hinzuweisen ist auf den Aufsatz von A. Marchent,[5] der im Anschluß an den von Maack verfassten Artikel ebenfalls im "Handbook of Latin American Studies" verzeichnet ist. Marchant der mit Maack kooperierte, stelle zusätzlich zu der bereits

---

1) Manfred Kuder: Die deutsch-brasilianische Literatur und das Bodenständigkeitsgefühl der deutschen Volksgruppe in Brasilien. Berlin 1937 (Sonderdruck aus: Ibero-Amerikanisches Archiv, Jg. 10. 1936/37) (zit. M. Kuder 2)
2) Mandred Kuder: Neuere deutsche Arbeiten über das Deutschtum in Brasilien. In: Deutsches Archiv für Landes- und Volksforschung, Jg. 1, Leipzig 1937, S. 762-768 (zit. M. Kuder 3)
3) Georg Königk: Das Deutschtum in Brasilien. Ein Schrifttumsbericht. In: Auslandsdeutsche Volksforschung. Vierteljahresschrift des Deutschen Auslandsinstituts Stuttgart. Bd. I, Stuttgart 1937, S. 311-318
4) Reinhard Maack: Die deutsche Literatur über die deutsche Einwanderung und Siedlung in Südbrasilien. In: Handbook of Latin American Studies 1938. Bd. 4, Cambridge/Mass. 1939, S. 399-417 (zit. R. Maack 2)
5) A. Marchant: The English, French, Italian and Portuguese Literature on German Immigration in Southern Brasil: In: Handbook of Latin American Studies 1938, Band 4, Cambridge/Mass. 1939, S. 418-431

von Maack ermittelten deutschen Literatur die englische, französische, italienische und portugiesische Literatur über die deutsche Einwanderung in Südbrasilien zusammen. Eine neuere, sehr umfangreiche Bibliographie zur deutschen Kolonisation und Einwanderung im Tal Itajai/SC (z. T. auch Gesamt-Brasilien) ist von Carlos Fouquet[1] zusammengestellt worden. Diese Bibliographie beinhaltet die in dem großen Zeitraum 1810 bis 1944 erschienenen Veröffentlichungen. Neben der allgemeinen Literatur berücksichtigte Fouquet Periodika, Atlanten und Archive. Außer dem Verzeichnis der Archivalien und Veröffentlichungen bei Roche[2] enthält die neue von Abbeillard Barreto[3] verfaßte und erst 1973 erschienene "Bibliografia Sul-Riograndense" außergewöhnlich umfangreiche Literatur zur deutschen Einwanderung und Kolonisation in RGdS. Die Bibliographie von Barreto ist nicht nach inhaltlichen Gesichtspunkten, sondern nach der alphabetischen Reihenfolge der Verfassernamen gegliedert.

5.4. Argentinien-Bibliographie

Die Kieler Schrifttumskunde zur Wirtschaft und Gesellschaft Argentiniens[4] enthält im Kapitel "Wanderung" (S. 348-357) unter den Abschnitten "Allgemeines Schrifttum", "Wanderungsgeschichte", "Wanderungshandbücher", "Wanderungspolitik" und "Wanderungstatistik" einige deutschsprachige Veröffentlichungen, vorwiegend jedoch spanischsprachige Einwanderungsliteratur (die zum größten Teil in Abschnitt 3.4.1. nicht berücksichtigt werden konnte). Die ebengenannte Titelsammlung beschränkt sich auf den Bestand des Instituts für Weltwirtschaft Kiel.

5.5. Allgemeine Bibliographien

Als erstes Werk ist hier die Bibliographie von Dahlmann-Waitz[5] zu erwähnen, die im Kapitel XII "Auslandsdeutschtum" (S. 239-267) u.a. Zeitschriften, Bibliographien, allgemeine Schriften und Veröffentlichungen zur Auswanderung angibt. Der Unterabschnitt "Mittel- und Südamerika"

---

1) Carlos Fouquet: Bibliografia sobre o Vale do Itajai. In: Centenário de Blumenau, 1850-1950. O.O. 1950, S. 446-480 (zit. K. Fouquet 4)
2) siehe J. Roche 1: a.a.O., S. 589-683
3) Abbeillard Barreto: Bibliografia Sul-Riograndense. Volume I, A-J. (A contribuicao portuguesa e estrangeira para o conhecimento e a integração do Rio Grande do Sul). Rio de Janeiro 1973
4) Kieler Schrifttumskunden zu Wirtschaft und Gesellschaft. Bd. 3, Argentinien. Teil I, Wirtschaftliche Landeskunde. Bearbeitet von Otto Iden. Kiel 1961/62
5) Fr. Chr. Dahlmann, G. Waitz: Quellenkunde der deutschen Geschichte. 9. Auflage, Leipzig 1931 (zit. Dahlmann-Waitz 1)

(S. 263-267) enthält viele Schriften (hauptsächlich aus dem 19. Jahrhundert, aber z. T. bis zum Erscheinungsjahr 1929) zur deutschen Auswanderung. Die Quellenkunde basiert auf der "Bibliographie zur deutschen Geschichte" (in der Historischen Vierteljahresschrift) und auf dem "Jahresbericht der Deutschen Geschichte" für die Jahre von 1918 bis 1929. Der Abschnitt "Auslandsdeutschtum" geht auf einen Beitrag des DAI Stuttgart zurück und erfaßt (im Gegensatz zu den verzeichneten Schriften des Hauptteils) auch Quellen aus der Zeit vor 1919. Die Quellenkunde von Dahlmann-Waitz aus dem Jahr 1969[1] enthält im Abschnitt 26 "Land und Siedlung" (Spanisch-Amerika und Brasilien - Titel-Nr. 1380-1430) nur wenig Auswanderungsliteratur. Die meisten angeführten Bücher beschäftigen sich mit der deutschen Kolonisation und ihren Erfolgen und sind häufig geographisch ausgerichtet. Der Abschnitt 26 erfasst Veröffentlichungen und Quellen bis zum Jahr 1950, während Kapitel 27 "Bevölkerung" (Auswanderung/Südamerika - Titel-Nr. 91-118 und 163-169) brauchbare Auswanderungsliteratur für die jeweiligen Zielländer Südamerikas bis zum Erscheinungsjahr 1964 angibt. Für spezielle Fragestellungen der deutschen Auswanderung und der deutschen Volksgruppen im Ausland ist der Sachkatalog des Instituts für Weltwirtschaft Kiel heranzuziehen. Der Sachkatalog enthät im Band 71[2], Abschnitt "Volksgruppen" (S. 1-251), grundsätzliches und allgemeines Schrifttum über Begriff, Wesen und Recht der deutschen Volksgruppen im Ausland. In diesen Abschnitt findet sich auch einiges Material über die deutschen Volksgruppen in Lateinamerika. Wichtiger als Band 71 ist jedoch Band 72[3] des Sachkatalogs, der im Abschnitt "Wanderungen" (S. 184-338) zusammenfassendes Schrifttum aller zwischenstaatlichen Wanderungen (Ein- und Auswanderungen) enthält. Im Abschnitt "Wanderungen" gibt es neben Lateinamerika-Auswanderungsliteratur auch Veröffentlichungen über spezielle Themenbereiche: Wechselwirkungen zwischen Wanderungen und Wirtschaftleben; Wanderungsversicherung, Wanderungsrecht und Wanderungsstatistik. Abschließend ist zu bemerken, daß die Kieler Kataloge selbständig erschienene Schriften, Aufsätze aus Zeitschriften und Quellenwerke erfassen. Auskunft über verschiedene allgemeine Bibliographien zu Geschichte Lateinamerikas geben die Aufsätze von Hermann Kellenbenz[4] und Hans Pohl.[5]

---

1) Fr. Chr. Dahlmann, G. Waitz: Quellenkunde der deutschen Geschichte. Band 1, Abschnitt 1 bis 38, 10. Auflage, Stuttgart 1969 (zit. Dahlmann-Waitz 2)
2) Bibliothek des Instituts für Weltwirtschaft Kiel. Sachkatalog, Bd. 71, Boston/Mass. 1968 (zit. Bibliothek Institut Weltwirtschaft Kiel 1)
3) Bibliothek des Instituts für Weltwirtschaft Kiel. Sachkatalog, Bd. 72, Boston/Mass. 1968 (zit. Bibliothek Institut Weltwirtschaft Kiel 2)
4) Hermann Kellenbenz: Schrifttum. Sammelbericht. Nachschlagewerke und Bibliographien zur portugiesischen und brasilianischen Geschichte. In: Vierteljahrschrift für Sozial- und Wirtschaftsgeschichte. Hrsg. von Prof. Dr. H. Aubin, Bd. 50, Wiesbanden 1963, S. 217-222 (zit. H. Kellenbenz 6)
5) Hans Pohl: Einige allgemeine bibliographische Hilfsmittel zur lateinamerikanischen Geschichte. In: Jahrbuch Lateinamerika, Band 1.1964, S. 349-354

5.6. Bibliographien über auslanddeutsche Sippenkunde

Hier konnten nur zwei Aufsätze aus den 30er Jahren dieses Jahrhunderts ermittelt werden. Der erste Aufsatz von Otto Lohr[1] enthält eine Auslese der bibliographischen Kartei der Hauptstelle für auslanddeutsche Sippenkunde in Stuttgart, wobei der Erscheinungszeitraum der angeführten Schriften bis 1935 reicht. Lohr stellte u. a. selbständige Abschnitte für Argentinien, Brasilien, Chile und Uruguay auf. Als Fortsetzung der Arbeit von Lohr kann die Bibliographie von Hans Hopf[2] angesehen werden, die einen Überblick über das von 1936 bis 1937 erschienene Schrifttum gibt. Dabei hat Hopf vorwiegend sippenkundliche und siedlungsgeschichtliche Arbeiten mit "Namensmaterial" aufgenommen. Selbständige Rubriken gibt es für Südamerika (Gesamt), Argentinien, Uruguay, Brasilien und Chile.

5.7. Quellenführer

Hier ist zunächst auf den Aufsatz von Karl H. Schwebel[3] hinzuweisen, der sich befasst mit der Geschichte der Entstehung und der Organisation des Lateinamerikaführers. Zur Rezension des Lateinamerikaführers[4] soll hier verwiesen werden auf die ausführliche Besprechung von Hermann Kellenbenz.[5] Im folgenden werden nur die wichtigsten Erkenntnisse kurz angedeutet. So schreibt Kellenbenz, daß der BRD-Lateinamerikaführer ergänzt werden könnte durch Archivalien aus der

---

1) Otto Lohr: Bibliographie der auslanddeutschen Sippenkunde. In: Jahrbuch für auslanddeutsche Sippenkunde. Bd. 1, Stuttgart 1936, S. 169-182
2) Hans Hopf: Bibliographie für die Sippenkunde des Deutschtums im Ausland 1936 und 1937. In: Jahrbuch für auslanddeutsche Sippenkunde. Bd. 3, Stuttgart 1938, S. 156-170
3) Karl H. Schwebel: Der Lateinamerikaführer des internationalen Archivrats. In: Jahrbuch Lateinamerika, Bd. 5.1968, S. 1-5
4) Führer durch die Quellen zur Geschichte der Nationen. Reihe A. Lateinamerika, II, 1: Quellen in der Bundesrepublik Deutschland. Bearbeitet von Renate Hauschild-Thiessen und Elfriede Bachmann. In: Veröffentlichungen aus dem Staatsarchiv der Freien Hansestadt Bremen. Hrsg. von Karl H. Schwebel, Band 38, Bremen 1972, 437 S. (zit. Lateinamerikaführer BRD)
5) Hermann Kellenbenz: Neue Archivführer für Lateinamerikaforscher. In: Jahrbuch Lateinamerika, Band 11.1974, S. 352-382 (zit. H. Kellenbenz 7)

Historischen Abteilung II des Deutschen Zentralarchivs der DDR (Merseburg), u. a. durch Akten des Bundestages über Auswanderung (von 1816-1866) und des Reichsministeriums der Auswärtigen Angelegenheit (1848/49)[1]. Außerdem zeigt Kellenbenz auf, wie müheselig eine vollständige Zusammenfassung der Geschichte der deutschen Auswanderung wäre (am Beispiel der Listen von nichtstaatlichen Archiven aus Baden-Württemberg mit Unterlagen über Auswanderungsfragen)[2]. Der Verfasser hebt hervor, daß eine Arbeit über die Auswanderung (vor allem für die Zeit des Deutschen Bundes) sich nicht allein auf Archivalien der Hafenstädte Bremen und Hamburg beschränken darf. Des weiteren verweist Kellenbenz auf "besonders wichtige" Auswanderungsakten verschiedener Archive und bespricht den Lateinamerikaführer der DDR.[3] Abschließend behandelt Kellenbenz die übrigen europäischen Lateinamerikaführer. Über bislang unberücksichtigtes Quellenmaterial berichtet der Aufsatz Kellenbenz/Schneider 2.

---

1) vgl. H. Kellenbenz 7, S. 355
2) vgl. ebenda
3) Ministerrat der Deutschen Demokratischen Repbublik, Ministerium des Innern, Staatliche Archivverwaltung: Übersicht über Quellen zur Geschichte Lateinamerikas in Archiven der Deutschen Demokratischen Republik. Potsdam 1971, 122 S. (Bearbeitet von einem Autorenkolletiv.Redaktionelle Zusammenfassung: Dr. Gerhard Schmid, Schlußredaktion: Elsa Studanski, Hersteller: Dietrich Böhm) (zit. Lateinamerikaführer DDR)

6. Statistischer Teil

Estadística

Estadística

Dieser Abschnitt soll nur die wichtigsten Quellen und Literaturangaben zur Wanderungsstatistik darstellen. Dabei handelt es sich ausschließlich um eine übersichtsartige Darstellung, die erst durch weitere Forschungen ausreichend (für die Lateinamerika-Wanderungsstatistik) erschlossen und vervollständigt werden muß. An dieserStelle ist nocheinmal darauf hinzuweisen, daß nahezu alle in vorliegender Arbeit rezensierten Veröffentlichungen die in Punkt 6.1. dargestellten Quellen zur Wanderungsstatistik nur ungenügend oder überhaupt nicht berücksichtigen. [1] Weiterhin ist zu bemerken, daß insbesondere die Statistik zur deutschen Auswanderung nach Lateinamerika noch keine ausreichende Bearbeitung gefunden hat. [2]

6.1. Quellen zur deutschen Auswanderungsstatistik

Zunächst ist hinzuweisen auf den frühesten Bericht von Gaebler[3] über die Statistik der deutschen Auswanderung, auf die "Statistik des hamburgischen Staates"[4),5)] und auf das "Jahrbuch für bremische Statistik"[6]. Weitere Informationsquellen sind die "Annalen für das Deutsche Reich"[7] und folgende Veröffentlichungen des Statistischen Reichsamtes in Berlin: "Statistisches Jahrbuch für das Deutsche Reich,"[8] "Monatshefte zur Statistik des Deutschen Reiches", [9] Vierteljahreshefte

---

1) Moenkmeier und Burgdörfer haben die ebengenannten Quellen der Deutschen Auswanderungsstatistik zwar z. T. verwendet und zusammengefasst, jedoch in noch nicht vollständig befriedigender Weise
2) in den Veröffentlichungen W. F. Willcox 1 und 2 sowie den Aufsätzen Kellenbenz/Schneider 1 und 2 sind die wichtigsten (deutschen) statistischen Primärquellen hinsichtlich der Lateinamerikaauswanderung jedoch berücksichtigt, z. T. sogar neu bearbeitet worden
3) Gaebler: Die Statistik der deutschen Auswanderung. In: Hübners Jahrbuch für Volkswirtschaft und Statistik. Hrsg. von Otto Hübner, Leipzig 1852, S. 264-272
4) Statistik des hamburgischen Staates. Hamburg, Heft I.1867 bis Heft XII. 1883
5) Die Auswanderung über Hamburg in den Jahren 1887-1894 nebst Beiträgen zur deutschen und internationalen Auswanderung. In: Statistik des hamburgischen Staates, Heft XVII., Hamburg 1895 (die Seitenzahl konnte nicht ermittelt werden)
6) Jahrbuch für bremische Geschichte (hierzu konnten keine Angaben bezüglich Erscheinungsjahr und Herausgeber usw. ermittelt werden)
7) Annalen des Deutschen Reiches für Gesetzgebung, Verwaltung und Statistik, Jg. 1.1870 fg. (Angabe des Erscheinungsortes konnte nicht ermittelt werden)
8) Statistisches Jahrbuch für das Deutsche Reich, Berlin, Jg.1.1880 - Jg. 59.1941/42
9) Monatshefte zur Statistik des Deutschen Reiches.Berlin, Jahre 1884-1891

zur Statistik des Deutschen Reiches" [1] und die "Statistik des Deutschen Reiches" [2]. Zusammenfassende und ergänzende Angaben zur amtlichen deutschen Wanderungsstatistik bis 1884/89 (mit Berücksichtigung der Lateinamerikaauswanderung) enthalten die "Jahrbücher für Nationalökonomie und Statistik."[3),4)]

Die Statistik des Deutschen Reiches ist die wichtigste statistische Quelle für die deutschen Auswanderungsstatistik. Hinsichtlich der Problematik zur Erfassung von Alter, Geschlecht, Familienstand, Beruf und Zielland des Auswanderers (in der Statistik des Deutschen Reiches) ist auf die Ausführungen in Kapitel IV "Die Strukturen der Auswanderungen" in der Arbeit von Marschalck hinzuweisen. Erwähnenswert ist ferner die Anlage 1 "Berichtigung der Zahl der deutschen Auswanderer von 1820-1830" (S. 100-102) in der Arbeit von Marschalck, die Angaben von Moenkmeier und Burgdörfer korrigiert hinsichtlich der Brasilien- und der USA-Auswanderung für den obengenannten Zeitraum. Die Diplomarbeit von Günther Strössner enthält über die Angaben von Marschalck hinaus weitere Informationen zur Statistik des Deutschen Reiches (Erhebungsorte, Herkunft-und Zielländer der Auswanderer usw.). Strössner befasst sich auch ausführlich mit den Mängeln der amtlichen deutschen Statistik. Weiterhin stellte Strössner neue Tabellen (aufgrund des amtlichen deutschen Quellenmaterials) zur deutschen Auswanderung nach Spanisch-Amerika zusammen für den Zeitraum von 1914 bis 1931.

6.2. Lateinamerika-Einwanderungsstatistik

Hier ist auf die einzelnen lateinamerikanischen Länderkapitel in den beiden von Walter F. Willcox[5] bearbeiteten Bänden hinzuweisen, die sich mit den Quellen zur lateinamerikanischen Einwanderungsstatistik hinsichtlich Erfassungszeitraum und den verschiedenen statistisch

---

1) Vierteljahreshefte zur Statistik des Deutschen Reiches. Berlin, Jg. 1.1892 bis Jg. 51.1942
2) Statistik des Deutschen Reiches. Bd. II, Bd. VIII, Bd. XIV, Bd. XX, Bd. XXV, Bd. XXX, Bd. XXXVII, Bd. VLIII, Bd. XLVIII, Bd. LIII und Bd. LIX (1873-1883); Bd. 275, Bd. 276, Bd. 307, Bd. 316, Bd. 336, Bd. 360, Bd. 393 und Bd. 423 (1918-1933)
3) Karl Strauss: Die deutsche überseeische Auswanderung der Jahre 1871-1884. In: Jahrbücher für Nationalökonomie und Statistik. Jena N. F. 12.1886, S. 50-57
4) Die deutsche überseeische Auswanderung der Jahre 1871 bis 1889. In: Jahrbücher für Nationalökonomie und Statistik. Jena F. 3:1.1891, S. 733-738 (der Verfasser konnte nicht festgestellt werden)
5) siehe Rezension S. 149

orientierten Ein- bzw. Auswandererbegriffen befassen. Außerdem gibt es in den bereits rezensierten Hauptwerken zur deutschen Auswanderung i. d. R. noch weitere Angaben zur lateinamerikanischen Einwanderungsstatistik.

Zur Statistik der deutschen Einwanderung in Brasilien sind insbesondere die Werke von Carneiro, Pellanda und Aurelio Porto heranzuziehen, die jedoch z. T. widersprüchliche Zahlenangaben enthalten. Die Arbeit von Carneiro zeichnet sich durch eine Darstellung der Statistik zur deutschen Einwanderung für den großen Zeitraum von 1820 bis 1947 aus. Eine ausführliche Besprechung der statistischen Quellen und der statistischen Literatur zur deutschen Auswanderung nach Brasilien (für den Zeitraum bis 1870) enthält Punkt 7 "Quantitative, regionale und soziologische Aspekte" (S. 150-159) der Diplomarbeit von Puchta. Außerordentlich wichtiges Material dürfte auch eine Arbeit von Karl Fouquet [1] über die Statistik zur deutschen Einwanderung nach Brasilien enthalten.

6.3. Literatur zur deutschen und internationalen Wanderungsstatistik

Hinweise zur Problematik der deutschen Auswanderungsstatistik finden sich in den Arbeiten von Moenckmeier, Thalheim, Nake, Burgdörfer und in dem Periodikum "Archiv für Wanderungswesen". Die Dissertation von Friedrich Schönwandt [2] beschreibt zuerst die Ziele der Statistik (deskriptive und analytische Funktion) und ihre einzelnen Aufgaben (Feststellung der Zahl, des Alters, des Geschlechts usw. der Ein- und Auswanderer). Die Methoden der Statistik untersucht Schönwandt anhand der Merkmale der Wanderungsstatistik. Dabei geht der Autor auf die direkten und indirekten Verfahren der Wanderungsstatistik und ihre Bedingungen (u. a. internationale Vergleichbarkeit) ein. Der Abschnitt über die geschichtliche Entwicklung der Wanderungsstatistik (seit Beginn des 19. Jahrhunderts bis ca. 1925) befasst sich hauptsächlich mit der Uneinheitlichkeit der Beobachtungs- und Erfassungsmethoden der Wanderungsstatistik und mit der anzustrebenden Vereinheitlichung (durch internationale Vereinbarungen). Die Arbeit von Schönwandt stützt sich auf deutsche und internationale Quellen zur Wanderungsstatistik.

Ein spezieller Aufsatz zur Statistik des lateinamerikanischen Deutschtums kommt von W. Mann. [3] Als eine der wichtigsten Veröffentlichungen zur internationalen Wanderungsstatistik sind die beiden

---

1) Karl Fouquet: Zur Statistik der deutschen Einwanderung nach Brasilien. 1955 (Manuskript befindet sich im Archiv des Hans-Staden-Instituts/São Paulo) (zit. K. Fouquet 5)
2) Friedrich Schönwandt: Die Statistik der internationalen Wanderungen. Ihre Aufgaben und Methoden mit besonderer Berücksichtigung ihrer geschichtlichen Entwicklung in Deutschland von Beginn des 19. Jahrhunderts bis zur Gegenwart (Diss. Franfurt a. M. 1928) Herrnsheim bei Worms 1928
3) W. Mann: Zur Statistik des Deutschtums im lateinischen Amerika. In: Hirt's Literaturbericht, Nr. 60/61. Leipzig 1929, S. 861-865

von Walter F. Willcox [1],[2] bearbeiteten Bände anzusehen. In W.F. Willcox 1, Abschnitt "Germany" (S. 114-122) befinden sich Hinweise auf die deutschen Auswanderungszahlen nach Mexiko (1910-1924), Zentralamerika und Westindien (1871-1924), Cuba (1911-1924), Chile, Peru, Uruguay (1836-1924) und Venezuela (1843-1853). Die gleichen Statistiken (nach einzelnen Jahren aufgeteilt) sind enthalten in den entsprechenden lateinamerikanischen Länderkapiteln. Die Arbeit W. F. Willcox 1 gibt auch eine Übersicht (S. 686-709) über Geschichte und Entwicklung der deutschen Auswanderungsstatistik (einschließlich Hafenstatistiken). Das Werk von W. F. Willcox 1 stützt sich auf Materialien Berliner und Münchner Archive, auf die Hamburger und Bremer Statistik, auf die Statistik des Deutschen Reiches und auf die Einwanderungsstatistik der einzelnen Zielländer. Die Veröffentlichung W. F. Willcox 2 enthält Aufsätze über die Einwanderung in Argentinien (S. 143-160) und Brasilien (S. 161-168), wobei der deutsche Anteil jeweils berücksichtigt ist. Der Untersuchungszeitraum dieser Aufsätze geht von Beginn des 19. Jahrhunderts bis ca. 1926. Der Aufsatz (in W. F. Willcox 2) von F. Burgdörfer "Wanderungen über die Grenzen von Deutschland" (S. 313-389) ist im wesentlichen mit dem bereits erwähnten Aufsatz von Burgdörfer identisch und schildert die Probleme der statistischen Erfassung und ihre Aussagekraft. Die verschiedenen Aufsätze in der Arbeit W. F. Willcox 2 stützen sich auf die amtlichen statistischen Quellen (siehe W. F. Willcox 1) und auf umfangreiche statistische Sekundärliteratur. Hinzuweisen ist noch auf den Aufsatz von Eugen Stieda.[3] Die Arbeit von Heinz Kloss[4] enthält Statistiken der ansässigen Deutschen in Übersee (auch für Lateinamerika), z. T. mit regionalen Untergliederungen (in Provinzen, Städte und Kolonien). Die Veröffentlichung von Kloss basiert auf amtlichen Ein- und Auswanderungsstatistiken und auf Volkszählungen sowie Schätzungen.

---

1) Walter F. Willcox: International Migrations. Volume 1. Statistics. New York 1929 (zit. W. F. Willcox 1)
2) Walter F. Willcox: International Migrations. Volume 2. Interpretations. New York 1931 (zit. W. F. Willcox 2)
3) Eugen Stieda: Die Internationale Wanderungskonferenz im Jahre 1932 und die deutsche Wanderungsstatistik. In: Allgemeines Statistisches Archiv. Jg. 23, Jena 1933/34
4) Heinz Kloss: Statistisches Handbuch der Volksdeutschen in Übersee (Vertrauliche Schriftenreihe Übersee, Nr. 1) Stuttgart 1943, 176 S. (zit. H. Kloss 2)

Zusammenfassung

Resumen

Resumo

In der Zusammenfassung soll versucht werden, die Lage des Forschungsstandes zur deutschen Auswanderung nach Lateinamerika kurz und übersichtsartig für die Bereiche (deutsche) Sekundärliteratur, Bibliographien/Quellenführer und Statistik darzustellen.

Die einzige bedeutende Vorarbeit, die sich auf a l l e   Z i e l l ä n d e r   Lateinamerikas (außer Mexiko) bezieht, kommt von Hugo Grothe.[1] Da der Erkenntnisstand der Arbeit von Grothe nur bis in die 30er Jahre dieses Jahrhunderts reicht, lag eine Neubearbeitung für Gesamt-Lateinamerika nahe. Die Nachkriegsliteratur befasste sich jedoch überwiegend mit einzelnen Zielländern der deutschen Auswanderung oder mit Einzelproblemen, so daß eine Gesamtdarstellung lange Zeit zu vermissen war. Diese Lücke soll geschlossen werden durch ein S t a n d a r d w e r k über die Deutschen in Lateinamerika. Dieses Werk, das Beiträge führender Sachkenner (auch zur deutschen Auswanderung) enthält, wird von Hartmut Fröschle (Universität Toronto/Kanada) federführend geleitet. Bei dem etwa 700 Seiten umfassenden Werk, das im Herbst 1977 erscheinen soll, können neue Forschungsergebnisse insbesondere für die bisher von der Auswanderungsforschung vernachlässigten Zielländer Lateinamerikas erwartet werden.

Auf dem Gebiet von Gesamtdarstellungen über die deutsche Auswanderung nach Lateinamerika sind neben dem Werk von Fröschle die in Kürze erscheinenden Aufsätze Kellenbenz/Schneider 1 und 2 hervorzuheben. Diese beiden spanischsprachigen Beiträge bringen sowohl in wanderungsstatistischer Sicht als auch bezüglich Primärquellen und Sekundärliteratur neue Erkenntnisse und zusammenhängende Darstellungen.

In sehr viel intensiverer Weise als mit Gesamt-Lateinamerika beschäftigte sich die Forschung mit der deutschen Auswanderung nach e i n z e l n e n   Z i e l l ä n d e r n oder Zielgruppenländern Lateinamerikas. Dabei konnten graduelle Ausprägungen hinsichtlich Quantität und Qualität festgestellt werden, die in der Regel mit der Bedeutung eines lateinamerikanischen Ziellandes für die deutsche Auswanderung korrelieren.

Deshalb ist der Forschungsstand der deutschen Auswanderung nach Lateinamerika für einzelne Länder unterschiedlich hoch.

---

[1] die Arbeit von Grothe sowie alle im folgenden genannten Veröffentlichungen und ihre Rezensionen sind über den Rezensionsnachweis aufzufinden.

Für die deutsche Auswanderung nach **Mittelamerika** (Mexiko, Zentralamerika und Westindien) fehlt eine zusammenfassende Darstellung.

Über **Mexiko** konnte Pferdekamp einige Arbeiten vorlegen, die den Komplex der deutschen Auswanderung jedoch nicht zentral berücksichtigen. Mit der russlanddeutschen bzw. mennonitischen Einwanderung in Mexiko befassen sich in vielfältiger Weise Veröffentlichungen von Schmiedehaus, Fretz und Sawatzky.

Die einzigen Informationen über Deutsche in **Panama** und **Westindien** konnten bei Hassert/Lutz (für Panama) und Drascher (für Jamaica) ermittelt werden.

Die mit Abstand beste Arbeit über **Zentralamerika** ist Schottelius zu verdanken, der die spärlichen zeitgenössischen Berichte zur deutschen Auswanderung nach Zentralamerika gesammelt und durch zahlreiche deutsche Archivstudien ergänzt hat. Mit Ausnahme von Panama behandelt Schottelius die deutsche Einwanderung und einzelne Kolonisationsprojekte für die Länder Guatemala, Republik Honduras (Mosquitoküste), Nicaragua und Costa Rica.

Trotz deutscher Handelsbeziehungen mit **Kolumbien** und **Venezuela** entwickelte sich keine starke deutsche Auswanderungsbewegung in diese Länder. Während sich die Deutschen in Kolumbien auf die Städte verteilten, konnte in Venezuela eine geschlossene deutsche Siedlung (die Kolonie Tovar) begründet werden. Die geringe deutsche Auswanderung nach Kolumbien fand in der Literatur kaum Berücksichtigung; allein bei Bürger 1, Herrán und Plata konnten Informationen darüber gefunden werden. Die Veröffentlichungen bezüglich Venezuela beschäftigen sich fast ausschließlich mit der Kolonie Tovar. Das trifft sowohl für die älteren Arbeiten von Glöckler, Sievers, Ahrensburg und Bürger 2 zu als auch für einen 1969 erschienenen Aufsatz von Dupouy, der die Kolonie Tovar mit der Kolonie Pozuzo (Peru) vergleicht.

Über **Guayana** gibt es, entsprechend der geringen deutschen Auswanderung dorthin, ebenfalls nur spärliche Literatur. Bei Kappler und im Artikel "Guayana" (im Handwörterbuch des Grenz- und Auslanddeutschtums) findet man fast ausschließlich Berichte über deutsche Kolonisationsversuche und kaum Abhandlungen über deutsche Einwanderung. Der Aufsatz Kellenbenz 4 behandelt zwar nicht direkt die Auswanderung, enthält aber nützliche Hinweise auf die Namen der deutschen Plantagenbesitzer und Kaufleute in Surinam. Somit bleibt zu bemerken, daß die

deutsche Auswanderung nach Guayana noch keine erschöpfende und zusammenhängende
Bearbeitung erfahren hat.

B r a s i l i e n nahm im Untersuchungszeitraum die größte Anzahl deutscher Lateinamerikaauswanderer auf. Deshalb ist es wenig erstaunlich, daß über die deutsche Auswanderung nach
Brasilien im Vergleich zu anderen Ländern Lateinamerikas die weitaus meisten Veröffentlichungen
erschienen sind. Insbesondere gibt es für die Brasilienauswanderung ausgezeichnete Vorarbeiten
wie sonst für kein anderes Zielland der deutschen Auswanderung nach Lateinamerika.

Eine erste zusammenfassende Darstellung über das Deutschtum in Gesamt-Brasilien bis zur
Jahrhundertwende lieferte Sudhaus im Jahre 1940. In den 50er Jahren erschienen weitere
Gesamtdarstellungen von Carneiro und Oberacker. Besondere Erwähnung verdienen die Arbeiten
Brunn 1 und Fouquet 2, die sich inhaltlich hervorragend ergänzen. Während Fouquet ein breites
Spektrum der deutschen Auswanderung erfasst und seine Untersuchungen bis ins Jahr 1974 gehen,
erstreckt sich die Arbeit Brunn 1 nur bis zum 1. Weltkrieg, behandelt dafür aber detailliert
und ausführlich spezielle Aspekte der deutschen Brasilienauswanderung.

Die zahlenmäßig bedeutende deutsche Auswanderung nach den Südprovinzen Brasiliens (Rio Grande
do Sul, Santa Catarina, Paraná) stieß auf ein lebhaftes literarisches und wissenschaftliches
Interesse.

Insbesondere über R i o G r a n d e d o S u l (RGdS) gibt es ein sehr umfangreiches Schrifttum,
daß hier kurz erwähnt werden soll. Neben den wichtigen Arbeiten von Pellanda, Porto, Oberacker,
R. und K. Becker sind für RGdS noch die ausgezeichneten Veröffentlichungen von Roche und v.
Delhaes-Guenther hervorzuheben. Das knapp 700 Seiten umfassende Werk von Roche (aus dem
Jahr 1959) beruht auf über zehnjähriger Forschungsarbeit und beschäftigt sich mit vielfältigen
Aspekten der deutschen Einwanderung und Kolonisation in RGdS. In der 1973 erschienenen Arbeit
unternahm v. Delhaes-Guenther den Versuch, Wechselwirkungen zwischen der Einwanderung und
der Industrialisierung RGdS's aufzuzeigen und in einen wirtschaftshistorischen Rahmen einzu-
ordnen. Umfangreiches genealogisches Material zur deutschen Einwanderung in RGdS für die
Jahre 1824/25 enthält die 1975 veröffentlichte Untersuchung Hunsche 1.

Die bedeutendsten Autoren für S a n t a C a t a r i n a sind Entres, Kohlhepp und Fischer,
während P a r a n á von Brepohl/Fugmann, Maack und Aulich berücksichtigt wird.

Über die deutsche Auswanderung nach Brasilien gibt es auch umfangreiche deutsche Lokalliteratur. So beschäftigten sich insbesondere Diener und Keller mit der rheinischen Auswanderung. Mergen untersuchte die Wanderungsbewegung aus dem Saargebiet, während Granzow die pommersche Siedlung und Kolonisation in Brasilien studierte. Die Veröffentlichungen von Richter und Wagner beschreiben u. a. die Verhandlungen über einen hessisch-brasilianischen Auswanderungsvertrag und die brasilianische Auswanderungswerbung in Hessen.

Einige Arbeiten befassen sich mit speziellen deutschen Kolonien in Brasilien. Die jüngsten Kolonienbeschreibungen kommen von Wolf (über São Leopoldo/RGdS), von Blau (über São Bento/SC), von Schramm 1 (über Dona Francisca/SC), von Ficker (über Dona Francisca und São Bento), von Silva (über Blumenau/SC) sowie von Sommer und Oberacker 5 über einzelne Kolonien in Sao Paulo.

Abschließend ist zur Literatur über die deutsche Auswanderung nach Brasilien zu sagen, daß (trotz den erfreulichen Ansätzen Fouquet's in diese Richtung) kein Hauptwerk vorliegt, das sowohl Gesamt-Brasilien als auch den gesamten Auswanderungszeitraum wissenschaftlich erschöpfend behandelt.

Die Literatur über die deutsche Auswanderung nach Argentinien steht quantitativ und qualitativ gegenüber der Literatur zur Brasilienauswanderung weit zurück, obowhl Argentinien lange Zeit bevorzugtes Zielland der deutschen Auswanderung nach Spanisch-Amerika war. Die Veröffentlichungen von Hiller, Regel, Backhaus, Martin, Schmidt, Riffel, Keiper und Lütge konnten nicht alle Bereiche der deutschen Einwanderung bearbeiten. Selbst das für die deutsche Auswanderung nach Argentinien wichtigste Werk von Lütge/Hoffmann/Körner aus dem Jahre 1955 brachte keine zusammenhängende und systematische Darstellung der deutschen Einwanderung und Siedlung, so daß der Forschungsstand bezüglich Argentinien weiterhin unbefriedigend bleibt.

Die wichtigste Veröffentlichung zur deutschen Auswanderung nach Uruguay kommt von Nelke 2, der 1921 eine erste größere Bestandsaufnahme vorgenommen hat. Da sich Nelke mehr mit dem allgemeinen Deutschtum als mit der Auswanderung befasste und die nachfolgenden Schriften keine wesentliche neuen Erkenntnisse brachten, blieb Uruguay mehr noch als Argentinien von der deutschen Auswanderungsforschung vernachlässigt.

Bei dem für die deutsche Auswanderung nach P a r a g u a y wichtigsten Werk von Kliewer 2 (Erscheinungsjahr 1941) wurde versucht, eine Geschichte des Deutschtums unter volkspolitischem Aspekt zu schreiben. Besondere Beachtung schenkte Kliewer den Herkunftsgebieten der Siedler und den Einwanderungszahlen einzelner Kolonien. Zusammenhängende Statistiken über die deutsche Einwanderung sind bei Kliewer jedoch ebenfalls wie in den Arbeiten von Nelke (Uruguay) und Lütge/Hoffmann/Körner (Argentinien) zu vermissen. Der Zustrom Russlanddeutscher bzw. russlanddeutscher Mennoniten spielte im Rahmen der volksdeutschen Einwanderung eine große Rolle. Die damit zusammenhängenden Aspekte wurden von Kliewer 1, Krause, Hack und Fretz ausführlich und zufriedenstellend bearbeitet.

C h i l e besaß neben Argentinien die größte Attraktivität als Einwanderungsland in Spanisch-Amerika. Insbesondere in den 50er und 80er Jahren des 19. Jahrhunderts nahm Chile mehrere tausend deutsche Auswanderer auf. Außergewöhnlich erfolgreich erwies sich die deutsche Kolonisation in Südchile. Dort entstanden auch - wie in den Südprovinzen Brasiliens - geschlossene deutsche Siedlungsräume. Über die deutsche Auswanderung nach Chile sind eine Reihe von Vorarbeiten vorhanden, die u. a. von Bauer, Fittbogen, Held/Schuenemann/ von Plate, Clasen und Schwarzenberg vorgelegt wurden. An neueren spanischsprachigen Arbeiten sind "Los alemanes en Chile en su primer centenario", "Documentos sobre la Colonización del Sud de Chile" und die Veröffentlichung von Geywitz erwähnenswert. Im Jahr 1974 erschienen zwei ausgezeichnete Gesamtdarstellungen von Blancpain und Young über die Deutschen in Chile. Während Young die w e s e n t l i c h e n Züge der deutschen Einwanderung und die Gründe für den Erfolg der deutschen Kolonisation und Kulturerhaltung erarbeitete (im Rahmen soziologischer Fragestellungen), ermittelte Blancpain umfangreiche D e t a i l i n f o r m a t i o n e n zu allen Phänomenen der deutschen Einwanderung und des deutschen Einflusses in Chile. Obwohl Blancpain bei der statistischen Erfassung der deutschen Auswanderung die deutsche Reichsstatistik unberücksichtigt ließ, konnte er in seinem mehr als 1000 Seiten umfassenden Werk jedoch eine große Menge bisher unveröffentlichter Berichte aus deutschen und chilenischen Archiven verwenden.

Über die Deutschen in B o l i v i e n liegen bisher keine Forschungen vor. Mit dem Thema befaßten sich lediglich die Abhandlungen von Kübler und Nielsen-Reyes aus den 30er Jahren dieses Jahrhunderts.

Die wenigen Veröffentlichungen über die Deutschen in P e r u befassen sich hauptsächlich mit der Kolonie Pozuzo, die im Jahre 1857 gegründet wurde. Während sich die Arbeiten von Brieger,

Schmid-Tannwald und Dupouy ausschließlich auf Pozuzo konzentrieren, konnte Petersen 1964 eine Veröffentlichung präsentieren, die sich auf Gesamt-Peru erstreckt und den großen Zeitraum von 1790 bis 1964 berücksichtigt.

In E c u a d o r entwickelte sich keine geschlossene deutsche Siedlung. Über die vereinzelte deutsche Einwanderung berichten Heimann und Vernimen in kurzen Abhandlungen, während Weilbauer 1974/75 eine ausführlichere Studie vorlegte.

Die B i b l i o g r a p h i e von Blancpain (auf S. 1015-1020 seines Werkes) berücksichtigt die wichtigste und neueste Literatur zur deutschen Auswanderung nach Lateinamerika. Umfangreiches älteres Schrifttum beinhaltet das "Bibliographische Handbuch des Auslanddeutschtums" aus dem Jahre 1933.

Über die Literatur zur deutschen Auswanderung und Siedlung in Südbrasilien stellten Maack und Marchent 1938 eine erste Zusammenfassung auf. Neuere Bibliographien legten Fouquet (für das Tal Itajai/SC) und Barreto (für RGdS) vor.

Der von K. H. Schwebel herausgegebene Lateinamerikaführer ist als bedeutendster Q u e l l e n f ü h r e r der Bundesrepublik Deutschland (im Hinblick auf die Lateinamerikaauswanderung) anzusehen. Eine Rezension der Lateinamerikaführer der Bundesrepublik Deutschland und derDeutschen Demokratischen Republik wurde im Aufsatz Kellenbenz 7 vorgenommen. Weiteres Quellenmaterial erschließt der spanischsprachige Aufsatz Kellenbenz/Schneider 2.

Die wichtigste Quelle zur deutschen A u s w a n d e r u n g s s t a t i s tik ist die "Statistik des Deutschen Reiches". In nahezu allen in vorliegender Arbeit rezensierten Veröffentlichungen wurde die "Statistik des Deutschen Reiches" nicht oder nur oberflächlich berücksichtigt. Die Statistik zur deutschen Auswanderung nach Lateinamerika blieb deshalb über lange Zeit von der Auswanderungsforschung vernachlässigt. Umfangreiche Verwendung fand die "Statistik des Deutschen Reiches" allein in den 1929 und 1931 erschienenen Arbeiten Willcox 1 und 2. Neuerdings bemüht sich die Forschung um zusammenfassende Darstellungen zur deutschen Auswanderungsstatistik auf der Basis der "Statistik des Deutschen Reiches" (vergleiche dazu die Aufsätze Kellenbenz/Schneider 1 und 2).

Über die lateinamerikanische E i n w a n d e r u n g s s t a t i s t i k gehen insbesondere die Veröffentlichungen Willcox 1 und 2 sowie die meisten in Lateinamerika erschienenen Publikationen Auskunft.

Zur Statistik der deutschen Einwanderung in Brasilien konnten vor allem die Arbeiten von Carneiro, Pellanda und Porto wichtige Beiträge liefern.

Resumen

En este resumen se procurará mostrar, breve y sinópticamente, el estado actual de la investigación sobre la emigración alemana hacia América Latina, teniendo en cuenta la literatura secundaria, las bibliografías, las guías de fuentes y las estadísticas.

El único trabajo preliminar significativo que se refiere a toda la América Latina (excepto México) es el de Hugo Grothe.[1] El campo sobre el que trabaja Grothe llega solo hasta los años treinta de este siglo. Esto hace necesaria una revisión del tema que tenga en cuenta a la América Latina en su totalidad.

La literatura que ha sido publicada después de la Guerra y que se refiere a la emigración alemana, se restringe a algunos países aislados o a algunos problemas parciales, de manera que ya hace mucho tiempo se percibe la falta de un trabajo global. Quizás esta ausencia será llenada por la obra básica sobre los alemanes en América Latina dirigida por Hartmut Fröschle (Universidad de Toronto, Canadá) y que contiene contribuciones de importantes especialistas. La publicación de esta obra, que tendrá casi 700 páginas, prevista para el otoño de 1977, nos permite esperar los resultados de novedosas investigaciones, en particular sobre aquellos países lationamericanos que hasta ahora han sido descuidados por los estudios sobre emigración.

Junto con la obra de Fröschle, entre los trabajos globales sobre el tema se destacan los ensayos de Kellenbenz/Schneider 1 y 2. Estos, publicados en lengua española, aportan nuevos conocimientos y exposiciones coherentes en lo que concierne a las estadísticas de emigración y a las fuentes bibliográficas primarias y secundarias.

La investigación sobre la emigración alemana para la América Latina se ocupa más intensamente de ciertos países -o grupos de países-, que del continente latinoamericano en su totalidad. Allí se pueden verificar manifestaciones graduales de cantidad y de calidad, las cuales relacionan la significación que puede haber tenido un país particular para la emigración alemana. Por está razón el estado de la investigación, en lo que se refiere a países aislados, es signigicativamente más elevado.

---

[1] Tanto el trabajo de Grothe, como las futuras referencias bibliográficas, se encontrarán en el "Indice de reseñas bibliográficas"

En lo que respecta a la emigración alemana hacia la América Central (México, América Central e India Occidental) no existe un estudio de conjunto.

Sobre México se pueden consultar algunos trabajos de Pferdekamp, aunque la emigración alemana no constituye el tema central de su estudio. Las publicaciones de Schmiedehaus, Fretz y de Sawatzky tratan comprehensivamente la emigración ruso-alemana (o sea de los "mennonitesche") hacia México.

Las únicas informaciones sobre los Alemanes en Panamá se las puede encontrar en el trabajo de Hassert/Lutz, y para las Indias Occidentales en el de Drascher (Jamaica).

Hay que agradecer a Zchottelius el mejor trabajo sobre América Central, quien ha reunido los escasos relatos de los contemporáneos que se referían a la emigración alemana, completándolos con la consulta a numerosos archivos alemanes. Con excepción de Panamá, Schottelius trata de la emigración y de algunos proyectos de colonización en Guatemala, la República de Honduras (Costa del Mosquito), Nicaragua y Costa Rica.

A pesar de las relaciones comerciales con Colombia y Venezuela, no se desarrolló una significativa emigración alemana hacia esos países. Mientras que los alemanes, en Colombia, se asentaron en las ciudades, se puedo fundar en Venezuela un asentamiento exclusivo (Colonia Tovar). La escasa emigración alemana hacia Colombia casi no está considerada en la literatura existente: solo en los trabajos de Bürger 1, Herrán y Plata se pueden encontrar algunas informaciones. Las publicaciones que se refieren a Venezuela se refieren casi exclusivamente a Colonia Tovar. Esto también se puede decir de los antiguos trabajos de Glöckler, Sievers, Ahrensburg y Bürger 2, como también del artículo publicado en 1969 por von Dupouy, que compara Colonia Tovar con Colonia Pozuzo (Perú).

Sobre Guayana existe igualmente una escasa literatura sobre la emigración alemana, coincidiendo con el hecho de la poca emigración hacia ese país. En el artículo de Kappler ("Guayana", Handwörterbuch des Grenz- und Auslanddeutschtums) se encuentran relatos referidos casi exclusivamente a las tentativas de colonización alemana, pero casi ninguna referencia a la emigración. El artículo de Kellenbenz 4, si bien no se refiere directamente a la emigración, continene útiles referencias a los nombres de los propietarios de plantaciones y comerciantes alemanes en Surinam. De esta manera volvemos a constatar que el tema de la emigración alemana hacia la Guayana no cuenta con ningún trabajo exaustivo.

En el período sobre el que contamos con investigaciones, el Brasil recibió el mayor número de emigrantes alemanes en toda América Latina. Por ello no llama la atención que, en comparación con los otros países latinoamericanos, la mayoría de las publicaciones correspondan expresamente a la emigración alemana hacia el Brasil. Existen sobre ella excelentes trabajos preliminares, como no ocurre con ningún país de América Latina.

Sudhaus publicó en 1940 la primera descripción comprensiva de la emigración alemana hacia el Brasil hasta fines del siglo pasado. En la dédada del 50, Carneiro y Oberacker publicaron otros estudios de carácter global. Los trabajos de Brunn 1 y de Fouquet 2 merecen una mención especial, pues se completan mutuamente en su contenido. Si bien el trabajo de Fouquet abarca un campo muy amplio llegando hasta el año 1974 -mientras el de Brunn llega sólo hasta la primera Guerra Mundial-, este último trata detalladamente aspectos particulares de la emigración alemana.

La numerosa emigración alemana hacia las provincias brasileras del sur (Rio Grande do Sul, Santa Catarina, Paraná) despertó un notable interés científico y literario.

En particular, sobre Río Grande do Sul, existe una existe una extensa bibliografía que será mencionada más adelante. Se ha de relievar, sin embargo, en relación a este tema, los importantes trabajos de Pellanda, Porto, Oberacker, R. y K.Becker y las excelentes publicaciones de Roche y v. Delhaes-Guenther. La voluminosa obra de Roche (1959), con cerca de 700 páginas, se basa en más de 10 años de investigación y se ocupa de múltiples aspectos de la emigración y de la colonización alemanas en R.G.S. El trabajo de Delhaes-Guenther, publicado en 1973, trata de demostrar y de clasificar, en términos de historia económica, el proceso de acción recíproca que existe entre el fenómeno de la emigración y el de la industrialización en R.G.S. La investigación de Hunsche 1, publicada en 1975, contiene un vasto material genealógico sobre la emigración alemana para R.G.S. entre 1824-1825. Entres, Kohlhepp y Fischer son los autores más importantes que se refieren a Santa Catarina. El Estado de Paraná está estudiado por Brepohl/Fugmann, Maack y Aulich.

Una amplia literatura de carácter local estudia el mismo tema en el Brasil. Diener y Keller se ocupan especialmente de la emigración renana. Merger investigó el movimiento emigratorio desde la región del Saar, mientras Granzow estudió la colonización que provenía de la Pomerania. Las publicaciones de Richter y Wagner describen, entre otras cosas, las negociaciones en torno a un contrato hessiano-brasilero de emigración y propaganda desde Hessen.

Algunos trabajos estudian ciertas colonias alemana en el Brasil. Las más modernas descripciones provienen de Wolf (Sao Leopoldo/R.G.S.), Balu (San Bento / S.C.), Schramm 1 (Dona Francisca / S.C.) y de Sommer y Oberacker 5 referidas a las colonias en San Paulo.

Finalmente se debe indicar que, a pesar de los satisfactorios progresos que implica el trabajo de Fouquet, no existe ninguna obra fundamental sobre la emigración alemana al Brasil que abarque tanto la totalidad del país como el conjunto de los períodos de emigración.

La literatura que trata de la emigración alemana hacia la Argentina, comparada con la que se refiere al Brasil, es cualitativa y cuantitativamente inferior, a pesar de que aquél país ha sido durante mucho tiempo el objetivo preferido de la emigración alemana hacia la América Española. Las publicaciones de Hiller, Regel, Backhaus, Martin, Schmidt, Riffel, Keiper y Lütge no lograron elaborar todos los aspectos del movimiento emigratorio alemán. Ni siquiera la importante obra de Lürge/Hoffmann/Körner sobre la emigración a la Argentina (1955) logra una reproducción coherente y sistemática del movimiento de emigración y de colonización. De manera que todavía el nivel de la investigación que se refiere a la Argentina es poco satisfactorio.

La más importante publicación sobre la emigración alemana al Uruguay es de Nelke 2, que en 1921 realizó un amplio inventario del problema. Pero como Nelke se ocupó más del análisis de la nacionalidad alemana en general que del tema de la emigración, y como los estudios posteriores no agregaron nuevos aportes, el Uruguay permanece todavía más descuidado que la Argentina en el estado de la investigación.

La obra más importante sobre la emigración alemana al Paraguay es la de Kliewer 2 (publicada en 1941), donde este autor intentó escribir una historia de Alemania teniendo en cuenta su política de población. Kliewer le dedica una atención particular al lugar de origen de los colonos y a la población emigrada a cada una de las colonias. En general, se puede percibir la ausencia de estadísticas coherentes sobre emigración en los trabajos de Kliewer, como también en los de Nelke (Uruguay), y en los de Lütge/Hoffmann/Körner (Argentina). La afluencia de los alemanes nacidos en Rusia, o sea de los alemanes-rusos menonitas, desempeñó un papel significativo en la composición de la emigración popular alemana. Los aspectos constantes de este fenómeno fueron tratados minuciosa y satisfactoriamente por Kliewer, Krause, Hack y Fretz.

Chile, junto con Argentina, ejerció el mayor grado de atracción de la emigración alemana en toda la América Hispana. Chile recibió varios millares de emigrantes alemanes, especialmente en las décadas del 50 al 80 del siglo pasado. La colonización alemana en el sur de Chile tuvo un éxito notable. En esta zona, como había ocurrido en el sur del Brasil, se formaron colonias alemanas exclusivas. Existen una serie de trabajos preliminares sobre la emigración alemana hacia Chile, como los que fueron presentados por Bauer, Fittbogen, Held/Schuenemann/von Plate, Clasen y Schwarzenberg. Entre los trabajos más recientes en lengua española, hay que mencionar "Los Alemanes en Chile en su primer Centenario", "Documentos sobre la Colonización del Sud de Chile" y la publicación de Geywitz. En 1974 se publicaron dos excelentes obras generales sobre los alemanes en Chile cuyos autores son Blancpain y Young. Este último sistematiza las características esenciales de la emigración alemana y las causas del éxito de los proyectos de colonización y de la preservación cultural, abordando el problema desde un punto de vista sociológico. Blancpain investiga una gran cantidad de informaciones detalladas acerca de todos los fenómenos relacionados con la emigración y con la influencia alemana en Chile. Aunque Blancpain no ha tenido en cuenta en el relevamiento estadístico las fuentes que se encuentran en los archivos oficiales alemanes, sin embargo pudo utilizar para su amplia obra -de más de 1000 páginas - una gran cantidad de relatos inéditos que se encontraban en los archivos chilenos y alemanes.

Hasta el presente no existe ninguna investigación con respecto a los alemanes en Bolivia, de la que apenas se ocupan los ensayos de Kübler y Nielsen-Reyes, publicados en la década del 30 de este siglo. Las raras publicaciones que existen sobre los alemanes en el Perú tratan principalmente de la Colonia Pozuzo, fundada en 1857. Los trabajos de Brieger, Schmid-Tannwald y Dupouy se concentran exclusivamente en el estudio de esa Colonia. En 1964 Petersen publicó un trabajo que analiza al Perú como una totalidad en el período 1790-1964.

En el Ecuador no se ha asentado ninguna colonia alemana exclusiva. Heimann y Vernimen relatan casos aislados de emigración alemana en pequeños ensayos.

En la bibliografia de Blancpain (pg. 1015-1020 de su libro) se mencionan las principales fuentes sobre la emigración alemana a la América Latina. El "Manual bibliográfico de la nacionalidad alemana en el extranjero", publicado en 1933, contiene una larga relación de trabajos más antiguos.

Maack y Marchent (1938) presentaron la primera síntesis bibliográfica que se refería a la emigración y la colonización en el sur del Brasil. Fouquet (Vale do Itajai/SC) y Barreto (R.G.S.) actualizaron esa bibliografía.

El "Catálogo de América Latina", editado por K.H. Schwebel, es considerado como el más importante índice de fuentes de la República Federal Alemana con relación a la emigración latinoamericana. Kellenbenz, en su estudio 7, hace una reseña de dos catálogos latinoamericanos en la República Federal Alemana y en la República Democrática Alemana. Otras fuentes bibligráficas están incluidas en el trabajo publicado en lengua espanola por Kellenbenz/Schneider 2.

La "Estadística del Imperio Alemán" es la fuente de datos estadísticos más importante sobre la emigración alemana. En casi todos los trabajos y reseñas de publicaciones no se ha considerado, o apenas se la tuvo en cuenta superficialmente, a esta fuente. Por esa razón esta Estadística no fué utilizada durante mucho tiempo por las investigaciones sobre emigración. Unicamente en los trabajos de Willcox 1 y 2 (1929 y 1931) ella fué utilizada ampliamente. La investigación estadística actual se esfuerza por lograr una exposición coherente de la emigración alemana, teniendo como fuente principal los datos proporcionados por esta Estadística (véase los artículos de Kellenbenz y Schneider 1 y 2).

Se pueden encontrar informaciones estadísticas en los trabajos de Willcox 1 y 2, como así también en la mayoría de los trabajos publicados en la América Latina. Sobre todo los trabajos de Carneiro, Pellanda y Porto contribuyen significativamente al conocimiento estadístico de la emigración alemana al Brasil.

Resumo

Procurar-se-á mostrar neste resumo, breve e sinopticamente, o estágio atual em que se encontram as pesquisas sobre a emigração alemã para a América Latina, no ambito (alemao) da literatura secundária, bibliografias, guia de fontes e estatísticas.

O único trabalho preliminar de importância que se refere aos paises da América Latina (exceto México) atingidos pela emigração alemã e o de Hugo Grothe.[1] O trabalho de Grothe trata apenas do conhecimento da situação até a década de 30, supondo-se assim ser necessário um novo trabalho que analise o conjunto da América Latina. A literatura de após guerra estuda a emigração alemã, na maioria dos casos, em alguns paises ou como problemas isolados, de forma que de há muito se sente a falta de um trabalho global. Essa lacuna talvez seja preenchida pela obra básica sobre os alemaes na América Latina, dirigida representativamente por Hartmut Fröschle (Universidade do Toronto, Canada) e que contém contribuições de importantes especialistas. A publicação desta obra, de cerca de 700 páginas, prevista para o outono de 1977 permite-nos esperar novos resultados de pesquisa, particularmente, com relação aqueles países latino-americanos até agora esquecidos pelos estudos sobre emigração.

Destacam-se na esfera dos trabalhos globais sobre o assunto, além da obra de Fröschle, os ensaios de Kellenbenz/Schneider 1 e 2. Essas contribuições em língua espanhola fornecem novos conhecimentos e exposições coerentes no que concerne as estatisticas de migração e as fontes bibliográficas primária e secundária.

A pesquisa sobre a emigração alemã para a América Latina ocupa-se muito mais intensamente com certos paises ou grupos de paises do que propriamente com o continente latino-americano. Pode-se verificar a esse respeito manifestações graduais de quantidade e qualidade que se correlacionam via de regra com a importância de cada um dos paises de destino da emigração alemã. Por isso o nível dos levantamentos sobre a emigração alema para paises isolados é distintamente mais elevado.

---

1) Tanto o trabalho de Grothe quanto as publicações e respectivas resenhas mencionadas a seguir encontram-se no "Indice de resenha bibliografica."

A respeito da emigração alemã para a América Central (México, América Central e Índia Ocidental) não existe um estudo sintetizante.

Pferdekamp pôde apresentar alguns trabalhos sobre o México que, contudo não consideraram como ponto central o conjunto da emigração alemã. As publicações de Schmiedehaus, Fretz e Sawatzky tratam multifaceticamente da emigração dos alemães russos ou seja dos "mennonitischen" para o México.

As únicas informações sobre os alemães no Panamá e nas Índias Ocidentais foram fornecidas por Hassert/Lutz (Panamá) e Drascher (Jamaica).

Deve-se a Schottelius, sem dúvida, o melhor trabalho sobre a América Central, que resumiu os relatórios daquela época, referentes a emigração alemã para a América Central e complementou-os através de estudos de numerosos arquivos alemães. Schottelius aborda, com exceção do Panamá, a emigração alemã e alguns projetos de colonização para a Guatemala, República de Honduras (Costa do Mosquito), Nicarágua e Costa Rica.

Apesar das relações comerciais com a Colombia e Venezuela não se desenvolveu nenhum movimento emigratório relevante para esses paises. Enquanto os alemães se distribuiram entre as cidades na Colombia, fundou-se na Venezuela uma colônia alemã (Colonia Tovar) fechada. A pequena emigração alemã para a Colombia quase não é considerada pela literatura existente; quanto a isso encontra-se informações em Bürger 1, Hérran e Plata. As publicações relativas a Venezuela ocupam-se quase que exclusivamente com a Colonia Tovar. Isto é válido tanto para os trabalhos mais antigos de Glöckler, Sievers, Ahrensburg e Bürger 2 como também para um ensaio de Dupouy, no qual se compara a Colonia Tovar com a de Pozuzo (Peru).

A literatura existente sobre a Guiana é igualmente esparsa, correspondendo a diminuta emigração alemã que para lá se dirigiu. Em Kappler e no artigo "Guiana" (no pequeno dicionário sobre a nacionalidade alemã nas áreas de fronteira e no estrangeiro) encontra-se quase exclusivamente relatórios sobre tentativas de colonização e praticamente nenhum trabalho acerca da imigração alemã. O artigo de Kellenbenz 4 não trata diretamente da emigração mas contém indicações úteis de nomes de proprietários de plantações e comerciantes alemães em Surinam. Por conseguinte continua a observar-se que a emigração alemã para a Guiana não contou com um trabalho exaustivo e contínuo.

O Brasil recebeu, no periodo já pesquisado, o maior número de alemães que emigraram para a América Latina. Assim é pouco surpreendente que em comparação com outros paises latino-americanos, a maioria das publicações existentes correspondam expressivamente à emigração alemã para o Brasil. Há, particularmente, quanto à emigração alemã para o Brasil, excelentes trabalhos preliminares o que não ocorre no tocante a nenhum outro país da América Latina.

Sudhaus publicou em 1940 uma primeira descrição resumida da emigração alemã no Brasil até fins do século passado. Na década de 50, Carneiro e Oberacker publicaram outros estudos de carater global. Os trabalhos de Brunn 1 e Fouquet 2 merecem consideração particular pois completam-se excelentemente quanto ao conteúdo. Enquanto Fouquet apreende amplamente o espectro da emigração alemã e a pesquisa até o ano de 1974. Brunn, por sua vez, investiga até a primeira guerra mundial, tratando, em contrapartida, minuciosa e detalhadamente, de aspectos especiais da emigração alemã para o Brasil.

A emigração alemã para as provincias do sul do Brasil (R.G.S., Santa Catarina e Paraná), numericamente importante, despertou vivo interesse literário e científico.

Há, particularmente, sobre o Rio Grande do Sul uma extensa literatura que será mencionada adiante. Deve-se salientar, ainda em relação ao Rio Grande do Sul, além dos importantes trabalhos de Pellanda, Porto, Oberacker, R. e K. Becker, as excelentes publicações de Roche e V. Delhaes-Guenther. A volumosa obra de Roche (de 1959), com cerca de 700 páginas, baseia-se em mais de 10 anos de trabalho de pesquisa e ocupa-se com múltiplos aspectos da emigração e colonização alemã no R.G.S. O trabalho de Delhaes-Guenther, publicado em 1973, tentou demonstrar e classificar, em termos de história econômica, o processo de ação recíproca existente entre a emigração e a industrialização do R.G.S. A pesquisa de Hunsche 1, publicada em 1975, contém vasto material genealógico sobre a emigração alemã para o Rio Grande do Sul entre 1824/1825.

Com referência a Santa Catarina os mais importantes autores são Entres, Kohlhepp e Fischer, enquanto que o estado do Paraná é estudado por Brepohl/Fugmann, Maack e Aulich.

Há também a respeito da emigração alemã para o Brasil uma ampla literatura de caráter local. Especialmente Diener e Keller ocupam-se com a emigração renana. Mergen pesquisou o movimento de emigração da região do Saar, enquanto Granzow estudou a colonização pomerana no Brasil. As publicações de Richter e Wagner descrevem, entre outros coisas, as negociações sobre um contrato hessiano-brasileiro de emigração e propaganda brasileira de emigração em Hessen.

Alguns trabalhos tratam de estudar certas colonias alemães no Brasil. As mais modernas descrições sobre as colonias provem de Wolf (Sao Leopoldo/R.G.S.), Blau (São Bento /S.C.), Schramm 1 (Dona Francisca /S.C.), Ficker (Dona Francisca e Sao Bento), Silva (Blumenau/ S.C.) assim como de Sommer e Oberacker 5 a respeito das colonias em São Paulo.

Finalmente deve-se dizer ainda acerca da literatura referente a emigração alemã para o Brasil que (apesar dos satisfatórios primeiros passos dados por Fouquet nesse sentido) não existe nenhuma obra fundamental de investigação científica completa tanto sobre a totalidade do pais como também quanto ao conjunto dos períodos de emigração.

A literatura relativa a emigração alemã para a Argentina é bastante inferior, quantitativa e qualitativamente, em comparação com a que trata do Brasil, apesar de a Argentina ter sido durante muito tempo o pais preferido pela emigração alemã para a América espanhola. As publicacões de Hiller, Regel, Backhaus, Martin, Schmidt, Riffel, Keiper e Lütge não lograram abordar todas as esferas do movimento migratorio alemão. Nem mesmo a obra mais importante referente a emigração alemã para a Argentina, escrita por Lütge/Hoffmann/Körner em 1955 é uma reprodução coerente e sistemática da emigração e colonização, de forma que o nível de investigação relativa a Argentina permanece pouco satisfatório.

A mais importante publicação sobre a emigração alemã para o Uruguai é de Nelke 2 que realizou em 1921 um inventário de maior amplitude. Como Nelke se ocupou mais com a análise da nacionalidade alemã em geral que com a emigração e em função de os estudos posteriores não terem acrescentado novos conhecimentos, o Uruguai permaneceu ainda mais descuidado que a Argentina no que se refere a emigração alemã.

A mais importante obra de Kliewer 2 sobre a emigração alemã para o Paraguai (publicada em 1941) foi uma tentativa de escrever uma história da nacionalidade alemã sob seu aspecto político (volkspolitischen). Kliewer convere particular consideração as regiões de origem dos colonos e aos numeros da emigração de cada uma das colonias. Sente-se a falta de estatísticas coerentes sobre a emigração alemã nos trabalhos de Kliewer tanto quanto nos de Nelke (Uruguai) e Lütge/Hoffmann/Körner (Argentina). A afluência dos alemães nascidos na Russia ou seja os alemães russos mentonitas desempenhara um papel significativo em meio a emigração popular alemã. Os aspectos contínuos desse contexto foram tratados minuciosa e satisfatoriamente por Kliewer, Krause, Hack e Fretz.

O Chile exerceu, ao lado da Argentina, o maior grau de atração como pais de emigração da America hispânica. O Chile recebeu vários milhares de emigrantes alemães especialmente nas décadas de 50 e 80 do século passado. A colonização alemã no sul do Chile mostrou-se excepcionalmente bem sucedida. Lá se formaram também, como no sul do Brasil, colonizações alemães fechadas. Existem uma série de trabalhos preliminares sobre a emigração alemã para o Chile, entre outros os que foram apresentados por Bauer, Fittbogen, Held/Schuenemann/von Plate, Clasen e Schwarzenberg. Entre os mais novos trabalhos em língua espanhola são dignos de ser mencionados: "Los Alemanes em Chile en su primer Centenario", "Documentos sobre la Colonizacion del Sud de Chile" e a publicação de Geywitz. Foram publicados em 1974 duas excelentes obras gerais, escritas por Blancpain e Young sobre os alemães no Chile. Enquanto Young sistematizava as características essenciais da emigração alemã e as causas do sucesso da colonização e da preservação cultural (em termos de abordagem sociológica do problema), Blancpain investigava grande quantidade de informações detalhadas acerca de todos os fenomenos referentes a emigração e influência alemã no Chile. Embora Blancpain tenha deixado de considerar no que concerne a compreensão estatística da emigração alemã, as fontes estatísticas do império, empregou contudo em sua ampla obra, de mais de 1000 páginas, uma grande quantidade de relatórios até então inéditos procedentes de arquivos chilenos e alemães.

Até o presente momento não há nenhuma investigação a respeito dos alemães na Bolívia, do que se ocupam apenas os ensaios de Kübler e Nielsen-Reyes, publicados na década de 30 deste século.

As raras publicações existentes sobre os alemães no Peru tratam principalmente da Colonia Pozuzo, fundada em 1857. Enquanto os trabalhos de Brieger, Schmid-Tannwald e Dupouy se concentraram exclusivamente no estudo da colonia Pozuzo, Petersen publicou em 1964 um trabalho que analisa o Peru como uma totalidade, no período de 1790 a 1964.

No Equador não se desenvolveu nenhuma colonia alemã fechada Heimann e Vernimen relatam a emigração alemã isolada em pequenos ensaios.

Na bibliografia de Blancpain (pg. 1015-1020 de seu livro) é mencionado o que há de mais novo e importante sobre a emigração alemã para a América Latina. O "Manual bibliográfico da Nacionalidade Alemã no Estrageiro", publicado em 1933, contém uma longa relação de trabalhos mais antigos.

Maack e Marchent (1938) expuseram a primeira síntese bibliográfica, referente a emigração e colonizacao no sul do Brasil. (Vale do Itajai /SC) e Barreto (R.G.S.) apresentaram as indicações bibliográficas mais atuais.

O "Católogo da América Latina", editado por K.H. Schwebel, é considerado o mais importante índice de fontes da República Federal da Alemanha com relação à emigração latino-americana. Kellenbenz, em seu estudo 7, fez uma resenha dos catálogos latino-americanos da República Federal da Alemanha e da República Democrática da Alemanha. Outras fontes bibliográficas são fornecidas em espanhol em trabalho de Kellenbenz/Schneider 2.

A "Estatística do Império Alemão" e a fonte de dados estatísticos mais importante sobre a imigração alemã. Em quase todos os trabalhos e resenhas de publições deixou-se de considerar ou tratou-se apenas superficialmente a fonte "Estatística do Imperio Alemão."
Por essa razão a estatística referente a emigração alemã para a América Latina deixou de ser, durante muito tempo, analisada pelas pesquisas de emigração. Apenas no que diz respeito aos trabalhos de Willcox 1 e 2 publicados em 1929 e 1931 foram amplamente utilizadas as "Estatísticas do Império Alemão". A pesquisa estatística esforça-se agora no sentido de alcancar uma exposição coerente acerca da emigração alemã, tendo como base a fonte "Estatística do Império Alemão (ver artigos de Kellenbenz / Schneider 1 e 2).

Particularmente as publicações de Willcox 1 e 2 assim como a maioria dos trabalhos publicados na América Latina fornece-nos informações estatísticas sobre a emigração.

Sobretudo os trabalhos de Carneiro, Pellanda e Porto são contribuições importantes com referência a estatística da emigração alemã no Brasil.

Abkürzungsverzeichnis
Abreviaturas
Índice de Abreviaturas

u.a.	unter anderem
u.ä.	und ähnliches
z. T.	zum Teil
i. d. R.	in der Regel
BRD	Bundesrepublik Deutschland
DAI Stuttgart	Deutsches Auslandsinstitut Stuttgart
ES	Espirito Santo
IAI Berlin	Ibero-Amerikanisches Institut Berlin
IfA Stuttgart	Institut für Auslandsbeziehungen Stuttgart
IfW Kiel	Institut für Weltwirtschaft Kiel
RGdS	Rio Grande do Sul
SC	Santa Catarina

Anmerkung zur Zitierweise
Indicaciones sobre las citas
Indicacões sobre o método de citação

Bei erwähnten, aber erst später rezensierten Veröffentlichungen erscheint in den Fußnoten der Hinweis "siehe Rezensionsnachweis".

Bei bereits rezensierten Arbeiten erfolgt eine Erwähnung im Text (z. T. auch in den Fußnoten) durch ausschließliche Nennung des Namens des Verfassers. Der volle Titel der entsprechenden Veröffentlichung ist dann über den Rezensionsnachweis zu erfahren. Am Ort der Besprechung einer Veröffentlichung wird der volle Titel genannt.

Rezensionsnachweis (Verfasserregister)[1]

Indice de autores

		Seite			Seite
A	Ahrensburg, H.	42	A	Auswanderung, deutsche, überseeische	147
	Aldinger, P.	83			
	Alemães, Estados, Paraná	73		Auswanderung, Hamburg	146
	Alemanes, Chile	107		Auswanderung, Mexiko	29
	Altenberg, A.	133		de Avila 1, F.B. (Hrsg.)	13
	Ammon, W.	83		de Avila 2, F.B. (Hrsg.)	48
	Annalen, Reiches, deutschen	146			
	años (100), colonización, alemana en Llanquihue	107	B	Backhaus, A.	88
				Bärtle, J.	46
				Baier, H.	81
	Aranda, D.; Llarena, J.M.; Renajo, R.	106		Banzhaf, B.	14
				Baranow 1, U. G.	6
	Arbeit, deutsche, Chile	106		Baranow 2, U. G.	6
				Barreto, A.	142
	Archiv, iberoamerikanisches	1		Basto, F. L. B.	50
				Bates, M.	13
	Archiv Wanderungswesen	19		Bauer 1, K.	106
				Bauer 2, K.	106
	Arent, W.	94		Bauer 3, K.	107
	"Argentinien"	89		Becker, K.	55
	Auler, G.	49		Becker, R.	58
	Aulich, W.	73		Bener, G. P.	4
	Auslanddeutsche	19		Benicke, W.	58
	Auswanderer, deutsche	19		Berne, P.	88
				Bibliographie Deutschtum 1	140
	Auswanderer-Bibliothek	137		Bibliographie Deutschtum 2	140

---

1) der Rezensionsnachweis erstreckt sich auf die rezensierten und auf die durch Hinweise gekennzeichneten Quellen und Veröffentlichungen zur deutschen Auswanderung nach Lateinamerika

		Seite			Seite
B	Bibliothek, Institut, Weltwirtschaft Kiel 1	143	D	Dahlmann-Waitz 1	142
	Bibliothek, Institut Weltwirtschaft Kiel 2	143		Dahlmann-Waitz 2	143
	Black, C. V.	41		Dane, H.	28
	Blancpain, J.P.	109		v. Delhaes-Guenther, D.	64
	Blau, J.	84			
	Bloecker, H.	105		Deutschtum Alta Verapaz	38
	Böhme, T.	29		Deutschtum, Ausland	138
	"Bolivien"	127			
	"Brasilien"	46		Deutschtum, Übersee	139
	Brepohl, F. W.	46			
	Brepohl, F.W.; Fugmann, W.	72		Diener 1, W.	76
				Diener 2, W.	77
	Brieger, H. F.	129		Documentos, Colonización	109
	Brunn 1, G.	50			
	Brunn 2, G.	52		Döttinger, K.	26
	Buckeley, A.	12		Drascher, W.	41
	v. Bülow, A.	40		Dressel, H. F.	58
	Bürger 1, O.	42		Dupouy, W.	43
	Bürger 2, O.	43			
	Bürger 3, O.	96	E	Ebner, C.B.	76
	Bürger 4, O.	98		"Ecuador"	132
	Burgdörfer, F.	24		Eichler, A.	46
	Buss, G. E.	39		Einwanderungs-Kolonisationsgesetz	43
				Elfes, A.	4
C	Canstatt, O.	18		Elsner, E.	94
	Carneiro, J. F.	48		Endress, S.	83
	Centenário, Blumenau	84		Engelsing, R.	21
				Entress, G.	71
	"Chile"	106			
	Clasen 1, A.	107			
	Clasen 2, A.	108			
	Clasen 3, A.	108			
	Colonizacao, alema	53			
	Cullmann, K.	87			

		Seite			Seite
F	Familias, brasileiras	87	G	"Guayana"	44
	Fausel, E.	83		Günther, E.	29
	Ficker 1, C.	85	H	Hack, H.	105
	Ficker 2, C.	85		v. Ham, H.	76
	Fischer, M.	72		Hamm, F.	4
	Fittbogen, G.	107		Handbuch, Auslanddeutschtum	139
	Fouquet 1, K.	50			
	Fouquet 2, K.	53		Handwörterbuch, Grenz- u. Auslanddeutschtum	139
	Fouquet 3, K.	86			
	Fouquet 4, K.	142		Harms-Baltzer, K.	50
	Fouquet 5, K.	148		Harter, J.	107
	Fretz 1, J. W.	12		Hasse 1, E.	134
	Fretz 2, J. W.	33		Hasse 2, E.	137
	Fretz 3, J. W.	106		Hassert, K.; Lutz, O.	34
	Froesch, M.	4			
	Fröschle, H. (Hrsg.)	16		V. Hauff, W.	96
				Heimann, H.	132
	Fugmann, W.	73		Held, E.; Schuenemann, H.; v. Plate, C. (Hrsg.)	107
G	Gaebler	146		Herrán, R.	42
	Gambke, W.B.	135		Hiller, G.	95
	Gehse, H.	6		Hinden, H.	75
	Geiselberg, M.	140		Hopf, H.	144
	Gelberg, B.	22		Hunsche 1, C.H.	71
	Gernhardt, R.	83		Hunsche 2, C.H.	87
	Geschichte, Einwanderung	57		Hunsche 3, C.H.	87
	Geywitz, F. G.	109	I	Ilg, K.	52
	Glöckler, L.	43			
	Goetsch, P.	134	J	Jahn, Ch.	6
	Graafen, R.	77		Jahrbuch Geschichte, bremisch	146
	Granzow 1, K.	80			
	Granzow 2, K.	80		Jahrbuch Lateinamerika	1
	Grothe, H.	20			
	Grüter, L. (Hrsg.)	89		Jahrbuch statistisches	146

		Seite			Seite
J	Jahre, Deutschtum RGdS	56	K	Kohlhepp 1, G.	49
				Kohlhepp 2, G.	71
	Jahre, Deutschtum Santo Angelo	83		Kohlhepp 3, G.	72
	Jannasch, R.	94		Konetzke, R.	63
	Jordan, T.G.	49		Kossok, M.	14
				Krause, A. E.	105
K	Kappler, A.	44		Krieger, O.	26
	Keiper 1, W.	90		Kruse, H.	29
	Keiper 2, W.	91		Kuder 1, M.	48
	Keiper 3, W.	91		Kuder 2, M.	141
	Keiper 4, W.	94		Kuder 3, M.	141
	Keiper 5, W.	94		Kübler, F.	127
	Kellenbenz 1, H.	41		Kühn, J.	30
	Kellenbenz 2, H.	41		Kuhlmann, G.; Krahe, F.	83
	Kellenbenz 3, H.	41			
	Kellenbenz 4, H.	44	L	Lateinamerikaführer BRD	144
	Kellenbenz 5, H.	109		Lateinamerikaführer DDR	145
	Kellenbenz 6, H.	143		Leibbrandt, G.; Dickmann, F. (Hrsg.)	20
	Kellenbenz 7, H.	144			
	Kellenbenz/Schneider 1	17		Leichner, G.	43
	Kellenbenz/Schneider 2	17		Leopold, W.F.	40
	Keller 1, H.	78		Liesegang, C.	12
	Keller 2, H.	78		Literatur, Auslanddeutschtum	140
	Keller 3, H.	78		Lohr, O.	144
	Kempski, K.E.	99		Lütge, W.	90
	Klein, H.	80		Lütge, W.; Hoffmann, W.; Körner, K.W.	90
	Kliewer 1 Friedrich	99			
	Kliewer 2 Friedrich	100	M	Maack 1, R.	73
	Kliewer, Fritz	49		Maack 2, R.	141
	Klinger, J.	87		Maassberg, R.	74
	Kloss 1, H.	21		Maeser, R.	107
	Kloss 2, H.	149			
	Klüber, K.W.	131			
	Knoche, W.	106			
	Königk, G.	141			

		Seite			Seite
M	Mahrenholz, H.	71	P	Pferdekamp 1, W.	29
	Mai, R.	139		Pferdekamp 2, W.	30
	Mandel, Th.	135		Pferdekamp 3, W.	30
	Mann, W.	148		v. Philippovich, E. (Hrsg.)	133
	Marchant, A.	141		Piazza, W. F.	72
	Marschalck, P.	22		Plata, H. R.	42
	Martin, K.	88		Pohl, H.	143
	Mergen 1, J.	78		Porto, A.	56
	Mergen 2, J.	78		Porzelt, H.	57
	Mergen 3, J.	79		Prinz v. Preußen, L.F.	89
	Miller, M.	26		Puchta, R.	14
	Moenckmeier, W.	18			
	Mörsdorf, R.	77	Q	Quelle 1, O.	11
	Moltmann, G.	25		Quelle 2, O.	75
	Monatshefte, Statistik	146		Quiring 1, W.	12
				Quiring 2, W.	87
				Quiring 3, W.	99
N	Nachrichtenblatt, Reichsamtes	19			
	Nake, F.	19	R	Racki, G.	14
	Nelke 1, W.	96		Rathgen, K.; Mayo-Smith, R.; Hehl, R.A.	86
	Nelke 2, W.	96			
	Nelke 3, W.	96		Regel, F.	88
	Nicoulin, M.	53		Registro, Estangeiros	87
	Niederlein, G.	95			
	Nielsen-Reyes, F.	128		Reichardt, C. F.	40
				Richter, H.	80
O	Oberacker 1, K.H.	48		Riffel, J.	89
	Oberacker 2, K.H.	48		Rimann, H.	11
	Oberacker 3, K.H.	50		Roche 1, J.	58
	Oberacker 4, K. H.	57		Roche 2, J.	75
	Oberacker 5, K.H.	85		Rösch, A.	38
				Rohde, M.	77
P	"Paraguay"	105		Rohrbach, P.	19
	Pellanda, E.	56		Rosenthal, H.	82
	Petersen, G. G.	129		Ruszcynski, E.	106

		Seite
S	Sander, G.	40
	Sawatzky, H.L.	34
	Schauff, J. (Hrsg.)	13
	Schmalz, A. C.	76
	Schmid 1, A.	47
	Schmid 2, A.	47
	Schmid-Tannwald, K.	129
	Schmidt, H.	94
	Schmiedehaus 1, W.	33
	Schmiedehaus 2, W.	33
	Schmiedehaus 3, W.	33
	Schmieder, O.; Wilhelmy, H.	93
	Schneider, H.G.	39
	Schneider, J.	53
	Schönwandt, F.	148
	Scholich, K.	128
	Schottelius, H.	35
	Schottenloher, K.	138
	Schramm 1, P.E.	84
	Schramm 2, P. E.	84
	Schrifttumskunden	142
	Schröder 1, F.	35
	Schröder 2, F.	45
	Schulte i. H., A.	134
	Schulz, W.	90
	Schuster 1, A.N.	87
	Schuster 2, A.N.	98
	Schwarzenberg 1, I.	107
	Schwarzenberg 2, I.	108
	Schwebel, K.H.	144
	Seitz, M.	90
	Siewers, W.	42
	da Silva, J.F.	85
	Sommer 1, F.	47
	Sommer 2, F.	85

		Seite
S	Staden-Jahrbuch	1
	Statistik, Reiches, deutschen	147
	Statistik, Staates, hamburgischen	146
	Stieda, E.	149
	Stoerk, F.	134
	Strauss, K.	147
	Strössner, G.	14
	Struck, W.H.	27
	Subsidios Genealogicos	87
	Sudhaus, F.	46
T	Tavares, A.M.	71
	Tetzlaff, H.W.	135
	Thalheim 1, K. Ch.	11
	Thalheim 2, K. Ch.	19
	Thalheim 3, K. Ch.	137
	Thalheim 4, K. Ch.	138
	Träger, P.	80
V	Vagts, A.	86
	Vereine, deutsche	6
	Vernimen, J. U.	133
	Verzeichnis, Gemeinden	47
	Vierteljahreshefte, Statistik	147
	Vogel, A.	40
	Volksforschung, auslanddeutsche	1
	Vorwinckel, R.	20

		Seite
W	Wätjen 1, H.	44
	Wätjen 2, H.	109
	Wagemann, E.	74
	Wagner, E.	81
	Walker, M.	21
	Walterscheid, J.	26
	"Der Weg"	90
	Wernicke, H.	74
	Weilbauer, A.	133
	Wiebe, F. K.	135
	Wilhelmy, H.	99
	Willcox 1, W. F.	149
	Willcox 2, W. F.	149
	Willems 1, E.	6
	Willems 2, E.	6
	Willems 3, E.	6
	Wintzer, W.	34
	Wolf, W.	83
Y	Young, G.F.W.	121
Z	Zimmer, N.	81
	Zimmermann, A.	134

Adressen
Direcciones
Enderecoes

Manfred ILLI
Diplom-Handelslehrer
Plochinger Str. 7

D 7302 Ostfildern 1 - Ruit

Prof. Dr. Hermann KELLENBENZ
Seminar für Wirtschafts- und Sozialgeschichte
Findelgasse 9

D 8500 Nürnberg

Prof. Dr. Gustav SIEBENMANN
Hochschule für Wirtschafts- und Sozialwissenschaften
Dufourstr. 50

CH 9000 St. Gallen / Schweiz

Prof. Dr. Hanns-Albert STEGER
Lehrstuhl für Romanische Sprachen und Auslandskunde
Findelgasse 9

D 8500 Nürnberg

Prof. Dr. Franz TICHY
Institut für Geographie
Kochstr. 4

D 8520 Erlangen